权威·前沿·原创

皮书系列为

“十二五”“十三五”“十四五”时期国家重点出版物出版专项规划项目

BLUE BOOK

智库成果出版与传播平台

高等教育蓝皮书
BLUE BOOK OF HIGHER EDUCATION

中外合作办学年度发展报告（2021）

ANNUAL REPORT ON THE DEVELOPMENT OF CHINESE-FOREIGN COOPERATION IN RUNNING SCHOOLS（2021）

主　编／赵如涵

社会科学文献出版社
SOCIAL SCIENCES ACADEMIC PRESS（CHINA）

图书在版编目(CIP)数据

中外合作办学年度发展报告. 2021 / 赵如涵主编
. -- 北京 : 社会科学文献出版社, 2023. 2
(高等教育蓝皮书)
ISBN 978 - 7 - 5228 - 0616 - 7

Ⅰ. ①中… Ⅱ. ①赵… Ⅲ. ①国际合作 - 联合办学 - 研究报告 - 中国 - 2021 Ⅳ. ①G522. 7

中国版本图书馆 CIP 数据核字(2022)第 194905 号

高等教育蓝皮书
中外合作办学年度发展报告(2021)

主　　编 / 赵如涵

出 版 人 / 王利民
责任编辑 / 张建中
文稿编辑 / 李小琪
责任印制 / 王京美

出　　版 / 社会科学文献出版社 · 政法传媒分社 (010) 59367126
地址: 北京市北三环中路甲 29 号院华龙大厦　邮编: 100029
网址: www. ssap. com. cn
发　　行 / 社会科学文献出版社 (010) 59367028
印　　装 / 三河市东方印刷有限公司

规　　格 / 开　本: 787mm × 1092mm　1/16
印　张: 20. 75　字　数: 320 千字
版　　次 / 2023 年 2 月第 1 版　2023 年 2 月第 1 次印刷
书　　号 / ISBN 978 - 7 - 5228 - 0616 - 7
定　　价 / 169. 00 元

读者服务电话: 4008918866

主要编撰者简介

赵如涵 中国传媒大学传播研究院教授，博士生导师。曾任中国传媒大学国际传媒教育学院副院长。获比利时布鲁塞尔自由大学（Université Libre de Bruxelles）“信息与传播科学”与中国传媒大学“传播学”双博士学位，任英国高等教育学会会士（Advance HE）、英文期刊 *Journal of Transcultural Communication* 责任编辑、国际媒介与传播研究学会（IAMCR）新闻研究与教育分会（JRE）副主席（2021～2025 年）；台湾大学新闻研究所访问研究生（2008～2009 年）、比利时布鲁塞尔学生学者联合会主席（2012～2013 年）；入选中国传媒大学“青年拔尖人才”项目（2018 年）、入选“北京市国家治理青年人才”项目（2019 年）。

出版专著、编著、译著、教材等多部，主持国家社科基金（中华学术外译）、北京社科基金、国家广电总局等研究项目 10 余项，发表中英文学术论文 40 余篇。主要研究领域为新闻社会学、传播与社会变迁、高等教育国际化等。

摘　要

《中外合作办学年度发展报告（2021）》从我国高等教育现代化与国际化实践出发，以中外合作办学的经验、发展和趋势为研究对象，在数字信息时代的社会系统中观察国内外教学优势资源的分享与互动，为我国高等教育发展和国际化人才培养提供新的战略思路。

中外合作办学实践者、教育专家和相关管理机构等为本报告提供了系统的、专业的、深入的探索，从中外合作办学的整体情况、教育实践和优秀案例方面，分析了2021年中外合作办学的发展和对我国国际化人才培养方式的创新实践。

2020年在新冠肺炎疫情影响下，虽然中外合作办学中外方师资的国际往来受到严重影响，远程授课成为主要教学方式，但新增获批项目不断，呈现如下趋势特征：中外合作办学机构与项目持续增长、人才培养模式多维升级、监管与评估体系优化。

与此同时，本书对2021年中外合作办学提出四点前瞻：中外合作办学成为国际合作新平台；世界一流大学与一流学科中外合作突出；本硕博多层次教育形成合力；新兴科学引领中外教育专业拓展新方向。

本书的总报告、评价篇、案例篇和未来篇由来自中外合作办学机构或项目的专家撰写。在历史方面，回顾了我国教育国际化进程和中外合作办学模式的系统调整；在政策方面，梳理了中外合作办学模式诞生以来，我国教育系统对其进行的监督和评估体系的建立过程；在实践层面，重点分析了中外合作办学的招生情况、毕业生就业情况、学科发展情况、教学质量与评估指标建立情况。

关键词： 高等教育　中外合作办学　教育国际化　教育认证

目录

Ⅰ 总报告

Ⅱ 评价篇

Ⅲ 案例篇

Ⅳ　未来篇

Ⅴ　附录

皮书数据库阅读**使用指南**

总报告

General Report

B.1 2020 ~2021年中外合作办学发展报告

赵如涵　郭兆辰*

摘　要： 2020 ~2021 年，受全球新冠肺炎疫情影响，国际教育合作面临前所未有的挑战。作为融合本土与外方优质教育资源的人才培养模式，我国中外合作办学机构与项目在这一特殊时期保持了运行的平稳有序，新获批项目持续增多，对人才培养模式进行了多维升级，并成为疫情影响下缓解出国学习困难的重要渠道。中外合作办学的管理于2021 年度完成了监管体系与评估指标的全面优化。目前，随着中外教育资源投入的增加，中外合作办学发展呈现四大趋势：高层次人才（博士）培养项目拓展迅速，数字信息技术引领的前沿学科全面展开，海南国际教育岛建设逐步推进，国内外一流大学与学术机构合作持续深化，中外合作办学学术研究初具规模。

关键词： 中外合作办学　教育国际化　人才培养　教育认证

* 赵如涵，中国传媒大学传播研究院教授，曾任中国传媒大学国际传媒教育学院副院长，研究方向为传播与社会变迁、数字新闻、高等教育国际化等；郭兆辰，中国传媒大学新闻学院硕士研究生，研究方向为国际新闻。

中外合作办学（Chinese-Foreign Cooperation in Running Schools），是指中国教育机构与外国教育机构依法在中国境内合作举办以中国公民为主要招生对象的教育教学活动。[①] 我国中外合作办学有合作设立机构和合作举办项目两种形式。

目前，我国中外合作办学主体为外国教育机构与中国教育机构在中国境内合作举办的，以中国公民为主要招生对象的中外合作办学机构。其中，既有拥有民事权利能力和民事行为能力的独立法人机构，如宁波诺丁汉大学、西交利物浦大学等，也有通常作为二级学院设立在大学中的非独立法人机构，如同济大学中德工程学院、上海大学悉尼工商学院等。经国家教育部批准的国内高校与国外高校中外合作办学的项目包括高等专科、本科、硕士、博士等多个层次。

根据国务院《中华人民共和国中外合作办学条例》（以下简称《中外合作办学条例》）要求，我国中外合作办学机构与项目需要满足如下要求：一是中外合作办学的主体是具有法人资格的中国教育机构和外国教育机构[②]；二是中外合作办学的方式必须是合作办学，既不允许合资办学，也不允许外国教育机构、其他组织或者个人单独办学；三是中外合作办学的招生对象是中国公民，而不是主要招收外国或者香港特别行政区、澳门特别行政区和台湾地区的学生；四是教育教学的地点主要在中国境内；五是中外合作办学机构和项目都应当依法取得行政许可。特别需要说明的是，根据教育部审批和复核的机构与项目名单，中外合作办学机构与项目包含内地与港澳台地区合作办学机构与项目。

回顾中外合作办学的发展历程，虽无法精确考证其开端，但通常认为，具有合作办学性质的机构滥觞于 19 世纪晚期由西方传教士在中国创办的高

---

① 《中华人民共和国中外合作办学条例》，中华人民共和国教育部中外合作办学监管工作信息平台，https://www.crs.jsj.edu.cn/index/sort/10。

② 具有独立法人资格的中外合作办学机构，即独立的大学，目前全国仅有 9 所，它们分别是宁波诺丁汉大学、北京师范大学—香港浸会大学联合国际学院、西交利物浦大学、上海纽约大学、昆山杜克大学、温州肯恩大学、香港中文大学（深圳）、广东以色列理工学院和深圳北理莫斯科大学。

等教育机构。改革开放后，我国高校与国外高校之间建立的第一所合作办学机构——南京大学与美国约翰斯·霍普金斯大学共建的“中美文化研究中心”，被视为我国高等教育中外合作办学的正式起步。[①]

历经多年发展，我国中外合作办学坚持社会主义办学方向，持续优化监管体系和评估指标，逐步强化自身主导地位。2021 年，尽管新冠肺炎疫情影响下全球政治格局的深刻变革给教育领域的合作带来新的挑战，但在我国教育现代化水平不断提高与教育国际化进程日益加快的背景下，中外合作办学得到国家政策的大力支持，成为人才培养的重要形式，不仅缓解了国内疫情下学生出国学习的切实困难，其项目质量、生源质量、毕业质量等也保持了稳定提高。

一 2020 ~2021 年度中外合作办学发展的总体态势

（一）中外合作办学机构与项目数量持续增长

自 1995 年《中外合作办学暂行规定》[②] 发布以来，中外合作办学机构和项目展现出蓬勃发展的态势。截至 2020 年底，全国中外合作办学机构 100 余家，合作项目达 2300 余个，覆盖了全国除西藏、宁夏以外的 29 个省份（港澳台除外）。合作对象涉及近 40 个国家和地区的 800 多所外方高校，包含理学、工学、农学、医学、法学、教育学等 11 个学科门类 200 多个专业。中外合作办学机构和项目每年招生人数超过 15 万人，在校生人数超过 60 万人，其中受高等教育人数占 90% 以上，毕业生人数超过 200 万人。目前我国中外合作办学的培养层次以本科为主，但硕士、博士项目数量近两年呈现快速增长态势。

尽管全球新冠肺炎疫情给国际教育合作带来多重挑战，但在国内高等教育机构的努力推动下，2020 ~2021 年度，有 51 项新增合作办学项目获教

① 《【强国教育丛谈】中外合作办学的发展历史及前景》，“中国社会科学网” 百家号，2021 年 5 月 8 日，https://baijiahao. baidu. com/s?id = 1699155105633246009&wfr = spider&for = pc。

② 《世界一流教育资源的“强强联合”：70 VS 90》，中外合作办学机构联席会网站，2021 年 11 月 30 日，https://cjic. dufe. edu. cn/content_55386. html。

育部批准。其中包括首都经济贸易大学与美国南佛罗里达大学合作举办的本科教育项目等46个本科项目、西北工业大学与德国品牌应用科学大学合作举办工业设计硕士学位教育项目等4个硕士项目，以及福建农林大学与加拿大戴尔豪西大学合作举办的植物保护专业博士研究生教育项目。

（二）中外合作办学人才培养模式多维升级

国家开展中外合作办学的核心目标是引进全球优质教育资源，并以此培养国际化人才。因此，我国目前的中外合作办学项目均采取中外资源优势互补的方式，将国外先进与前沿的教学理念与国内本土教育的需求和特点相结合，力图实现强化人才培养体系的不断优化。中外合作办学的培养方式和学历学位申请，通常由我国办学机构与对应层次和类别的外国高校制定联合教育教学计划，颁发中国与（或）外国的学习证明、学历和学位证书。例如，中国高校没有实质性引进外国教育资源，仅以互认学分的方式与外国高校开展学生交流活动，则不归属到中外合作办学项目的范畴。

中外合作办学项目的培养方式主要分为学历教育和非学历教育。其中，学历教育需考生通过统招考试并填报志愿，在毕业后可获得中外双方学校颁发的学历、学位证书。通常本科学制为4年，有“4+0”“2+2”“3+1”等模式；硕士学制为2~3年，有“2+0”“1+1”“2+1”等模式；博士学制为3~4年，有“2+1”“3+1”等模式。[①] 学生需要在一定期限内获得达到毕业标准的学分，经由国内和国外合作方高校的共同审核，达到毕业与学位授予要求的，为其颁发学历、学位证书。

近年来，中外合作办学项目学生人数、获得国外学位的人数、具有境外留学经历的人数、投入国内重要领域的中外合作毕业生人数等都在大幅增加。2020~2021年度，国内中外合作办学机构与项目主要在以下三个维度对人才培养模式进行了升级。

（1）坚持社会主义办学方向贯穿人才培养全流程

中国特色社会主义制度是我国教育发展道路的内在要求和客观需要，

① 培养模式表达中的“+”后为国外学习时间，例如，“4+0”模式为4年在国内学习，无须出国；再如“2+2”为2年在国内学习，2年在国外学习。

是全面贯彻党的领导方针与立德树人根本任务的关键前提。习近平总书记在2018年全国教育大会上发表重要讲话时指出："要扩大教育开放，同世界一流资源开展高水平合作办学。"① 这为中外合作办学的未来发展和改革指明了方向。中外合作办学实践的目标既是培养国际化人才，也是培养社会主义接班人。为此，我国中外合作办学机构与项目坚持社会主义办学方向，时刻把握合作办学改革创新脉搏，不断推动教育领域的现代化与国际化。

（2）持续优化国际化人才培养模式

在全球化与信息技术不断发展的当下，我国各行业、各领域对人才的需求不断增加。为在国际舞台发出更多中国声音，中外合作办学以培养了解各国国情、具有国际胜任力的人才为重要目标。因此，中外合作办学的教学设计多以双方教育优势为基础，在培养环节中强调多语言、多文化、多视角方法，培养学生的全球视野，并强调对本土问题的深入思考。作为我国教育国际化的"试验田"，中外合作办学始终保持在教学理念、课程管理、教材选择、教学技巧、师资队伍等方面的持续创新。

（3）全面完善中外协同管理机制

相比常规培养模式，中外合作办学项目的运行与管理具有特殊的复杂性，且需要合作方的协作完成。根据《中外合作办学条例》第二十一条规定的"具有法人资格的中外合作办学机构应当设立理事会或者董事会，不具有法人资格的中外合作办学机构应当设立联合管理委员会"，以形成中外合作办学机构决策与执行机构相互独立、相互制衡的学校内部管理体制。2020 ~2021年度，针对新冠肺炎疫情带来的影响，中外合作办学机构纷纷加强了协同管理机制，通过联合管理委员对内部进行自纠自查，对特殊时期的在线教学、出国访学、毕业指导等环节进行了共同管理与协作优化。

（三）中外合作办学监管体系与评估体系整体优化

从办学秩序、办学质量到办学成效，中外合作的可持续发展依赖于全

① 《习近平出席全国教育大会并发表重要讲话》，中国政府网，2018年9月10日，http://www.gov.cn/xinwen/2018-09/10/content_5320835.htm。

面的、系统的、科学的监管与评估体系。自中外合作办学实践开展以来，我国政府通过制定规范化文件与法律法规、运用现代化数字管理系统进行公开公示、实行定期评估等方式建立了立体的管理机制，为中外合作办学提供了系统性制度保障。我国教育部主要采取了四项措施对中外合作办学进行监管，即重点推进“两个平台”和“两个机制”建设。同时，中外合作办学通过行业内部建立共同体、办学机构积极引入国际教育认证等方式，共同推动了中外合作办学的良性发展。

（1）两个平台：保障中外合作办学信息化管理

一是以教育部教育涉外监管信息网（http://jsj. moe. gov. cn）为依托，建立教育部中外合作办学监管工作信息平台（https://www. crs. jsj. edu. cn）。教育部教育涉外监管信息网是中华人民共和国教育部发布各类教育涉外活动监督与管理信息的专门网站，由中华人民共和国教育部国际合作与交流司主管，主要发布教育文件政策、留学预警信息、重要教育动态等相关信息。依托教育涉外监管信息网，教育部中外合作办学监管工作信息平台是中华人民共和国教育部专门发布中外合作办学监管信息，并对中外合作办学实施动态监管的工作平台。同时，根据社会需要，提供较为全面和可靠的就学指导和服务信息。

二是对学历学位发放认证进行监管，开发留学 e 网通服务大厅（http://zwfw. cscse. edu. cn）。为加强对中外合作办学颁发学历学位证书认证注册工作的统筹管理，该网站对中外合作办学信息进行备案，对合作办学机构颁发的证书进行认证。同时，该平台也受理学生个人证书认证与注册号查询等申请。此网站是全国一体化在线政务服务平台的重要组成部分，既对中外合作办学培养环节中涉及的信息进行备案与监管，也为学生申请国（境）外高水平教育机构提供权威参考信息。

2020～2021 年度，教育部中外合作办学监管工作信息平台与留学 e 网通服务大厅都进行了系统升级，后者对服务模块进行了优化更新，使用户体验更直观、可视化逻辑更清晰，提升了各类认证申请的办理效率。

（2）两个机制：监控中外合作办学质量与行政管理

一是为有效提升中外合作办学质量，促进中外合作办学健康发展，根据教育部的工作安排，有选择地在部分省（市）开展中外合作办学质量评估，并建立中外合作办学质量评估机制。评估的对象为根据《中外合作办学条例》和《中外合作办学条例实施办法》批准设立的本科以上（含本科）中外合作办学机构与项目和通过复核的本科以上（含本科）中外合作办学机构与项目。中外合作办学机构与项目的评估方式包括自我评估和抽查评估两部分。首先是自我评估。评估对象对照“中外合作办学机构与项目评估指标体系”，按要求在规定时间内完成自我评估，提交自评总结报告和相关数据信息，整理备查的教育教学管理文件及资料等。其次是抽查评估。在自我评估的基础上，抽查评估以专家会议或通讯评议的方式对自我评估情况进行初评。同时，对重点考察范围和内容进行实地考察。①

二是为强化办学单位和各级管理部门的主体责任意识，建立完善的中外合作办学执法和处罚机制。根据《中华人民共和国教育法》《中华人民共和国高等教育法》《中华人民共和国民办教育促进法》《中华人民共和国中外合作办学条例》及相关政策法规，省级教育行政部门对本地区中外合作办学机构与项目实施具有行政监管责任。监管措施主要针对办学者的招生、教学实践、内部管理体制、学历学位办法、收费与资产等环节，目的是增强中外合作办学的规范化管理能力。

2020 ~2021 年度，对中外合作办学工作的评估也逐步规范化与常态化，截至 2020 年底，中外合作办学评估工作已经开展 9 次，完成了对 1000 多个本科及以上层次办学机构与项目的评估。②

（3）行业内部监管与国际教育认证

除以上我国政府对中外合作办学监管的顶层设计外，在教育部国际司的指导下，中外合作办学机构通过成立“中外合作办学机构联席会”的方式进行行业内监管与办学经验分享。该组织成立于 2014 年 8 月，其成立以来，已在北京市、大连市等中外合作办学机构举办了多次会议，对于全国中外合作办学的规范、健康、有序和可持续发展起到了重要的指导作用。

---

① 参考信息：中华人民共和国教育部中外合作办学监管信息平台，https://www.crs.jsj.edu.cn/。具体评估程序请参考该网站“质量评估”部分与本书《B.7 中外合作办学评估指标体系及评估报告》。

② 《【强国教育丛谈】中外合作办学的发展历史及前景》，“中国社会科学网”百家号，2021 年 5 月 8 日，https://baijiahao.baidu.com/s?id=1699155105633246009&wfr=spider&for=pc。

2021年10月，中外合作办学机构联席会第八次会议在四川成都召开，教育部国际司对中外合作办学机构提供示范性、引领性经验提出新要求。

此外，因我国高校与英国高校合作频繁，中国教育国际交流协会（China Education Association For International Exchange，CEAIE）和英国文化教育协会（British Council）联合发起“中英合作办学机构联盟”，该联盟是由21个中英合作办学机构共同成立并担任成员机构的组织。该联盟致力于促进中英机构、院校间的实质性合作，为打造中英合作办学精品品牌、推动中英合作办学发展搭建平台。

有别于我国传统高等教育模式，中外合作办学强调国际化的教学理念、教学方法与教学模式。因此，中外合作办学主体积极引入国际教育认证，以体现其专业培养水平与质量达到全球标准。例如，宁波诺丁汉大学商学院等一批中外合作办学机构的商学专业获得欧洲管理发展基金会（European Foundation for Management Development，EFMD）开展的国际性管理教育质量认证体系（European Quality Improvement System，EQUIS）的认证。国际教育认证的引入，实现了合作办学专业培养的国际对接，同时也为我国专业认证体系提供了参考经验。2020～2021年度，各合作办学机构在新冠肺炎疫情的挑战下，仍积极推进国际教育认证引入，并取得了阶段性进展。

（四）中外合作办学缓解出国学习困难

2020～2021年，全球新冠肺炎疫情形势依然严峻，出入境和人员往来受限，国内部分学生面临出国求学困境。为解决学生出国难题，教育部继续支持部分中外合作办学机构与项目以及内地（大陆）与港澳台地区合作办学机构与项目，在保证教育公平的前提下，发挥合作办学特色，进行自主招生。因自主招生不纳入国家统一招生计划，不占用高校原有招生指标，对高校其他各类招生计划不产生影响。在此政策的支持下，国内大批学生通过选择中外合作办学项目替代原有留学计划，实现了“就地留学”。①

① 《教育部：继续支持以中外合作办学等方式缓解疫情影响下我学生出国学习困难》，“MBA每日电讯”腾讯号，2022年7月7日，https://page.om.qq.com/page/OD_bpKtX2PHEMRO3jj4lkoRA0。

中外合作办学在课程、语言、费用、就业等方面不仅可以满足学生的出国求学期待，且相比传统出国学习更具优势：课程方面，中外合作办学模式引入国外师资、教学模式、教材等，在学分、学时、课程门数方面保证外方投入不少于1/3；语言方面，中外合作办学根据合作方的具体情况，通常采取双语教学模式，重视提高学生的语言素质，加强口语训练；费用方面，相较于传统出国留学形式，以国内就读为主的中外合作办学学习模式费用大大降低；就业方面，学生通过接受中西方文化的教育，形成丰富的文化知识架构，且有机会获得合作办学主体颁发的双学位，在实习机会和毕业求职中也具有一定的优势。

二　中外合作办学发展趋势前瞻

（一）高层次人才培养项目拓展迅速

经过多年的探索与实践，中外合作办学在本科、硕士与博士层次均开展了培养项目。近些年，高层次人才（博士）培养成为社会关注的亮点。博士培养项目的成功运行，体现了中外合作办学高质量、高层次的教育成果。截至2021年，教育部批复中外合作办学的博士招生项目共有20个（见表1）。

表1　教育部批复中外合作办学的博士招生项目

地区	项目名称
北京	中国人民大学与香港理工大学合作举办管理学博士学位教育项目
	中央财经大学与荷兰蒂尔堡大学合作举办金融学博士学位教育项目
	中国农业科学院研究生院与比利时列日大学合作举办农学和生物工程博士学位教育项目
	中国农业科学院研究生院与荷兰瓦赫宁根大学合作举办农业与生命科学博士教育项目
	中国社会科学院大学（中国社会科学院研究生院）与英国斯特灵大学合作举办创新与领导力博士学位教育项目
	清华大学与美国约翰斯·霍普金斯大学合作举办公共卫生博士学位教育项目
上海	上海交通大学与英国曼彻斯特大学合作举办管理学博士学位教育项目
	上海交通大学与法国斯特拉斯堡大学合作举办医学教育专业博士研究生教育项目

续表

地区	项目名称
浙江	温州医科大学与美国新英格兰视光学院合作举办眼视光学博士研究生教育项目
	温州医科大学与瑞典隆德大学合作举办临床医学专业（转化医学）博士研究生教育项目
	温州医科大学与韩国全南国立大学合作举办药学专业博士学位教育项目
	宁波大学与法国勃艮第弗朗什孔泰大学合作举办临床医学与生命科学博士研究生教育项目
	浙江大学与香港理工大学合作举办酒店及旅游管理博士学位教育项目
广东	南方医科大学与葡萄牙里斯本大学学院合作举办公共卫生政策与管理博士学位教育项目
	福州大学与意大利罗马第三大学意大利巴里理工大学合作举办土木工程博士研究生教育项目
广东	福州大学与台湾元智大学合作举办电气工程专业博士研究生教育项目
	福建农林大学与加拿大戴尔豪西大学合作举办植物保护专业博士研究生教育项目
四川	电子科技大学与葡萄牙 ISCTE 里斯本大学学院合作举办管理学博士学位教育项目
陕西	陕西科技大学与乌克兰基辅国立工艺设计大学合作举办设计学专业博士学位教育项目
辽宁	沈阳大学与英国皇家农业大学合作举办环境风险管理与可持续发展专业博士学位教育项目

近年来，中外合作办学项目中专业硕士和专业博士培养项目申请成为热点。以上 20 个博士层次合作办学项目中，有 7 个合作办学项目授予“专业博士”学位。与学术博士主要培养学生的学术研究能力不同，专业博士能够满足特定社会职业对专业人才的需求，注重实用技能和素质的培养。

在硕士层次，2020 ~ 2021 年度教育部中外合作办学监管工作信息平台上更新的《硕士及以上中外合作办学机构与项目（含内地与港台地区合作办学机构与项目）名单》中，包含清华大学与美国北卡罗来纳大学教堂山分校合作举办工程管理（全球供应链领袖）专业硕士研究生教育项目、北京外国语大学与英国博尔顿大学合作举办全媒体国际新闻专业硕士学位教育项目等在内的专业硕士培养也成为实践型人才培养的重要机遇。

（二）数字信息技术等前沿学科吸引中外教育资源携手共建

在 2021 年十三届全国人大四次会议上通过的《中华人民共和国国民经济和社会发展第十四个五年规划和 2035 年远景目标纲要》中，提出要“瞄准人工智能、量子信息、集成电路、生命健康、脑科学、生物育种、空天科技、深地深海等前沿领域，实施一批具有前瞻性、战略性的国家重大科技项目”。跟随着国家政策的更新，近年来，中外合作办学专业也出现了对新兴技术的“偏爱”。

现有中外办学合作项目涉及工学、管理学、理学、经济学、医学、文学、法学、艺术学、农学、历史学、教育学 11 个学科门类，其中，开设工学专业的机构与项目占比 45%，开设管理学专业的机构与项目占比 22%。虽然合作频次最高的专业为工商管理，共有 16 个项目与机构，但与 QS 前 50 的境外高校合作的学科领域主要为工学，包括计算机科学与技术、数据科学与大数据技术、电子信息工程、数字媒体技术等。2020 ~ 2021 年度，新兴学科和专业成为中外合作办学项目申请的重要方向，以人工智能、集成电路、量子科学与技术等专业为代表的一大批新兴学科和专业正在涌现。新兴学科和专业的出现无疑给中外合作办学带来了新的生机与活力，吸引了中外优质教育资源的积极涌入。

（三）海南国际教育岛建设逐步推进

2018 年 4 月 13 日，习近平总书记在庆祝海南建省办经济特区 30 周年大会上的重要讲话中指出，鼓励国内知名高校和研究机构在海南设立分支机构，鼓励海南引进境外优质教育资源，举办高水平中外合作办学机构和项目。[①] 2022 年 4 月 10 ~ 13 日，习近平总书记再次考察海南并发表重要讲话，突出强调要解放思想、开拓创新、团结奋斗、攻坚克难，加快建设具有世界影响力的中国特色自由贸易港，让海南成为新时代中国改革开放的示范。在党中央的指示下，海南国际教育创新岛建设正式启动。

2020 ~ 2021 年度，海南自贸港重点园区陵水黎安国际教育创新试验区有 4 个中外合作办学项目正式落地，数百个学位开始逐步招生。具体包括电子科技大学格拉斯哥海南学院，招生专业为电子信息工程、通信工程，计划招生 120 人；北京邮电大学玛丽女王海南学院，招生专业为信息与计算科

① 《党中央决定支持海南全岛建设自贸区》，《青年报》2018 年 4 月 14 日，http://www.why.com.cn/epaper/webpc/qnb/html/2018 - 04/14/content_56706.html。

学，计划招生 90 人；中国传媒大学考文垂学院，招生专业为智能科学与技术，计划招生 100 人；北京体育大学阿尔伯塔国际休闲体育与旅游学院，招生专业为旅游管理、休闲体育，计划招生 100 人。

海南国际教育创新岛具有区位优势与鲜明特色，获得了国家政策的大力支持，是我国高等教育创新的一次重要尝试。因此，海南国际教育创新岛与落地的中外合作办学机构担负着重要使命，它们既要成为新时代中国教育改革开放试验田，又要将海南国际教育的故事传播到世界舞台，从而体现中国教育的时代智慧。

（四）国内外一流大学与学术机构合作持续深化

中外合作办学在我国高等教育中扮演着重要角色，这一办学模式也是推动我国高等教育内涵式发展和“双一流”建设的重要途径之一。习近平总书记在全国教育大会上强调，“要扩大教育开放，同世界一流资源开展高水平合作办学”①。总书记的讲话为新时代中外合作办学的高质量发展指明了方向。中外合作办学必须承担起符合我国高质量教育体系建设需求的、引进国际优质教育资源的重任。

我国中外合作办学目前整体呈高质量发展趋势，从合作办学的总体情况来看，截至 2021 年底，我国境内有 90 所高校与“QS 世界大学排名”（Quacquarelli Symonds World University Rankings）前 200 的 70 所境外高校共建了合作办学机构与项目，其中包括具有独立法人资格的中外合作大学 6 所、非独立法人中外合作办学机构 34 家，以及中外合作办学项目 112 个。

2020 ~ 2021 年度，中外合作办学新增的国内高校与世界一流合作项目，包括华东理工大学与德国克劳斯塔尔工业大学合作举办化学工程与工艺专业本科教育项目、中南大学与美国加州大学旧金山分校合作举办护理学专业硕士研究生教育项目等。

尽管我国境内高校已经与部分世界顶尖的高校在相应领域开展了合作办学，但境外优质教育资源开发仍有较大空间。一方面，全球世界一流大

---

① 《加强“双一流”建设，习近平这样强调》，“党建网”百家号，2022 年 2 月 18 日，https://baijiahao.baidu.com/s?id=1725096357453117425&wfr=spider&for=pc。

学的评价体系尚无统一标准，我国应遵循人才培养和科学发展规律，建立教育自信，主导合作机遇与合作模式。另一方面，境外优质教育资源的引入有利于我国培养跨文化、跨学科、跨领域的国际传播人才，对我国整体发展战略具有重要意义。因此，未来我国应进一步加强与世界一流大学的一流学科的合作，引进国外高质量教学资源，培养高层次、多技能的国际化人才。

（五）中外合作办学学术研究初具规模

随着中外合作办学的实践不断深入，有关中外合作办学的学术研究已具有一定规模。以中国高教学会中外合作办学研究会、东北财经大学跨境教育中心、厦门大学中外合作办学研究中心等为代表的学术组织的建立，为中外合作办学的理论研究起到了支撑和推动作用。

在具体学术成果方面，2011 年，厦门大学中外合作办学研究中心主任林金辉出版的《中外合作办学教育学》，对中外合作办学的性质、地位、基本规律和历史进行了梳理。随后，有关中外合作办学经验的探讨和分析成果逐渐丰硕。截至 2021 年底，中外合作办学研究共出版学术著作 4 部，发表学术期刊与学位论文 5000 余篇。

尽管中外合作办学研究已经形成相当规模，但研究方法、研究范式、研究思路还有待创新和系统化深入。特别是针对当前的国际形势与国家需求，中外合作办学如何在坚持社会主义办学方向与寻求路径创新中获得持久性发展策略，体现理论研究的基础性与先导性，构建我国中外合作办学主流话语体系等方面，值得在未来的研究中深入探索。

结　语

综上，2020 ~2021 年度，受全球新冠肺炎疫情的影响，以国际教育合作为基础的中外合作办学面临多重考验。但在国家对中外合作办学的顶层设计和政策的大力支持下，合作办学机构与项目申请程序和准入条件不断优化，在合作办学实践的治理创新方面取得了一定成效。在此背景下，我国中外合作办学呈现积极发展态势：多家国内高等教育机构努力拓展合作新机遇与新模式，推动了本年度中外合作办学项目和机构的新增；中外合作办学在坚持社会主义办学方向、人才培养模式改革与协同管理方面进行了多维升级；为应对全球教育发展新态势和新问题，教育部对中外合作办学“两个平台”与“两个机制”进行了优化，中外合作办学行业内部也展开互帮互助，进行了资源与经验的共享，多学科国际教育认证的引入为中外合作办学质量提供了有力保障；中外合作办学提供的丰富教育资源还帮助因疫情无法出国留学的学生实现“就地留学”。

当前，世界各国受新冠肺炎疫情、资源的多元竞争、跨文化冲突增加等问题影响，在政治、经济、军事、文化等方面的交往存在不稳定因素。教育作为一种基于共识的交往与合作手段，有效地实现了国家间知识、文化以及人才的交流和沟通，为联合科研、人才培养和经验分享提供机遇。在这样的背景下，中外合作办学业已成为国际合作的新平台。作为一种身负国家教育国际化重任的、具有探索潜力的教育模式，中外合作办学在过去的历程中取得了阶段性成果。然而，面对资源投入和管理权限的博弈、联合教学方法创新、跨文化传播冲突、经济效益需求提升等挑战，中外合作办学实践仍有巨大的探索与优化空间。

高层次人才培养项目的持续深入、前沿学科的加速融合、海南国际教育岛建设的全面推进、国内外一流大学与学术机构合作升级，以及学术研究的初具规模，反映了当前中外合作办学发展的新趋势。其结果也必将有利于更多国外优质教育资源的引入，从而推动我国中外合作办学机构与项目实现真正的“强强联合”，为我国高层次人才培养提供助力，为我国学子的求学之路提供更多机遇和选择。

评 价 篇

Evaluation Reports

B.2 中外合作办学招生情况报告

单彦广 汤逾玲 王 宇*

摘 要： 本报告主要聚焦本科层次的具有独立法人资格的中外合作大学以及具有非独立法人资格的中外合作办学机构发展情况及趋势。研究的主要对象为：具有独立法人资格的中外合作大学统招、具有非独立法人资格的中外合作办学机构统招，以及部分非独立法人资格的中外合作办学机构自主招生。本报告基于近两年的招生情况数据，分析了上述研究对象的专业设置、学制与学位、学费标准、生源质量、招生规模以及招生方式的现状与发展趋势。

关键词： 中外合作办学 非独立法人资格 统招 自主招生

* 单彦广，上海理工大学中英国际学院副院长，教授，研究方向为中外合作办学管理；汤逾玲，上海理工大学中英国际学院教务部主任，研究方向为中外合作办学教学管理；王宇，上海理工大学中英国际学院公共关系部与市场部主任，研究方向为中外合作办学招生市场。

一 中外合作大学统招（独立法人资格）

具有独立法人资格的中外合作大学独立承担办学责任，目前全国仅有9所学校，包括宁波诺丁汉大学（University of Nottingham Ningbo China）、北京师范大学—香港浸会大学联合国际学院（Beijing Normal University-Hong Kong Baptist University United International College）、西交利物浦大学（Xi'an Jiaotong-Liverpool University）等（见表1）。

表1 具有独立法人资格的中外合作大学

序号	大学名称
1	宁波诺丁汉大学（University of Nottingham Ningbo China）
2	北京师范大学—香港浸会大学联合国际学院（Beijing Normal University-Hong Kong Baptist University United International College）
3	西交利物浦大学（Xi'an Jiaotong-Liverpool University）
4	上海纽约大学（New York University Shanghai）
5	昆山杜克大学（Duke Kunshan University）
6	温州肯恩大学（Wenzhou-Kean University）
7	香港中文大学（深圳）（The Chinese University of Hong Kong，Shenzhen）
8	广东以色列理工学院（Guangdong Technion-Israel Institute of Technology）
9	深圳北理莫斯科大学（Shenzhen MSU-BIT University）

（一）专业设置

具有独立法人资格的中外合作大学，具有更丰富的专业设置类别，一方面是为了体现其办学专业的优势和特色，另一方面是出于强化数理化等基础学科的目的。其中开设最多的学科分别是理学、经济学、工学，开设最多的专业分别是数学与应用数学、经济学、计算机科学与技术、生物科学、环境科学（见图1）。

（二）学制与学位（统招双学位）

这9所具有独立法人资格的中外合作大学，学制均为4年，一般有“2+

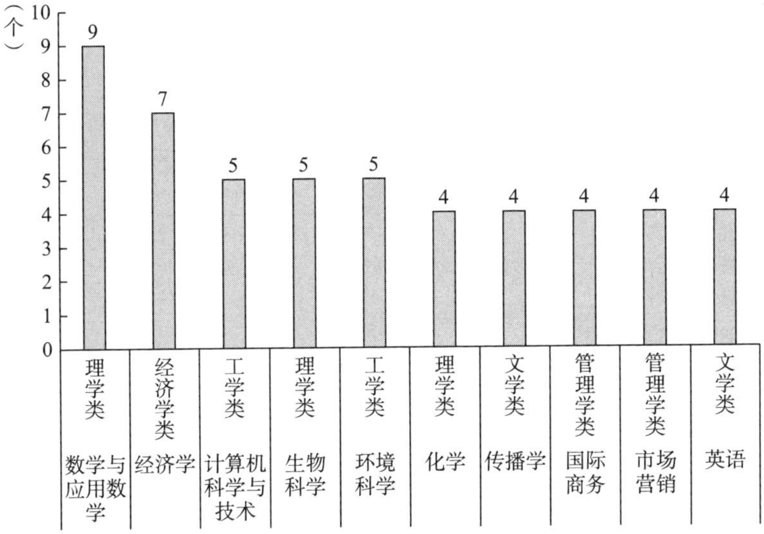

图1　开设数量位居前列的中外合作办学专业

2"“2+1+1”“4+0”等模式。中外合作大学实行境外交换的形式，有丰富的学习机会且学制灵活，学生可根据自身实际情况及学习成绩，申请交换。“2+2”，即国内2年+合作大学2年；“2+1+1”，即国内2年+合作大学1年+国内1年；“4+0”，即国内完成4年本科学位课程。不论哪种培养方式，均颁发中外双方大学的学士学位证书。其中，9所具有独立法人资格的中外合作大学的合作院校均是世界一流大学，其中有5所大学的合作院校QS排名均在100名以内，有3所大学的合作院校QS排名在50名以内。除温州肯恩大学外，其余8所大学的合作院校QS排名均在300名以内。

（三）学费标准

具有独立法人资格的中外合作大学的学费普遍高于具有非独立法人资格的中外合作办学机构的学费。9所具有独立法人资格的中外合作大学之间的学费差异较大。学费平均10万元/年左右，其中学费最低的是深圳北理莫斯科大学，学费为4万元/年；学费最高的是昆山杜克大学，学费为17万元/年[①]（见表2）。

① 数据来源为中国教育在线。

表 2　2020 年具有独立法人资格的中外合作大学学费情况

序号	具有独立法人资格的中外合作大学	办学地点	中方院校	合作院校	学费（元/年）
1	深圳北理莫斯科大学	广东深圳	北京理工大学	俄罗斯莫斯科国立罗蒙诺索夫大学	4 万
2	温州肯恩大学	浙江温州	温州大学	美国肯恩大学	6.5 万
3	北京师范大学—香港浸会大学联合国际学院	广东珠海	北京师范大学	香港浸会大学	9 万
4	香港中文大学（深圳）	广东深圳	深圳大学	香港中文大学	9.5 万
5	广东以色列理工学院	广东汕头	汕头大学	以色列理工学院	9.5 万
6	宁波诺丁汉大学	浙江宁波	浙江万里学院	英国诺丁汉大学	10 万
7	上海纽约大学	上海市	华东师范大学	美国纽约大学	1 ~ 2 年 12 万，3 ~ 4 年 18 万
8	昆山杜克大学	江苏昆山	武汉大学	美国杜克大学	17 万
9	西交利物浦大学	江苏苏州	西安交通大学	英国利物浦大学	8.8 万

（四）生源质量与招生规模

中外合作办学是我国跨境教育的主要形式，在教育对外开放事业的发展进程中扮演着重要角色，深入推进了高等教育改革与发展，促进了高校的国际化转变，丰富了国际人才培养渠道，也满足了人民群众多样化的教育需求。自 2005 年第一所中外合作大学正式设立以来，中外合作大学已走过 15 余年发展历程。

以宁波诺丁汉大学在浙江省的招生情况为例，其 15 年来在浙江省的最低录取分数线均高于浙江省一本线，且高出的分数差距日益增大。宁波诺丁汉大学理科录取分数在浙江省的录取平均分与浙江省一本线的分差由 2006 年的 19 分扩大到了 2016 年的 41 分，文科录取分数 2013 年最低录取分数线仅高于浙江省一本线 6 分，到 2016 年扩大到了 20 分。在新高考改革后，近两年宁波诺丁汉大学在浙江省内最低录取分数稳居第二，仅次于浙江大学（见图 2）。

经教育部审批，9 所具有独立法人资格的中外合作大学每期本科招生规

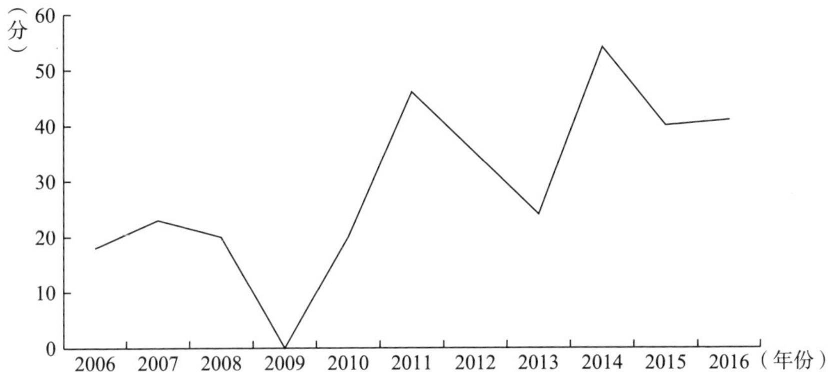

图 2　2006～2016 年宁波诺丁汉大学浙江理科录取分数线与一本线分差

模为 14425 人，2019 年高考统一招生计划人数为 9770 人（未含港澳台及国际学生），2020 年各学校招生人数均有小幅上涨（见表 3）。

表 3　具有独立法人资格的中外合作大学每期本科招生计划

单位：人

序号	具有独立法人资格的中外合作大学名称	招生计划		备注
		2019 年	2020 年	
1	宁波诺丁汉大学	1762	1766	参与 2020 年中外合作办学临时扩招工作
2	北京师范大学—香港浸会大学联合国际学院	1750	1881	参与 2020 年中外合作办学临时扩招工作
3	西交利物浦大学	3497	4202	参与 2020 年中外合作办学临时扩招工作
4	上海纽约大学	226	251	无
5	昆山杜克大学	225	235	无
6	温州肯恩大学	620	833	参与 2020 年中外合作办学临时扩招工作
7	香港中文大学（深圳）	1230	1360	参与 2020 年中外合作办学临时扩招工作
8	广东以色列理工学院	280	410	参与 2020 年中外合作办学临时扩招工作
9	深圳北理莫斯科大学	180	250	参与 2020 年中外合作办学临时扩招工作
	合计	9770	11188	

出于对高质量办学的要求，各个中外合作大学首年的招生人数和规模都小于审批标准，其后再随着办学能力的增强和办学水平的提高逐年增加招生人数。上海纽约大学招生人数从2014年的151人，增加到了2020年的251人（未含港澳台及国际学生）。

具有独立法人资格的中外合作大学分省招生计划投放主要在办学所在地，其中上海纽约大学不设分省招生计划。根据对2019年招生计划人数在250人以上的6所具有独立法人资格的中外合作大学的分省招生计划进行统计，招生计划人数最多的3个省份依次为浙江、广东和江苏，其中浙江和广东的招生计划人数超过1000人，招生计划人数超过300人的省份有江苏、黑龙江、安徽、贵州、四川、山东、陕西、河北（见图3）。

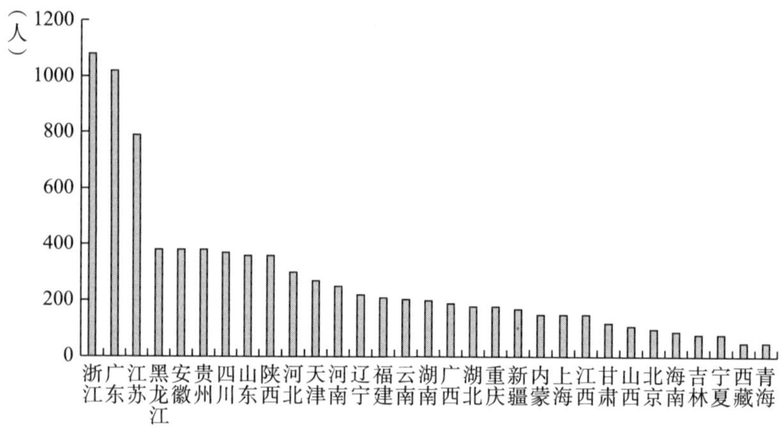

图3　2019年具有独立法人资格的中外合作大学分省招生计划情况

出于保障办学质量和生源质量的目的，9所具有独立法人资格的中外合作大学都要求考生的成绩达到所在省（市）本科一批次录取分数线。部分中外合作大学还会对外语语种和外语单科成绩提出要求，例如，温州肯恩大学要求报考学生的英语单科成绩在110分及以上，艺术类第一批英语单科成绩在95分及以上。[①]

① 《本科阶段中外合作办学数据调查报告》，中国教育在线网站，2020年7月14日，https://www.eol.cn/e_coop/gol/html/report2020/content.shtml。

为了吸引更优质的生源，中外合作大学也致力于积极创新招生模式。最常见的招生方式有两种，一种是完全以高考成绩为选拔依据的普通高考招生方式；另一种是基于高考成绩的综合评价招生方式。其中上海纽约大学、昆山杜克大学和深圳北理莫斯科大学完全采用综合评价录取方式，通过“校园开放日”等活动，在学校和学生之间搭建起沟通互动的桥梁，以便于更好地做出“双向选择”。有5所具有独立法人资格的中外合作大学采用了混合录取模式。[①] 具体情况如表4所示。

表4　具有独立法人资格的中外合作大学招生方式

序号	具有独立法人资格的中外合作大学名称	招生方式
1	宁波诺丁汉大学	在浙江省实行普通高考招生 + “三位一体”综合评价招生的多元化录取模式；其他省份为普通高考模式，在一本/本科普通批次招生
2	北京师范大学—香港浸会大学联合国际学院	在广东省实行普通高考招生 + 综合评价录取的多元化招生录取模式；其他省份为普通高考模式，在一本/本科普通批次录取
3	西交利物浦大学	在江苏省和广东省实行普通高考招生 + 综合评价录取的多元化招生录取模式；其他省份为普通高考模式，在一本/本科普通批次录取
4	上海纽约大学	综合评价招生。符合普通高考报名条件并参加高考的学生均可申请报考。对申请材料进行审核后，将从所有申请学生中邀请部分优秀学生参加“校园日活动”，并在考量学生“校园日活动”表现的基础上，结合高考、高中学业水平考试、综合素质评价等，通过高校招生综合评价体系录取学生
5	昆山杜克大学	综合评价招生。综合考量申请者高考成绩（权重50%）、学校自主综合评估（权重40%，包括对入学申请和补充材料的全面评估以及申请者“校园日活动”的表现）、高中学业水平考试成绩（权重10%），进行综合评分，择优录取
6	温州肯恩大学	在浙江省实行普通高考招生 + “三位一体”综合评价招生的多元化录取模式；其他省份为普通高考模式，在本科普通批次招生。
7	香港中文大学（深圳）	面向25个省（区、市）在高考提前批次按照普通高考录取模式，完全依据考生的高考成绩择优录取。其中广东、浙江、上海、山东、福建及江苏6省（市）实行“综合评价”和“普通高考提前批”的双轨制招生模式

① 《本科阶段中外合作办学数据调查报告》，中国教育在线网站，2020年7月14日，https://www.eol.cn/e_coop/gol/html/report2020/content.shtml。

续表

序号	具有独立法人资格的中外合作大学名称	招生方式
8	广东以色列理工学院	普通高考录取模式。在广东省学校录取批次为提前录取批次；其他省份的录取批次多在一本/本科普通批次
9	深圳北理莫斯科大学	综合评价招生。实行基于高考成绩的综合评价录取模式，提前批次录取

二　中外合作办学统招（具有非独立法人资格）

中外合作办学在推进我国教育事业发展和加强教育对外开放进程中发挥了重要作用，历经30余年的发展，现已形成了现代化、国际化、个性化的人才培养模式。高水平、示范性的中外合作办学快速发展，社会关注度、信誉度、品牌度及影响力不断提升，较好地满足了人民群众多样化的教育需求。作为中外合作办学的重要形式，具有非独立法人资格的中外合作办学机构近年来有显著发展，所获得的社会关注和社会认可也与日俱增，中国母体大学的专业建设和学科发展也开始发挥越来越大的作用。①

依据《中外合作办学条例》及其实施办法，截至2021年4月，全国共有108所具有非独立法人资格的中外合作办学机构通过复核或批准设立和举办的本科层次教育（见图4）。在140所“双一流”建设高校中，已有41%的院校设立了中外合作办学机构，其中在42所世界一流大学建设高校中，设立中外合作办学机构的院校比例达到48%。中外合作办学机构办学总规模已超过11万人，发展势头良好。②

从外方合作机构的国家分布来看，英国是中外合作办学机构最多的国家，有32所大学和中国高校建立合作，排在第二位和第三位的国家是美国和法国，分别有26所和24所大学与中国高校建立合作。英语国家以英语的

① 《本科阶段中外合作办学数据调查报告》，中国教育在线网站，2020年7月14日，https://www.eol.cn/e_coop/gol/html/report2020/content.shtml。

② 《本科阶段中外合作办学数据调查报告》，中国教育在线网站，2020年7月14日，https://www.eol.cn/e_coop/gol/html/report2020/content.shtml。

普及性和硕士继续深造衔接为优势，在具有非独立法人资格的中外合作办学机构中广受欢迎（见图5）。

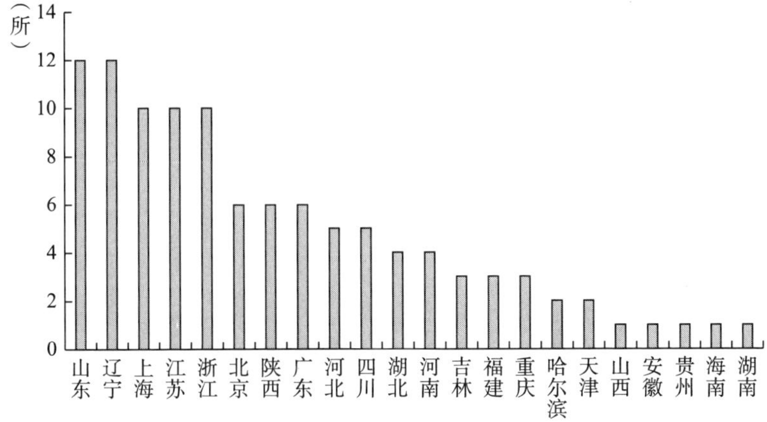

图4　中外合作办学机构统招（具有非独立法人资格）全国分布

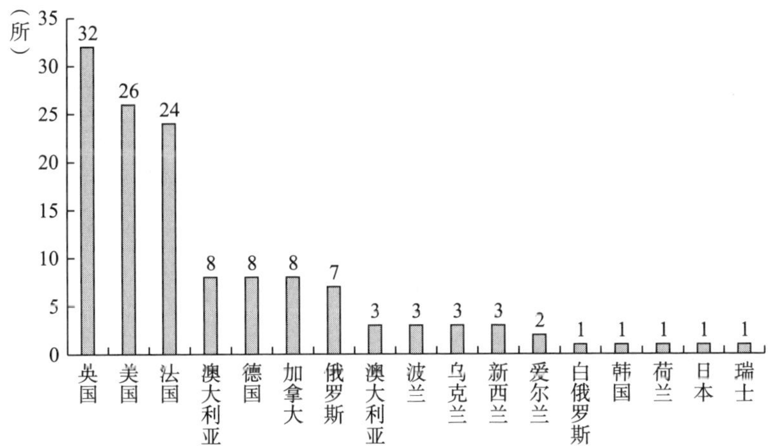

图5　教育部予以资格认定的中外合作办学机构国家分布

（一）专业设置

纳入本次统计的108所具有本科中外合作办学非独立法人资格的办学机构，共开设406个招生专业，共有138种专业，其中开设数量最多的专业是机械设计制造及其自动化，并列第二的专业是金融学和工商管理专业，均有 14 所院校开设相关专业；并列第四的专业是国际经济与贸易、计算机科学与技术以及土木工程。总体来说，工科及商科专业是具有本科中外合作办学非独立法人资格的办学机构最常开设的专业，同时，计算机类专业相较于传统工科专业，有更广的深造选择范围和就业发展前景，其开设专业的总量也在具有本科中外合作办学非独立法人资格的办学机构开设的专业中占有一席之地（见图 6）。

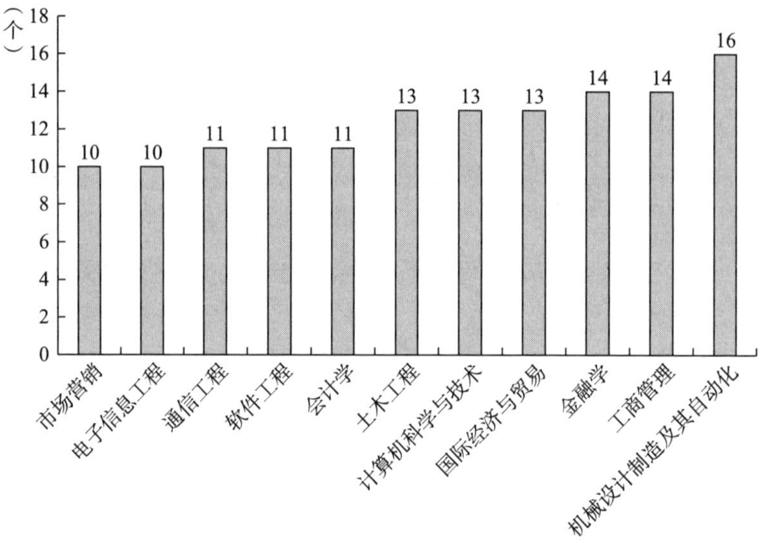

图 6　具有本科中外合作办学非独立法人资格的办学机构开设数量排名前 11 位的专业

（二）学制与学位

中外合作办学机构统招的本科学制大多为四年。除了天津城建大学国际工程学院的建筑学专业、浙江大学爱丁堡大学联合学院的基础医学专业、温州医科大学阿尔伯塔学院、哈尔滨工业大学深圳国际设计学院以及青岛科技大学中德科技学院的部分专业为五年制，其余中外合作办学统招的本科学制均为四年。

此外，与中外合作办学独立法人资格机构相似的是，具有非独立法人资格的中外合作办学机构也提供多种灵活的学制，一般有“2 + 2”“3 + 1”“4 + 0”等，海外交换和学习机会多，且不论哪种培养方式，均颁发中外双方大学的学士学位证书。

截至 2021 年 4 月，在统计的 108 所具有本科中外合作办学非独立法人资格的办学机构中，有 54 所外方合作院校 QS 排名在 1000 名以内，占总数的一半；其中有 35 所大学的合作院校 QS 排名在 400 名以内，约占总数的 32.4%，以及 19 所外方合作院校 QS 排名在 200 名以内，约占总数的 17.6%。

（三）学费标准

具有非独立法人资格的中外合作办学机构统招学费普遍低于具有独立法人资格的中外合作办学机构及项目的学费。纳入统计的 108 所机构的学费差异也比较大，平均费用为 4.69 万元/年。学费最低的是华东理工大学国际卓越工程师学院，以及中山大学中法核工程与技术学院，学费分别为 5000 元/年和 5160 元/年；学费最高的是浙江大学爱丁堡大学联合学院和浙江大学伊利诺伊大学厄巴纳香槟校区联合学院，学费均为 12 万元/年（见图 7）。

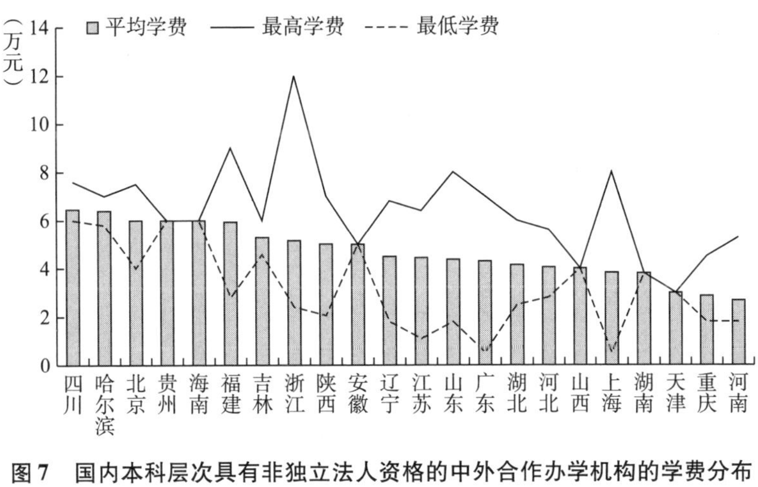

图 7　国内本科层次具有非独立法人资格的中外合作办学机构的学费分布

近年来，不少中外合作院校对学费进行调整。以上海理工大学中英国际学院为例，2019 年上海理工大学中英国际学院的学费为 1.5 万元/年，2020 年获批学费调整，商科专业为 2.5 万元/年、工科专业为 3 万元/年。学费上涨原因一方面有外在需求与社会影响，包括适应上海扩大全球影响力，对标高等教育改革发展，聚焦上海理工大学推进高水平建设，结合英国合作高校的需求等，另一方面有内在需求与质量提升，包括为保证高水平教学质量打造高水平师资队伍，提升整体办学环境，搭建国际合作平台，支持学生多元成长的需要，开展国际专业评估认证等。2021 年 12 月上海理工大学中英国际学院获得国际精英商学院协会（AACSB）会员资格，这标志着中英国际学院在人才培养、教育教学改革等方面迈上了新台阶，对学院今后学习国际先进管理教育模式、推动管理教育质量和水平的提升、增强在全球范围内的地位和影响力具有积极意义，也体现了中英国际学院整体质量和发展前景得到了国际同行和专业机构的充分肯定，是学院发展的重要里程碑，是学院积极响应新商科建设的一大进展，是学院迈向世界级一流商学院的重要标志。此外，中英国际学院在英国工程技术学会（IET）工科专业认证方面也取得突破，中英联合培养工科专业项目电子信息科学与技术专业、机械设计制造及其自动化专业均获得自 2022 年起 5 年 IET 专业认证的最长认证期限。

（四）生源质量

中外合作办学机构联席会秘书处对全国本科层次具有非独立法人资格的中外合作办学机构的 2020 年生源质量情况进行了调查。本部分数据来源于《2020 年非独立法人中外合作办学机构生源质量报告》。

第一，从录取分数和录取位次来看，2020 年样本机构整体生源质量较上年基本持平。虽然 2020 年全球新冠肺炎疫情的暴发给中外合作办学的招生和教学工作带来了一定的挑战，但仍有多家机构逆流而上，在招生质量方面取得较好成绩。

在统计的 41 所样本机构中，有 16 所 2020 年一本线线差较 2019 年有不同程度的上升，最高提升 70 分；有 15 所机构—校本部差距较 2019 年有不同程度的缩小，最多缩小 21 分。在统计的 31 所样本机构中，有 4 所 2020 年位次较 2019 年有所提升，进步最大的机构位次前进了 17784 名；有 7 所机构退步程度较小，在 0 至 2000 名范围之内。

总体来看，2020 年较 2019 年，一本线线差有小幅下降，机构—校本部差距小幅扩大。2020 年一本线线差均值为 21.61 分，较上年下降了 5.01 分；2020 年机构—校本部差距均值为 -27.15 分，较上年差距拉大了 4.52

分（见图8）。

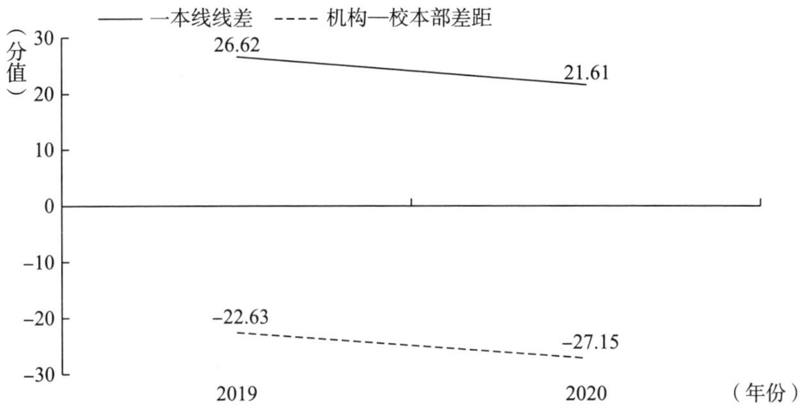

图8　41所样本机构2020年一本线线差、机构—校本部差距均值与2019年对比情况

第二，2020年新批机构录取的生源质量相对较高，且全国机构的总体情况在向高水平高质量发展。在2020年统计的68所样本机构中，有15所为首次招生的新批机构，这68所机构的2020年一本线线差均值为31.10分，较之前的41所样本机构均值高出9.49分；机构—校本部差距均值为-25.97分，较41所样本机构差距缩小了1.18分（见图9）。

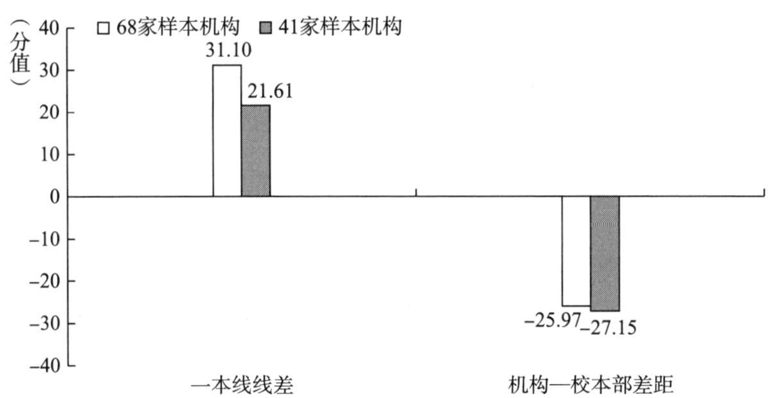

图9　68所样本机构2020年一本线线差、机构—校本部差距均值与41所样本机构对比情况

第三，从近四年生源质量情况可以看出，高水平成长型机构更加凸显。一本线线差方面，29所样本整体呈逐年上升的趋势，2018年上升幅度最大，四年一本线线差均值为 17.86 分。机构—校本部差距方面，29 所样本机构近四年数据波动不大，基本维持在 -26.87 分上下。录取位次方面，16 所样本机构位次呈逐年缓慢退步的趋势，2020 年退步相对明显（见图 10）。

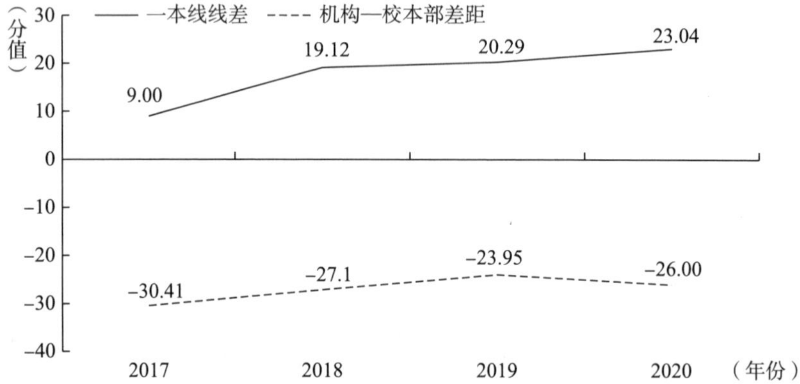

图 10　2017～2020 年 29 所样本机构一本线线差、机构—校本部差距变化趋势

从具体情况来看，多家机构生源录取标准逐年提升或保持在较高的水准。一本线线差方面，有的机构一本线线差在四年内逐年上涨，高水平机构录取最低分四年平均超一本线 80～100 分。机构—校本部差距方面，有的机构录取分数与校本部差距在四年内逐年缩小，高水平机构录取最低分四年平均低于校本部 4～10 分。录取位次方面，有 3 所机构位次在四年内逐年上升，另有 4 所机构在 2017 年的基础上均有不同程度的进步，还有 3 所机构退步程度较小，浮动范围为 0～500 名。在逐年进步的机构中，有的机构生源质量特别突出，无论是录取分数还是录取位次，均表现为四年逐年上升。

第四，2020 年机构录取标准在某些省份已超越校本部。录取分数方面，有 19 所机构录取最低分在某些省份已超过校本部，超出分值为 1～26 分。有 11 所机构录取最低分与校本部接近，差距为 0～15 分，其中差距最小的为 3 分。

可见，虽然全国机构整体录取标准与校本部仍存在一定差距，但越来越多的高水平机构逐渐凸显，从生源质量这一入口标准即可说明机构的社会认可度已开始与校本部相当，且在部分省份已经领先于校本部。

（五）招生规模与招生方式

从各地区的办学规模来看，全国平均中外合作办学规模最大的是北京。第二到第四位分别是吉林、山西和上海。中外合作办学规模排名前10位的省（市），其规模均在1200人及以上。在有中外合作办学统招的省（市）中，办学规模较小的是湖南、天津和广东，平均规模均在920人以下（见图11）。

中外合作办学统招（具有非独立法人资格）纳入国家普通高等学校招生计划，全国统一招生录取。学生填报高考志愿，参加全国普通高等学校统一入学考试，并符合相关招生录取规定和要求，以及根据国家制定的普通高等学校招生工作实施办法和高校招生章程进行录取。

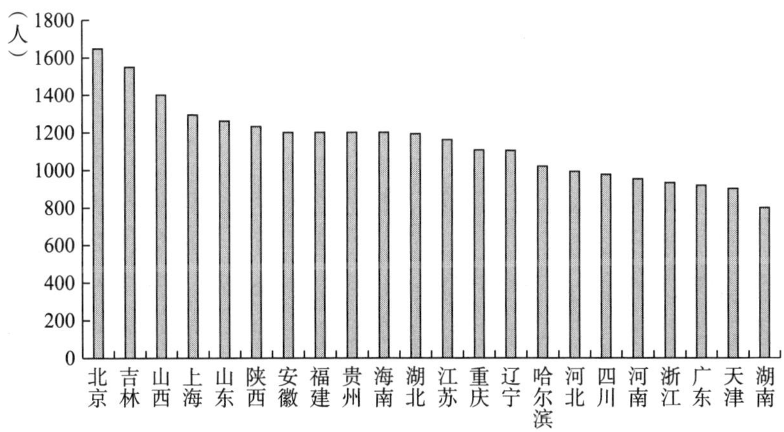

图11　全国中外合作办学规模排名

三　中外合作办学自主招生（具有自招计划的非独立法人资格）

中外合作办学自主招生是具有自招计划的非独立法人资格的中外合作办学机构的一种重要招生方式，相较统招生计划来说，学院在招生过程中有更大的自由度。本部分对3所办学经验丰富的院校进行分析，分别是上海理工大学中英国际学院、上海大学悉尼工商学院、吉林大学莱姆顿学院。

（一）基本情况介绍

上海理工大学中英国际学院于 2006 年经教育部正式批准成立，是上海理工大学下属的非独立法人二级学院，也是目前国内领先的成体系、成规模、集约化引进海外一流大学优质教育资源的国际化中外合作大学学院。学院主要实施本科层次学历、学位教育和境外学士学位教育，也是目前国内少数采用“一对多”模式的中外合作大学学院。目前学院已建立管理学院，工程与计算学院，语言、教育与文化学院，采用全英文授课，实行小班制教学。在传授专业知识的基础上，学院尤其重视培养学生的综合能力，包括责任领导力（学院已经签署并加入联合国责任管理教育 PRME 高级成员）、创业与创新以及文化同理，以上三大核心价值充分体现了学院人才培养的理念，旨在为学生创造更为广阔的就业前景。

2017 年 11 月，中英国际学院顺利通过教育部中外合作办学项目评估；2017 年 12 月，中英国际学院顺利通过英国高等教育质量保证机构（QAA）教学评估；2021 年 11 月，英国工程技术学会（IET）对学院开展了线上认证流程，学院电子信息科学与技术专业和机械设计制造及其自动化专业将获得自 2021 年起五年 IET 专业认证的最长认证期限，充分表明学院工科专业已具备国际认可的专业资质和符合国际标准的高质量工程专业教育；2021 年 12 月，中英国际学院通过国际精英商学院协会会员资格审查委员会的严格审核，正式获得其会员资格，标志着学院已被这一全球最具影响力的商学院协会认可，并享有正式会员的所有权益。

上海大学悉尼工商学院成立于 1994 年，是国内成立最早、声誉卓著的中外合作商学院，合作方为澳大利亚悉尼科技大学；上海大学悉尼工商学院提供两个项目：悉尼科技大学学士学位和上海大学国际本科项目。悉尼科技大学学士学位专业为国际经济与贸易、工商管理（前两年不分专业，第三年专业分流）。四年毕业后获得悉尼科技大学学士（本科）学位，毕业生可选择国外大学经济、管理、金融、会计等十几个研究生专业继续深造。两年后可选择前往国外完成学士学位，有国外大学经济、管理、金融、会计、市场营销、人力资源、电子商务等十多个本科专业可供选择；上海大学国际本科项目在国内阶段不分专业，国外阶段可选择商科、传媒、设计、人文、科学等各类专业。

吉林大学莱姆顿学院是吉林大学所属，以加拿大、美国高等院校为合作伙伴实施中外合作办学项目的高等教育机构。吉林大学莱姆顿学院设置了文科和理科两个方向。理科类专业有通信工程专业和计算机工程技术专业。文科类专业有计算机信息系统专业，酒店与旅游管理专业以及工商管理专业，其中工商管理专业共有六个方向可供选择。

3 所大学均开设了工商管理专业，同时使用英文教材，采用双语教学或全英文教学。

（二）学制与学位

具有自主招生计划的非独立法人资格的中外合作办学自招的学位和统招有所不同，一般通过自主招生录取的学生在完成学业并毕业时，将只会获得合作外方院校的相应学位证书，而没有中方院校的相应学位证书。

就合作院校而言，上海理工大学中英国际学院有 9 所外方合作院校；上海大学悉尼工商学院有 1 所外方合作院校；吉林大学莱姆顿学院有 4 所外方合作院校。总体而言，3 所院校中，上海理工大学是国内最早开始国际合作办学的高校之一，在校留学生近千人，与美国、英国、德国、加拿大、日本、澳大利亚、爱尔兰等 30 多个国家和地区的 170 余所高等院校建立了合作关系，建有中英国际学院和中德国际学院 2 所中外合作办学机构。

就学制而言，3 所院校均提供了多样化且灵活的学制方案。上海大学悉尼工商学院和吉林大学莱姆顿学院均提供“1 + 3”“2 + 2. 5”“4 + 0”的学制方案。为不同基础与背景的学生提供了个性化的选择。上海理工大学中英国际学院则提供了“2 + 2”“2 + 1 + 1”“4 + 0”的学制方案，其中“2 + 1 + 1”学制是指国内 2 年 + 英国成员大学 1 年 + 国内 1 年。该学制符合国内就业的时间窗口，为学生提供了更好的在国内就业的机会。

除了灵活的学制安排，中外合作办学机构还融合了合作院校国家的教育制度特色。以上海理工大学中英国际学院为例，其与 9 所英国合作大学有深度合作，而导师制度是英国教育体系的重要组成部分，因此也成为中英国际学院教学的一大特色。

（三）学费标准

3 所院校的学费均在 4 万元/年之上，其中上海大学悉尼工商学院和吉林大学莱姆顿学院的收费水平接近，均在 4.5 万元/年到 7.8 万元/年之间。而上海理工大学中英国际学院的学费为 8 万元/年。

表 5　3 所中外合作办学机构学费标准

中外合作办学机构	学费标准
上海理工大学中英国际学院	8 万元/年，第 1、第 2 学年收取 5000 元/年的学籍注册费；出国后按国外合作大学相应学费标准缴纳
上海大学悉尼工商学院	"4 +0" 项目学费为 4.9 万元/年；"1 +3" "2 +2.5" 项目学费第 1 学年为 7.8 万元/年，第 2 学年为 5.2 万元/年，出国后按国外合作大学相应学费标准缴纳
吉林大学莱姆顿学院	国内阶段学费及外方合作院校注册费：第 1 至第 3 学年为 4.5 万元/年，第 4 学年为 4.8 ~5.8 万元/年；出国后按国外合作大学相应学费标准缴纳

（四）生源质量

上海理工大学中英国际学院的生源质量逐年稳步提高。2018 年有 5% 的三本生源，83% 的二本生源，12% 的一本生源；2019 年有 84% 的二本生源，16% 的一本生源；2020 年有 97% 的二本生源，3% 的一本生源；特别是 2019 年一本率高达 16%，二本比例高达 84%，优质生源比例持续攀升，生源质量连创历史新高（见表 6）。值得一提的是，从录取结果看，报考自主招生的高分考生人数稳步增加，其中理科录取最高分为 617 分，超出安徽省一本线 121 分；文科录取最高分为 557 分，超出河南省一本线 21 分。从单科成绩看，报考自主招生的考生，有英语单科最高分 142 分，还有数学单科最高分 145 分，均创历史新高。

表 6　2015 ~2020 年上海理工大学中英国际学院的生源质量

单位：%

	2015 年	2016 年	2017 年	2018 年	2019 年	2020 年
本科第三批次	23	10	6	5	—	—

续表

	2015 年	2016 年	2017 年	2018 年	2019 年	2020 年
本科第二批次	69	78	80	83	84	97
本科第一批次	8	12	14	12	16	3

此外，院校还通过建立生源基地来保证生源质量，各个院校在招生宣传、联合推广、定制考务等多个领域开展深入合作。上海理工大学中英国际学院与来自国内各省（市）的多所重点中学合作，建立“优质生源基地”为中英国际学院及所属英国9所合作大学选拔具有国际化发展意愿及潜质的优秀高中毕业生，希望通过加强与各重点中学的合作，为上海理工大学中英国际学院及所属英国9所合作大学选拔具有国际化发展意愿及潜质的优秀高中毕业生。

（五）招生规模

2020年，3所院校的招生规模基本保持不变，其中上海理工大学中英国际学院和上海大学悉尼工商学院的招生规模在350人以下，吉林大学莱姆顿学院的招生规模较大，达600人（见表7）。

表7　2020年3所中外合作办学机构各项目招生规模

单位：人

中外合作办学机构	各项目招生规模	招生总规模
上海理工大学中英国际学院	345	345
上海大学悉尼工商学院	“4+0”项目：218； “1+3”“2+2.5”项目：100	318
吉林大学莱姆顿学院	“4+0”项目：600	600

根据吉林大学莱姆顿学院2019年及2020年中外合作办学本科自主招生选拔录取结果可以看出，2020年的招生人数大幅增加，其中山东、浙江、四川成为主要生源地。

（六）招生方式

在3所院校中，上海理工大学中英国际学院和吉林大学莱姆顿学院均采取在高考成绩基础上的综合评价录取招生方式，而上海大学悉尼工商学院则主要根据学院组织的笔试与面试的综合测评成绩择优录取。例如，申请上海理工大学中英国际学院自主招生项目的考生，必须高考成绩达到上海理工大学中英国际学院在当地的录取分数线，同时参加学院自主招生入学考试并达到相应要求，或有相应的雅思成绩。

从时间安排的角度来说，上海大学悉尼工商学院和吉林大学莱姆顿学院的招生均有两个阶段，而上海理工大学中英国际学院则按照考生签署自主招生新生注册协议的线上签署日期的先后顺序进行录取，录满即止。吉林大学莱姆顿学院招生的第一阶段，主要考察应届高中毕业生或国际学校毕业生的自主招生选拔考试笔试和面试成绩；而在第二阶段则将录取的标准设置为普通高考总成绩达到生源所在省的本科第二批录取控制分数线（英语单科成绩 105 分以上）。

3 所院校都对考生的语言水平有所要求。上海理工大学中英国际学院组织的学院自主招生入学考试会考核考生的英语会话能力和写作能力。悉尼科技大学学士学位（本科）项目（“4 + 0”路径）和上海大学国际本科项目（“2 + 2.5”路径或“1 + 3”路径）的学院入学笔试科目都会单独考核英语。而吉林大学莱姆顿学院招生的第二阶段则要求英语单科成绩在 105 分以上。

部分院校还有招生特色项目，以帮助学生更好地融入大学生活。以上海理工大学中英国际学院为例，为激励更多具备优秀学术能力和发展潜质的学生报考，学院特拟定自主招生 Top-Table 精英训练营项目。该项目将依据高考成绩和自主招生入学考试成绩在全国入学新生中甄选优秀学生，参与计划外自主招生的 Top-Table 精英训练营项目。自主招生 Top-table 精英奖学金，奖学金金额为当年学费的 10%；自主招生 Top-table 卓越奖学金，奖学金金额为当年学费的 50%。

四　中外合作办学的形势与面临的问题

（一）中外合作办学的形势

2020 年新冠肺炎疫情席卷全球。作为需要密切跨国合作才能展开的项目，中外合作办学也受到很大影响。随着国内国外疫情逐渐进入可控状态，各中外合作办学机构也在这场危机中逐渐探索出新的运行方法和实践经验。危机带来挑战的同时，也带来了机遇。

疫情发生后，正常的教育教学被中断，这对中外合作办学教育工作的开展也产生了较大影响。一方面，中外合作办学机构普遍面临师资紧张的问题。由于中外合作办学师资中很大一部分是国际师资，在国外疫情仍非常严重的情况下，部分外教无法按时到岗，学校师资不能得到保障。虽然部分学校或者项目采取线上授课以保证“停课不停学”，但是由于线上授课的质量有待学生和家长的认可，家校矛盾在一定程度上暴露出来。与此同时，部分学校退还了已经收取的其他项目如住宿等的费用。在人力成本和运营支出的双重压力下，办学机构或面临资金困境，对后续运营造成一定影响。

而在疫情之下，中外合作办学的机构与项目也为保障留学学子就学提供了强有力的支持。为缓解疫情导致的出国留学受阻问题，教育部在 2020 年共推动 94 所中外合作举办的大学、机构与项目临时扩招。北京、浙江、广东等 19 个省（市）的约 90 所中外合作办学机构与项目以及内地（中国大陆）与港澳台地区合作办学机构与项目共录取 3031 人。中外合作办学的机构和项目通过合作办学的天然优势，为广大滞留学子在疫情发生后提供了宝贵的国际化教育资源。

另一方面，在疫情之下，中外合作相较于留学慢慢体现出其独特优势。根据益普索《2020 海外留学趋势报告》数据，综合分析 4518 名受访者的计划留学目的地、正在留学目的地以及曾经留学目的地，美国和英国是受访中国留学生首选的英语国家留学目的地。然而，不断发生变化的国际形势，切实影响着学子们的出国意愿。《2020 年门户开放报告》（The Open Doors Report 2020）显示，2019～2020 学年在美国接受高等教育的国际学生为 10.75 万人，同比下降 1.8%，这是 2008 年经济危机后赴美留学人数首次下降。根据报告，美国作为世界最大的留学目的地国家，其博士留学生占比在 2017 年骤减至 26%，同比下降了 14 个百分点。这与美国政府出台的各类限制留学生赴美留学、就业和移民等相关政策有直接或间接的关系。另外，由于英国签证制度取消工作签证、不乐观的移民和就业问题，以及高昂的学费，其吸引力也在下降。由于国际形势的不确定性，学生被加拿大和澳洲等国家以及其他中外合作办学项目分流，这也为其他项目带来高层次人才竞争的新机遇。

疫情也为留学带来了很多不利因素。调查显示，在 2020 年影响中国留学生活的因素中，影响最大的三个因素分别是出行限制、隔离政策、签证问题，使学生海外留学的体验大打折扣，留学生活受到了很大的限制，不及预期。对那些原本希望在 2020 年出国留学的学生来说，出入境政策是影响留学主要因素，其中政府限制离开所属地区占 32%、留学目的国入境政策限制占 31%；其他因素包括签证延期及处理延误、没有航班到达目的地、接种疫苗或健康筛查困难（见图 12）。

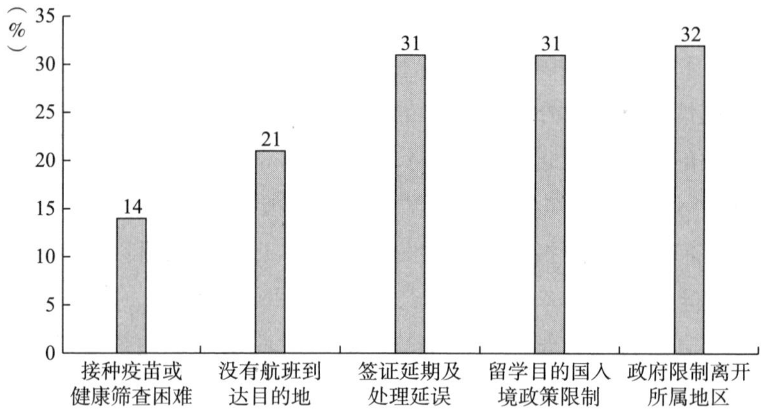

图 12　2020 年影响留学生活的因素

报告显示，对于中国留学生来说，提升自身水平以及增强职场竞争力是海外留学的最大诉求，丰富个人阅历次之。总体来说，海外高校整体水平较高，有着优秀的师资和众多可选择的专业。随着学历的进阶，留学生受父母和周围人的影响越来越小，本科之后，中国留学生对于提升自我和优秀师资更为看重，而优质的中外合作办学项目可以满足中国准留学生对于提升自我和优秀师资的求学需求。从就业竞争力的角度来说，中外合作办学也可以避免长期在国外求学，导致与国内就业市场脱节的情况。

中国留学生对优质国际化教育资源十分重视。全球高等教育分析机构 QS 于 2020 年 7 月份发布了一则白皮书——《新冠肺炎疫情如何影响全球留学生》①。

① 《冠状病毒大流行如何重塑国际高等教育》，QS 网，2021 年 12 月 8 日，https://www.qs.com/portfolio-items/how-the-coronavirus-pandemic-reshaped-international-higher-education/。

在白皮书中，超半数学生的留学计划受疫情影响，但极少数同学取消留学计划，大部分人选择推迟留学计划或更改留学国家，中国留学生决定放弃留学的仅4%。可以看出，即使在疫情影响的情况下，中国留学生依然十分看重优质的国际化教育资源。

疫情也影响了潜在留学生的学业计划。在QS调研的2689名潜在留学生中，考虑去英国和美国留学的分别占42%，仍居高位；意向留学加拿大的占41%；意向留学德国的占27%；意向留学澳大利亚的占24%。而在所有潜在留学生中，倾向学习商科和管理类专业的占22%，工程方向的占21%，社会科学类专业占5%。据QS调研，66%的潜在留学生表示疫情影响了自己的留学计划，其中48%的人打算推迟到2021年入学，还有4%的人彻底放弃留学计划。

从国内用人市场视角看，国际化视野、语言和专业优势是很大的求职优势。对于留学生来说，中国学生选择出国留学时，一方面是看重国外优质的师资，另一方面希望能够增强自己在用人市场的竞争力，因此用人方对留学生的看法也至关重要。从益普索集团（Ipsos）对用人方的访谈来看，用人方对于有国际教育背景的学生有以下共识：一是基于多年的国外学习经历，大部分留学生比较独立，跨文化沟通能力强；二是由于学习生活完全沉浸在英文环境中，留学生都更具英语语言优势；三是留学生能接触不同的研究方法和学习方式。但由于在国外获得毕业证书的时间与国内并不完全相同，且人在国外，很容易错过招聘季，所学与国内现状脱轨也是海外留学生求职时面临的主要挑战。而这也正是中外合作办学的优势所在，学生可以沉浸在全英文的教育环境中，拥有具有竞争力的语言优势，拥有国际化的教育资源，同时也不会与国内现状脱轨。

从政策层面看，近年来中外合作办学在政策利好的良好环境下处于加速发展时期，这也进一步加大了教育对外开放的力度。2018年9月，习近平总书记在全国教育大会上阐述深化教育体制改革时提出，要扩大教育开放，同世界一流资源开展高水平合作办学。[①] 2020年6月，教育部等八部门

① 《教育部等八部门印发意见 加快和扩大新时代教育对外开放》，中华人民共和国教育部网站，2020年6月23日，http://www.moe.gov.cn/jyb_xwfb/s5147/202006/t20200623_467784.html。

联合印发《关于加快和扩大新时代教育对外开放的意见》（以下简称《意见》），基于深化中外合作办学改革的目标，《意见》从三个维度提出了相应的改革措施和建议：一是推进中外合作办学法律制度的不断优化和完整，加快《中外合作办学条例》及其实施办法修订工作，从法律层面保障了中外合作办学的开放力度、规范程度和质量水平；二是对中外合作办学的工作机制和工作流程进行完善和创新，通过"项目备案制""部省联合审批"等改进审批方式，优化了办学成果的评估体系，完善了优胜劣汰的退出机制体系；三是对新模式的鼓励和倡导，顺应我国新一轮改革开放的历史潮流和社会现实，可以采用试点先行、逐步推广的方式，对中外合作办学的主体和路径适当放宽标准，给予相应的鼓励引导或实行准入特别管理措施。2021 年全国教育工作会议强调，"十四五"时期，我国教育改革发展面临新形势、新阶段、新理念、新格局、新目标、新要求，教育系统责任重大、使命光荣。[①] 这是对新时代中外合作大学的新定位和新要求，意味着中外合作大学在推动教育体制机制改革方面也将承担更为重要和艰巨的历史任务。

这一系列政策措施将为中外合作办学带来新的机遇。中外合作办学要积极作为、抓住机会，加大课程建设力度，提升在线教育质量，实施更加科学的管理，深入对接国际优质教学资源，拓展新格局下的国际合作，把握住新时代的广阔机遇。

就国内形势而言，扩大教育对外开放势在必行。历史环境和社会局面为教育对外开放带来了新机会和新挑战，中外合作办学应及时把握良好机遇，以充足的准备和积极的心态迎接新挑战，使中外合作办学及教育对外开放能借时代之势，向更加完善、优质的方向发展。在世界百年未有之大变局下，中国始终秉持和平、发展、合作、共赢的态度，积极构建新型国际关系，推动构建人类命运共同体，在稳定大国之间国际关系中扮演着重要角色。教育部 2021 年工作要点中指出，推进高水平教育对外开放是本年度的关键议题。2021 年是中国共产党成立 100 周年，是"十四五"规划开局之年，也是全面建成小康社会、开启全面建设社会主义现代化国家

① 《教育开放新发展阶段使命》，"中国教育新闻网"百家号，2021 年 2 月 18 日，https://baijiahao.baidu.com/s?id=1692021598441756640&wfr=spider&for=pc。

新征程的关键之年。确定了目标任务：加快和扩大新时代教育对外开放，优化全球布局，加强人才培养和科研国际合作，推动教育对外开放高质量、内涵式发展。①

（二）中外合作办学实践面临的问题

1. 中外合作办学实践的制约条件

中外合作办学也面临了一些不容忽视的、来自内部与外部的制约条件。

从外部制约条件来看，中外合作办学的法律政策体系目前并未十分完善。当下，中外合作办学的具体实践和相关政策法规存在不完全同步、互动性不强的现象，政策法规的制定往往滞后于中外合作办学实践，在政策执行、监管等方面有待进一步落实。其中，中外合作办学的“营利性”与我国所倡导的教育“公益性”存在一定的冲突，目前，对“合理回报”的界定和管理、对“营利项目”和“完全公益项目”的划分与外部监管对税收的执行标准等问题，仍缺乏相关可供参考的遵循的条例。

此外，中外合作办学的监管体制虽已取得良好的发展和成效，但仍有完善和发展的空间。目前，我国中外合作办学监管体系主要是通过中外合作办学监管工作信息平台进行管理。该平台依托教育涉外监管信息网建立，是中华人民共和国教育部专门发布中外合作办学监管信息，并对中外合作办学实施动态监管的工作平台。但目前该平台部分信息存在过时或者缺失的问题。平台具有为社会和广大就学者提供相关信息的服务属性，因此，未来需要提高平台的信息收集和发布能力，提升平台的运营水平。

从内部制约条件来看，中外合作办学境外合作方的办学质量尚未得到保障。首先，优质高校数量不足，大多数学校的规模较小、质量一般，仅出于扩充生源的目的进行海外扩招，其办学水平和办学质量还有很大提升空间。

其次，由于缺乏可参考借鉴的办学理念，部分中外合作办学机构在办学定位、学科建设、培养方案等方面缺乏实质性的合作和交流。除此之外，

---

① 《教育部2021年工作要点》，中华人民共和国教育部网站，2021年2月3日，http://www.moe.gov.cn/jyb_sjzl/moe_164/202102/t20210203_512419.html。

部分中外合作办学项目局限于学历和学位证书的合作，而非真正深入地开展文化交流和学术活动，使办学质量处于较低水平。

最后，在全球疫情蔓延背景下，外籍教师流动性问题加剧。在开展中外合作办学的过程中，存在外籍教师专业能力参差不齐、短期工作导致外籍教师频繁流动等问题，这对引入国外优质教育资源、保障中外合作办学课程质量有不利影响。

2. 中外合作办学实践需要避免的问题

在中外合作办学的过程中，同样需要注意避免一些问题。

首先是办学特色的问题。院校应避免偏重在办学成本相对低廉的学科及专业，同质化地展开低水平重复办学。目前，部分中外合作办学在专业设置上存在趋同和重复的问题，本科专业以经济学门类、管理学门类为主，专业设置趋同现象严重。为了更好地推进中外合作办学的整体发展，院校的学科专业设置应当办出自己的特色，在专业设置上下足功夫，以增强自身的核心竞争力。具体来说，中外合作办学院校在办学前，应在考虑投入与效益的同时考虑到社会实际需求；严格把关引进外国教学资源的质量，提高引入课程中外方核心课程的比例，同时保障一定数量的外国教育机构教师授课，以推动办学向高质量、国际化方向转变。

其次是合规问题。目前，部分实施外国教育机构学历、学位教育的项目，面临着学生在完成学业后，不能如期取得国外学历、学位，甚至引发出国留学的签证签发问题。为了保证学生顺利完成中外合作办学学业，相关机构应当准确把握中外合作办学的政策界限。当前，一些高校（特别是重点高校）自行举办了所谓的国外大学预科班，其中有些实质上属于外语培训，而合作的国外大学并不参与在中国境内的教学活动。双方一般通过签订所谓相互承认学分的协议，允诺参加课程班学习的学生将有机会转到国外大学继续学习，并在完成学业后在境外获得国外大学的学位证书，而这与中外合作办学的规范存在明显出入。

最后是中外合作办学中存在的质量问题。一是合作办学课程的质量水平以及其对学生产生了多少积极影响。二是要看其是否推动了教育模式的更新与完善。合作办学课程的质量可以从两个方面进行衡量：一方面是学生毕业后选择出国再深造的意向和人数，这可以直观反映出合作办学课程是否发挥了其应有的启发作用和引导价值；另一方面要看毕业学生的综合素质与能力，这与我国中外合作办学的现实需求息息相关。中外合作办学根本目的在于为我国培养高素质、创新型人才以适应当代经济建设和社会发展的需要，学生良好的综合素质应包括多语言能力、国际化视野以及较强的创新能力和实践能力。三是学生的就业情况，毕业生的就业去向和薪资水平也能反映出学生质量和课程质量水平。

中外合作办学的质量也体现在其是否推动了新的教学模式形成。中外合作办学在引进了国外优质教育资源的同时，还要学习国外先进的教育理念、教育模式以及教学方法，并推动特色教学模式在我国的本土化发展与实现，以促进我国教育事业的发展。

3. 中外合作办学实践的可行的建议

首先，完善的退出机制是中外合作办学质量监控的重要环节，也是保证中外合作办学健康发展的重要组成部分。经历了连续十多年的高速发展，部分地区、学校或社会机构盲目开展中外合作办学、自身管理能力有限、办学水平不高以及忽视外方合作院校的资质等问题开始凸显，规模型增长模式遇到瓶颈。因此，为了保证中外合作办学的整体可持续发展，叫停办学能力不足和学科专业竞争力弱，办学质量低，甚至从未开展实质性办学便已“名存实亡”的机构和项目势在必行。

2018 年共有 234 个机构和项目被批准终止，其中有 22 个因评估不合格而退出，此外，还有 109 个在评估开始时或评估过程中自愿申请退出。部分合作办学项目实际上已无学生在读，其中一些项目不是在关停申请前没有学生在读的，而是项目从未招生。这些项目多不属于顶尖的院校，合作的外方大学也并非顶尖大学、顶尖专业，优质教育资源引进不足、学科专业能力不强等原因，导致学生满意度低、无法对学生产生足够的吸引力，办学活动难以持续，抑或是专业冷门，被教育部批复终止已是必然趋势。

中外合作办学的退出机制，不仅是近年来探索中外合作办学监管方式取得的重要成果，同时也体现了在中外合作办学领域坚决推进淘汰更新、优化升级的政策导向。加强退出机制建设，一方面可以完善中外合作办学机构和项目从准入到退出全链条闭环监管体系，使监管工作首尾呼应；另一方面有利于促进行业的内涵发展，提质增效，明确依法办学的导向，进一步保障了学生和家长权益，提高了中外合作办学的社会满意度，从长远来看促进了行业的可持续发展。

其次，面对疫情，中外合作办学因为涉及外方师资、国际形势、全球时差等因素，教学工作变得尤其复杂。中外合作办学机构应该充分预判形势，制定应对方案。

新冠肺炎疫情给中外合作办学带来不小的挑战，其中最为明显的是部分家长和学生丧失了出国学习的信心。以上海理工大学中英国际学院为例，国外疫情蔓延伊始，大批在合作高校就读的学生及其家长联系学院寻求帮助，甚至愿意放弃国外高校的学习机会转入国内高校就读。学院积极与合作高校沟通，希望他们考虑中国学生的需求，尽力予以支持。同时，向全体在外学生发出公开信，平复他们的情绪，并指导他们做好防控。学院也通过国际校友会向有特殊困难的学生伸出援手。对于坚决要求从国外合作高校转入国内就读的学生，学院积极做好协调工作，帮助他们平稳过渡学业。

但挑战伴随着机遇，让教师有机会创新工作方法，促进办学整体发展。在招生方面，学院制定了线上招生考试和录取方案，使疫情防控期间的自主招生考试和学生录取工作得以照常进行。疫情防控时期，学院大部分工作移到线上开展，为此学院开发了很多小程序，让学院工作人员能够在居家办公期间提高工作效率。学术教师研发了全套线上教学资料，为特殊时期的教学工作提供了便利。

中外合作办学在疫情得到有效控制的情况下也将迎来更好的发展。中外合作办学机构作为教育对外开放的重要形式，培养模式和办学质量得到了社会的高度认可和肯定。在 2020 年全球高等教育遭遇新冠肺炎疫情挑战之时，中外合作办学机构主动承担高校社会责任，积极发挥合作办学的优势，让莘莘学子不出国门便可接受优质的国内外教育资源，疏解了出国留学的难题。随着机构规模的不断扩增，以及生源质量的逐年提高，中外合作办学机构必将为培养国际拔尖创新人才、深化高等教育教学改革、服务国家及区域发展战略做出重要贡献。

参考文献

《香港中文大学（深圳）2020 年夏季普通高考招生章程》，香港中文大学（深圳）国内本科招生网，2020 年 6 月 18 日，https://admissions.cuhk.edu.cn/page/800。

《上海纽约大学 2020 年本科招生简章（中国大陆学生）》，广东省教育考试院网站，2020 年 5 月 21 日，http://eea.gd.gov.cn/zwgk_yxyd/content/post_2998163.html。

《中华人民共和国中外合作办学条例》，中华人民共和国中央人民政府网站，2019 年 3 月 2 日，http://www.gov.cn/gongbao/content/2019/content_5468875.htm。

《教育部等八部门印发意见 加快和扩大新时代教育对外开放》，中华人民共和国教育部网站，2020 年 6 月 23 日，http://www.moe.gov.cn/jyb_xwfb/s5147/202006/t20200623_467784.html。

《教育部 2021 年工作要点》，中华人民共和国中央人民政府网站，2021 年 2 月 4 日，http://www.gov.cn/xinwen/2021-02/04/content_5584796.htm。

《本科阶段中外合作办学数据调查报告》，中国教育在线网站，2020 年 7 月 14 日，https://www.eol.cn/e_coop/gol/html/report2020/content.shtml。

《北京师范大学—香港浸会大学联合国际学院 2020 年夏季普通高考招生章程》，UIC 招生信息网，2021 年 4 月 15 日，https://admission.uic.edu.cn/info/1034/1020.htm。

《广东以色列理工学院 2021 年夏季高考招生章程》，广东以色列理工学院网站，2020 年 6 月 19 日，https://www.gtiit.edu.cn/policy.aspx。

《昆山杜克大学 2020 年本科招生简章（中国内地学生）》，昆山杜克大学网站，2019 年 11 月 8 日，https://undergrad.dukekunshan.edu.cn/zh/enrollment-guideline-2020。

《深圳北理莫斯科大学 2020 年本科综合评价招生简章》，深圳北理莫斯科大学招生信息网，2020 年 5 月 20 日，https://admission.smbu.edu.cn/info/1035/1328.htm。

《温州肯恩大学 2020—2021 学年临时扩大自主招生名额招生简章》，温州肯恩大学网站，2020 年 9 月 8 日，https://wku.edu.cn/2020/09/08/51593/。

《西交利物浦大学 2020 年中国内地本科招生章程》，西交利物浦大学网站，2020 年 7 月 3 日，https://www.xjtlu.edu.cn/assets/files/admissions/2020%E5%B9%B4%E8%A5%BF%E4%BA%A4%E5%88%A9%E7%89%A9%E6%B5%A6%E5%A4%A7%E5%AD%A6%E6%9C%AC%E7%A7%91%E6%8B%9B%E7%94%9F%E7%AB%A0%E7%A8%8B.pdf。

B.3
中外合作办学师资发展报告

李　峻　项文姬　钱玲丽　彭泽洋*

摘　要： 新时代，中外合作办学发展呈现新特点和新趋势。本报告在问卷调查和实地调研的基础上，对中外合作办学师资建设基本情况进行了总结：高度重视师德师风建设，在模式上施行“人事特区”建设；在管理机制上多措并举，完善师资队伍评聘管理机制；在制度上不断完善，增强师资队伍建设竞争力。针对中外合作办学师资发展面临的教师意识形态管控困难、教师教学水平有待提高、对外方教师重引进不重管理等问题，提出建立师资质量保障机制、加强师资队伍思政教育、强化教师队伍能力提升培训并完善师资评聘政策与制度保障等对策。

关键词： 中外合作办学　中外师资建设　师资评聘政策

一　中外合作办学师资发展概况

习近平总书记指出，国家繁荣、民族振兴、教育发展，需要我们大力培养造就一支师德高尚、业务精湛、结构合理、充满活力的高素质专业化教师队伍。习近平总书记指出，建设政治素质过硬、业务能力精湛、育人

* 李峻，东华大学上海国际时尚创意学院院长，副教授，研究方向为可持续时尚设计、中外合作办学管理；项文姬，东华大学上海国际时尚创意学院党政办公室主任，助理研究员，研究方向为中外合作办学管理；钱玲丽，东华大学国际合作处外事专管员，研究实习员，研究方向为中外合作办学管理；彭泽洋，东华大学人文学院博士研究生，研究方向为中外合作办学管理。

水平高超的高素质教师队伍是大学建设的基础性工作。党中央从新时代坚持和发展中国特色社会主义、实现中华民族伟大复兴的中国梦的战略全局出发，对新时代高素质教师队伍建设做出的深刻论断，为加强新时代高校教师队伍建设改革提供了根本遵循。

（一）国家相关部门政策措施

党的十八大以来，以习近平同志为核心的党中央高度重视高等教育领域对外合作交流工作。2018 年 9 月 10 日，习近平总书记在全国教育大会上发表重要讲话时强调："要扩大教育开放，同世界一流资源开展高水平合作办学。"[①] 这是对新时代中外合作办学的新定位、新要求、新使命，是中国高等教育由"高等教育大国"向"高等教育强国"迈进的重要举措之一。

2020 年 6 月 18 日，《教育部等八部门关于加快和扩大新时代教育对外开放的意见》（以下简称《意见》）正式印发。这是我国教育现代化进程中的大事，是新时代教育对外开放和中外合作办学发展的重要里程碑，对于进一步支持和规范中外合作办学具有十分重要的意义。《意见》指出，教育对外开放是教育现代化的鲜明特征和重要推动力，要以习近平新时代中国特色社会主义思想为指导，坚持教育对外开放不动摇，主动加强同世界各国的互鉴、互容、互通，形成更全方位、更宽领域、更多层次、更加主动的教育对外开放局面。《意见》坚持内外统筹、提质增效、主动引领、有序开放，着力破除体制机制障碍，加大中外合作办学改革力度，这是对"十四五"时期乃至相当长一个时期中外合作办学改革提出了更加具体的要求。

全面贯彻深化改革的要求，在教育对外开放中着力破除体制机制障碍，加大中外合作办学改革力度，改进高校境外办学，改革学校外事审批政策。重点培养具有全球竞争力的人才，提升我国在高等教育人才培养方面的国际竞争力，加快培养具有全球视野的高层次国际化人才。优化出国留学工作布局，深化教育国际合作，鼓励开展中外学分互认、学位互授联授，扩大在线教育的国际辐射力，积极推动教育对外开放实现高质量内涵式发展。积极向国际社会贡献教育治理中国方案，打造"一带一路"教育行动升级

① 习近平出席全国教育大会并发表重要讲话（2018 年 9 月 10 日）。

版，扩大教育国际公共产品供给，深化与重要国际组织合作。

（二）整体发展趋势及现状

我国中外合作办学伴随教育对外开放应运而生，在发展之初就被寄托着引进国外优质教育资源、培养国际化人才的重任，目前已经成为我国教育事业的重要组成部分，在培养国际化人才、推动我国高等教育体制改革、促进中国教育走进世界教育中心、提供“中国智慧”和“中国方案”等方面扮演着无可替代的角色，在满足人民群众日益多样化、高质量、国际化教育需求方面发挥着重要作用。

中外合作办学机构和项目的师资队伍主要由中方教师、外方教师、国内外聘请的教师和校内外兼职教师组成。其中由外方院校派遣的外方教师，因地理位置相距较远，本身还需要承担外方所在院校的教学与科研任务，导致大多数情况下不得不采用外教集中授课的教学模式，而这一教学模式在一定程度上影响了中外合作办学的教学质量。通过社会招聘的国际教师，一方面缺乏一个统一的平台对其教学资质进行衡量，另一方面在数量和质量上很难同时得到保障，导致教师队伍稳定性不足。上述问题严重影响了中外合作办学师资队伍的建设，长此以往，非但不利于教学质量的提升，甚至还可能造成一些负面影响。

二　中外合作办学师资现状分析

本报告采用分层抽样的方法选取调查对象，中外合作办学机构/项目母体大学为双一流建设高校或具有双一流建设专业的为 2 所，不具有的为 6 所。被选定学校在国内有一定代表性，尤其是以工、文、理、管、艺等为特色的双一流本科学校。在中外合作办学机构/项目所属区域上，有 5 所中外合作办学机构/项目在华东地区、1 所在华北地区、1 所在东北地区、1 所在西南地区。因此，此调查结果有一定局限性，它可能会略优于国内中外合作办学师资的实际状况。

本调查采用问卷的方式。调查问卷由课题组在文献阅读和小组讨论的基础上自行设计，先小范围内测试问卷，根据试测和访谈结果反复修改，形成定稿问卷。内容涉及教师的基本情况、教学情况、进修情况、科研情况和对工作的满意度。问卷的发放与回收在2021年6~7月实施，共发放问卷9份，回收有效问卷8份。

为得到更多的信息资料，走访了各高校主管中外合作办学项目的负责人，对他们的情况有了进一步的了解，同时征询了他们对本课题研究的意见和建议，为本研究的开展奠定了基础。其后对问卷的调查结果进行了常规的统计学处理并对统计出的数据进行了分析、比较，得出相关结论。

（一）中方师资现状分析

1. 教师基本情况

教龄情况：中外办学机构/项目讲师职称教师平均工作年限为6.6年，副高级职称教师平均工作年限为10.8年，正高级职称教师平均工作年限为16.2年。

学历情况：由于近年全国各高校研究生毕业人数逐步增多，中外合作办学项目从毕业研究生中选聘了一定数量的教师，使教师学历层次提高，52%以上的中方教师具有博士研究生学历。教师大多毕业于不同的院校，来源多元化，结构较为合理。

2. 管理基本情况

教师规模情况：2019年全职专任教师人数平均为45人，其中中国籍教师平均为31人，境外教师平均为14人；2019年兼职授课教师人数平均为18人，其中中国籍教师平均为10人，境外教师平均为8人。2020年全职专任教师人数平均为40人，其中中国籍教师平均为28人，境外教师平均为12人；2020年兼职授课教师人数平均为18人，其中中国籍教师平均为10人，境外教师平均为8人。2020年，受疫情影响，中外教师离职或滞留境外人数平均为2人。

管理归属情况：有62.5%的中方师资管理归属专业学院，37.5%的中方师资管理归属中外合作办学机构，暂无专业学院与中外合作办学机构共同管理中方师资。

师资结构情况：中外办学机构/项目的师资队伍构成主要包括中方大学聘任、机构自身聘任、外方大学聘任、中外双方共同聘任四种形式。首先，中方母体大学是中外办学机构/项目保障教学任务顺利完成的主要支撑力量。超过60%的师资是来自于中方母体大学。其次，外方校内派遣教师是中外办学机构/项目师资队伍构成的第二大形式，平均占比约为1/3。外方派遣师资是教育资源引进的一种形式，根据调查数据，当前外方教师比例较为理想。调查样本中外办学机构/项目有外方大学聘任并派遣到机构授课的师资。最后，中外办学机构/项目师资构成中鲜有中外双方共同聘任，此类形式主要为中外双方在国际上招聘符合双方标准的国际化师资，以满足机构教学要求，受疫情影响与调查样本限制，当前调查中外双方共同聘任师资并未在师资结构中体现，但随着合作办学规模的不断扩大，以及办学质量的不断提升，中外双方共同聘任师资比例会逐渐增多。

3. 师资招聘情况

在师资招聘方面的示范性经验做法包括：采用网络招聘和学院全体教师相互推荐的织网式人才引荐模式，来发掘更多国内外优秀人才，弥补高端人才缺口。调查发现中外合作办学的中籍教师招聘渠道主要为网络招聘，占比为75%；其次为他人推荐和学者论坛，暂无办学机构和单位招聘中籍教师赴海外实地招聘和通过猎头公司招聘，其中一所院校在2019～2020年无招聘计划，因此显示为无（见图1）。

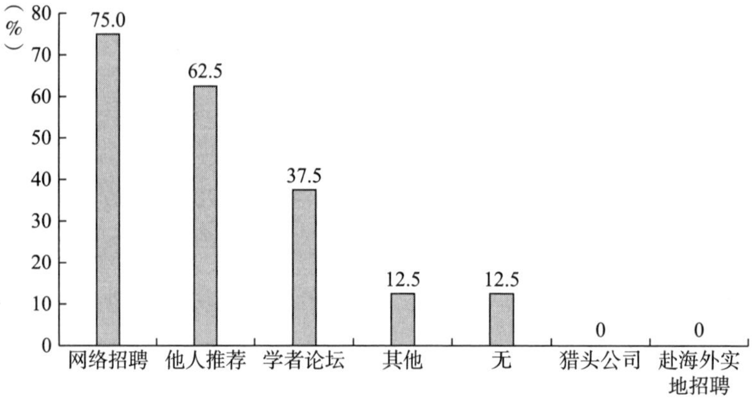

图1　2019～2020年师资招聘情况

（二）中外双聘师资现状分析

1. 师资结构

调查显示，有4所中外合作办学项目/机构有双方双聘的教师，其中建立了相应双聘教师的管理制度及职称评聘体系仅占25%。

2. 双聘教师的发展与考核

有87.5%的中外合作办学项目/机构职称评聘体系与母体大学保持一致。由于没有为双聘教师建立健全相应的职称评聘的体系，导致双聘教师在师资管理过程中遇到了多方面挑战，集中表现为中外双方对于规章制度的理解有偏差，中外文化差异导致教师对于工作量的认定方法不一致（见图2）。

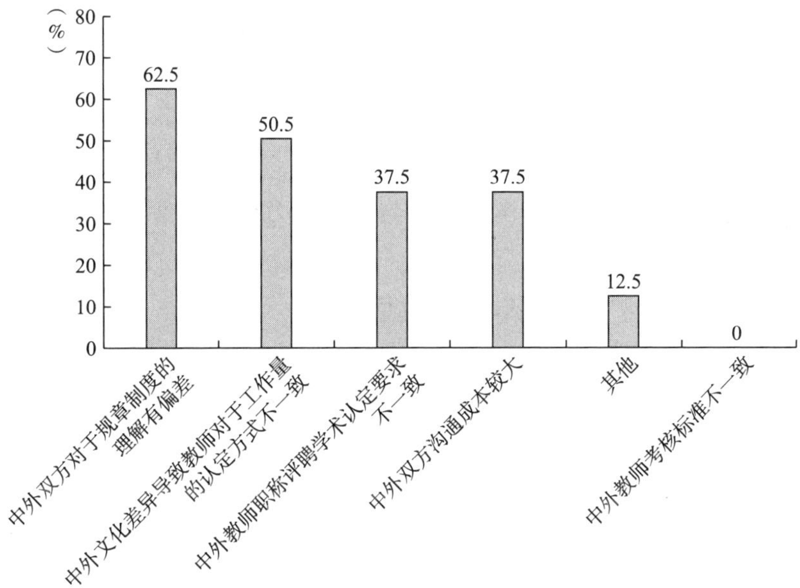

图2 2019~2020年双聘教师的发展与考核

三 中外合作办学师资建设

（一）中外合作办学师资建设的现状

1. 高度重视，施行“人事特区”建设模式

在高校中外合作办学中，师资工作能力的高低决定着合作办学的办学质量和发展情况，因此，必须组建一支强大的国际化师资队伍。为此，高校应高度重视师资建设并运用多种方式选拔和培训优秀教师，不仅要强化教师语言进修培训，也要加大其业务能力培训力度，从根本上构建起业务

熟练、能力过硬的师资队伍。

2. 多措并举，完善师资队伍评聘管理机制

师资队伍在一定程度上反映了一个学校的整体水平，培养高素质的教师队伍是教育事业的需要。教学单位要有充分的认识，完善对教师队伍的评聘管理，建立一套严格的管理机制，才能保证中外合作办学中教学工作的顺利进行。为此，创新高校工作机制，激发师资队伍的教师竞争力对于高校人才管理体制具有重要意义。高校要根据自身的教学及专业建设的要求，不断完善其培训及聘用机制。激励机制要灵活有效，才能激发教师活力。既关注教师工作本身的荣誉和成就，也对学校的人际关系、组织结构进行合理构建。完善师资队伍的评聘管理机制，不仅要对其教学及科研业绩进行量化考核，也要对其实践能力与操作能力进行评估，形成一套客观准确且实施有效的体制。

3. 完善机制，增强师资队伍建设竞争力

加强师资队伍建设，提升核心竞争力，促进中外合作办学和谐发展是现阶段高等教育的重要任务之一。从现有的教师考核与评价体系来看，一般以固有的工作量指标来考核与评价教师的实绩，这样的评价制度，只能保证教师按时完成工作任务，却难以评价教师实施个性化教育的成效。为此，需要增强师资队伍建设竞争力，优化师资队伍建设，激励教师教书育人、爱岗敬业，使教师队伍日益优化。总之，高校师资队伍建设是一项系统而复杂的社会工程，也是一项艰难而长远、需要不断创新的过程。

（二）中外合作办学师风师德建设

“师风”则是教师这个行业的风尚风气，“师德”指的是教师作为一种职业所必须具备的道德素养，教师是教育事业发展的基石，师德师风是教育工作者的灵魂，是指“教师在具体的教育实践中所形成的道德品质、行为规范以及思想观念的总和，其中思想观念具备稳定持久的特征，同样也体现出了社会对高校教师的素质要求与道德期盼”①。高素质的教师队伍建

① 刘志礼、韩晶晶：《新时代高校师德师风建设：内涵意蕴、现实困境及破解之道》，《现代教育管理》2020 年第 9 期。

设是提高教育质量，师德师风建设是造就高素质教师队伍的内在要求和基本保障。中外合作办学高校的师德师风不仅要包含这些传统的内涵意蕴与社会期盼，还要体现出中西方教育理念和思想的融合，呈现新的内涵与功能。

以东华大学上海国际时尚创意学院为例，学院建立了面向中方教师的各类培训制度，围绕提升国际化办学中的专业知识技能、师德师风、教学方法与国际学术管理等素质能力，学院依托东华大学分别组织开展了几十余次各类培训活动，确保了学院各项工作的平稳高效推进。

学院开展“做新时代‘四有’好老师和‘四个引路人’学习实践活动”等，加强学院任课教师的师德师风建设工作。为选树育人典型、总结教学经验、确保教学质量，严格执行学校的系列规章制度。充分调动学校人员参与本科教学的积极性和创造性，加强教学管理工作的科学性、规范性和严肃性，有效防范和减少了教学事故的发生，极大保证了正常的教学秩序。

学院党组织切实履行意识形态主体责任，管好会堂、课堂，落实“一会一报”制度，管好课堂，配齐、配强行政助教，加强课程教学管理，注重教职工思政教育、师德师风建设工作；切实履行基层党建主体责任，每月定期开展党总支班子中心组集体学习，并组织党支部、党员严格落实“三会一课”、主题党日等党的组织生活制度，推进支部工作开展；切实履行党风廉政建设和党内监督主体责任，全面落实从严治党要求，加强党的建设。在学生德育工作、党团建设中，学院党组织坚持以立德树人为核心，关爱学生、服务学生，学院教职工形成合力，同向同行，聚焦培养一流的社会主义建设者和接班人及知华爱华友华的国际学生。

（三）中外合作办学晋升机制建设

一是建立完善的师资晋升制度。坚持以“依法依规”为宗旨，以合作办学协议与学院章程作为学院管理晋升制度基础，扎实开展中外籍教师晋升工作。在中外籍教师晋升的过程中，应严把意识形态关，选聘热爱教育事业、拥护党、拥护社会主义建设、愿意为合作办学发展奉献力量的教师；关注具有国外工作、生活以及教学经历的中方教师，或是熟悉中国国情的外方教师；重视具有较高外语能力、扎实专业水平、有国外留学经历或工作经验并可开设全英文或双语专业课程的中方教师；注重丰富的教学阅历、教学经验、海外背景、合作精神，还注重教师的职业资格认证。

二是规范师资晋升流程。为做到公平、公正、公开，优秀案例制定了严格的教师晋升流程，从发布信息到公示等一系列流程，杜绝任何环节的徇私舞弊。坚持人才资源是第一资源的原则，建立总量控制、按需设岗、公开招聘、平等竞争、择优聘用、分级流动、岗位管理的教师聘任和职务晋升制度，不断提高教师的教学科研水平和综合素质，增强教师队伍的竞争力，以适应创建世界一流大学的要求。单位自主用人，个人自主择业。学校与受聘教师在平等自愿、协商一致的基础上签订聘任合同，确定聘用关系，明确双方权利和义务，并保障双方的合法权益。

（四）中外合作办学培训机制

一是建立教师培训机制，注重教师能力的提升。重视对新教师的教学培训，开展新老教师“结对子”的一对一教学培训，举办青年教师授课比赛等活动，积极拓展教师发展平台，与外方高校、企业签署研究合作协议。对于中方现任教师，依托外方合作院校的资源对师资进行联合培养，通过定期派遣相关教学或管理人员到外方开展学术交流、教学研究、课程体系研究、教学方法研讨和学生管理方式调研等多方面的活动，全方位提升中方师资国际化教学和科研水平。

二是重视师资培训交流工作。以一流国际合作交流为重点，提升学校国际影响力和竞争力的同时，打造一支师德高尚、规模适当、业务精湛、结构优化的具有创新意识、高端竞争意识和国际视野的高水平师资队伍。同时，学院与外方大学保持良好联系，增加外方教师面授课程数和课时数，延长外方教师在华授课时间，并且邀请知名专家学者来本校进行交流和访问，定期为教师和学生举办讲座或开展学术会议等。这些举措有利于教师自身水平的提升，也为拓宽学生专业知识面助力。在中外合作办学项目中提倡“传帮互带”，从内部不断培养和挖掘教学人才，真正促进教师授课水平的提升。

三是利用中外合作办学项目优势。学院根据实际情况制定选派优秀教师赴国外合作大学访学、研修，拓宽教师学术视野，增强教师对外方教育制度及教学管理模式的了解，学习国外先进教育教学理念，培养一批能够承担国际化教育的稳定的师资队伍。

（五）中外合作办学中外教师融合发展情况

在中外合作办学中，开展教师交流活动，将国外优秀师资“引进来”，以中外合作办学为平台，吸引大批外国优秀教师来我国工作。通过教学观摩，中方教师进行自我剖析，找到差距，明确目标，从而进一步改进课堂教学，提升教学水平。与此同时，让我国一线教师“走出去”，教师进行短期的国外访学，开阔视野、增长见识、加强交流，鼓励外国教师参与到我国的教学研究项目中，对我国教育中存在的问题提出建设性意见。

以东华大学上海国际时尚创意学院为例，学院汇集了东华大学和爱丁堡大学的时尚特色，融合并发展了时尚产业，其强强联合的学科背景为学院开启优质合作办学奠定了坚实的基础，为服务《中国教育现代化2035》国家教育发展战略的实施提供了可参考与可借鉴的中外合作新模式、新体制、新机制。

学院形成了外方合作院校师资长期驻校教学机制。外方教育机构直接派该校教师来学院进行教学，保持师资队伍的稳定。必要时由外方教育机构和学院根据教学和课程需要聘任符合教学资质的任课教师，学院依照学校国际处的规定对外籍教师统一进行管理。各专业的培养方案均满足中外合作办学的四个“三分之一”的要求。

四　中外合作办学师资发展的挑战与对策

高等教育的内涵式发展，需要高素质、专业化、创新型的高校教师队伍予以保障。当前中外合作办学教师队伍仍存在个别教师思想政治意识淡薄、教书育人能力亟待提升等问题。破解高校教师队伍建设中存在的问题，迫切需要就高校教师队伍建设改革提供更为有力的举措。

（一）中外合作办学师资发展的挑战

1. 教师意识形态管控困难

高校中外合作办学性质的特殊性给党建工作带来了严峻的挑战，参与中外合作办学机构与项目的教师往往来自多元化的文化背景，尤其是不少办学机构的师资来源更加复杂，主体部分主要由外方合作伙伴派出的外籍教师和从国外引进的全职教师构成。不论是中国籍还是外国籍教师，长期在国外学习工作难免会具有非主流意识形态的印记。对于本科阶段学生而言，大学是正式确立世界观、人生观、价值观的重要阶段。在中外合作办学环境下，中外师生交流更为频繁，而国外教育体系下普遍形成了特色鲜明的学习生活方式，强调个性张扬和自由主义导致部分大学生对中外文化差异的认识、价值观念存在困惑和不适应，因此在外籍教师教学和平时科研活动中的监管过程，挖掘哪些思政要素融入专业课程，又采用什么方式融入教学，是思政建设的两个最大的难题。

2. 教师教学水平有待提高

根据《教育部关于当前中外合作办学若干问题的意见》的规定，引进的外方课程和专业核心课程应当占中外合作办学项目全部课程和核心课程的 1/3 以上，外国教育机构教师承担的专业核心课程的门数和教学时数应当占中外合作办学项目全部课程和教学时数的 1/3 以上。然而，部分学校中外合作办学项目的运行并未达到这一要求，由于中外合作办学项目授课的特殊性，对任课教师的能力要求较高。为了能够承担双语教学工作，教师除了要有扎实的理论基础、丰富的教学经验，还必须具有较为深厚的语言功底。在中外合作办学项目的框架下，会有部分课程是由中外教师联合承担的。前一半的学时由中方教师进行双语授课，后一半的学时由外方教师进行全英文授课，中方教师起到辅助作用，在外方教师与学生间发挥桥梁作用，对较难理解的知识点进行讲解和反馈。中方教师有时虽是辅助主讲教师完成教学，但实际上对中方教师的要求很高，对专业知识、英语理解、口语表述都有一定要求。然而这样全能型老师的储备数量极其有限，因此经常出现配课难的问题。

3. 对外方教师重引进不重管理

一些中外合作办学机构与项目在接收外方教师时没有严格按照规定要求执行，手续过于简化，导致外方选派的教师在晋升、培训、科研申报等方面的合法权益难以得到保障。同时，部分外方派过来的教师局限于教学，缺乏参与学科建设的政策支持，难以帮助国内教师提高专业能力和实现学术成长。另外，只有一部分外方教师能够跟中方学校签订工作协议，可以采用工作签证来华工作，逗留的时间比较长。还有一些中外合作办学的外方教师来华只能采用旅游签证，而这种签证在国内停留的时长是有限的，这样导致外籍教师只能集中时间上课，流动频繁，教师对于学生的情况难以深入了解，跟办学单位也缺少互动，影响着外籍教师跟中国教师和学生的交流，不利于他们准确掌握学校和学生的状况，也容易出现教学不系统、缺乏连续性的问题。这种由于缺乏管理机制导致教师队伍的不稳定性，对于教师队伍健康发展和开展长期建设都非常不利。

（二）中外合作办学师资发展的对策

1. 加强思政教育师资队伍建设

高校中外合作办学项目教师队伍包括国内和国外教师，他们有着不同的政治主张、宗教信仰、教育主张，在践行社会主义核心价值观上，要做到党的建设同步谋划、党的组织同步设置、党的工作同步开展，确保始终坚持社会主义办学方向。中外合作办学机构高度重视思想政治理论课程与课程思政建设，认真贯彻落实《新时代高校思想政治理论课教学工作基本要求》等文件要求，系统规划合作办学思政课程。同时，组织全体中外教师开展系统性的学习。面向党员教师，通过“三会一课”制度落实日常思政学习，广泛组织各类讲座、研讨会，内容涵盖学习贯彻“习近平新时代中国特色社会主义思想和党的十九大精神”“全国高校思想政治工作会议精神”等方面。邀请非党员教师就学院发展、教师培训与成长、学院三全育人参与党支部主题党日讨论，全面加强学院师德师风建设。

2. 强化教师队伍能力提升培训

在中外合作办学的模式下，我国教育机构应有效把握和发挥中外合作教育机构的优势特色，并对参与项目的师资进行更有针对性的培养。在优化师资力量的同时，还应注重引入国外的先进教育理念，不断提升合作办学的成果，缩短国内外教育的理念与效果的差距，定期组织开展讲座、研讨会、集体备课等活动，促进国内外教师共同交流研究课题，为双方相互了解和学习搭建平台，使双方能够相互了解并学习对方的优势，以进一步提升师资团队的整体凝聚力。

3. 建立师资质量保障机制

在实施合作办学前，应首先保证配置充足的师资力量，以此作为教学实施的重要保障。开展合作教学时，中外合作教育机构应按照一定的标准建立师资方面的保障体系，不断加强双语师资力量的培养和储备，并保证双语教师能够调动自身的最大潜能参与教育工作，以高质量的师资促进提升合作办学效果，从而降低合作办学过程中出现问题的概率。

4. 完善师资评聘政策与制度保障

通过建立和完善中外办学师资队伍的评聘政策，健全师资队伍的评聘体系，为提高教学水平、增加教学效益奠定基础和提供保障。结合中外办学的特殊性，高校应建立有效的激励机制，帮助教师减轻工作压力、调动工作热情、提高工作效率。首先，在物质方面由于教师对双语教学付出的多倍劳动，在体现一定的公平的基础上适当提高课时费标准；其次，精神方面的激励包括教师评奖评优、职称及职务晋升、定岗定级、参加各类培训优先等；最后，在教学管理方面积极倡导教师利用国际先进的教学理念和教学方法因材施教，引进多种灵活的学习模式，指导学生参与国内外认可度较高的专业赛事，培养对专业和技术规范比较熟悉、具有较强的国际竞争力的综合人才，在涉外合作项目、涉外企业中发挥聪明才智。

参考文献

《2020 届西交利物浦大学毕业生就业质量报告》，西交利物浦大学网站，2021 年 2 月 4 日，https://www.xjtlu.edu.cn/assets/files/careers/%E8%A5%BF%E4%BA%A4%E5%88%A9%E7%89%A9%E6%B5%A6%E5%A4%A7%E5%AD%A62020%E5%B1%8A%E6%AF%95%E4%B8%9A%E7%94%9F%E5%B0%B1%E4%B8%9A%E8%B4%A8%E9%87%8F%E6%8A%A5%E5%91%8A.pdf。

《宁波诺丁汉大学 2019/20 学年就业质量年度报告》，宁波诺丁汉大学网站，2021 年 2 月 2 日，https://static.jysd.com/careersatunnc/ueditor/file/20210202/4968_0202%20。

《上海纽约大学 2020 届毕业生就业质量报告》，上海纽约大学网站，2021 年 12 月 6 日，https://shanghai.nyu.edu/cn/about/graduate-destinations2020。

《香港中文大学（深圳）2020 第三届本科毕业生就业质量报告》，香港中文大学（深圳）网站，2021 年 3 月 10 日，https://career.cuhk.edu.cn/attachment/careercuhk/ueditor/file/20210310/9156_。

《温州肯恩大学2020年度毕业生就业质量报告》，温州肯恩大学网站，2021年1月6日，https://wku.edu.cn/wp-content/uploads/2021/01/%E6%B8%A9%E5%B7%9E%E8%82%AF%E6%81%A9%E5%A4%A7%E5%AD%A62020%E5%B9%B4%E5%BA%A6%E6%AF%95%E4%B8%9A%E7%94%9F%E5%B0%B1%E4%B8%9A%E8%B4%A8%E9%87%8F%E6%8A%A5%E5%91%8A1.15-%E5%AE%9A%E7%A8%BF.pdf。

《广东以色列理工学院2020年中外合作办学报报》，广东以色列理工学院网站，2021年12月6日，http://nianbao.crs.jsj.edu.cn/school/attach_down_files/62862。

《2020年北师港浸大本科毕业生就业质量报告》，北京师范大学—香港浸会大学联合国际学院网站，2021年6月10日，https://career.uic.edu.cn/news/view/aid/333831/tag/xngs。

"2019-2020 MMS: DKU Employment," Duke Kunshan University Statistics, December 6, 2021, https://dukekunshan.edu.cn/sites/default/files/u102196/duke_fuqua_mms_dku_-_class_ of_2020_employment_report_v1.pdf.

B.4

中外合作办学学科发展报告

周　婕　茅雨晨　陈　晔　鲁林荣　欧阳宏伟*

摘　要： 中外合作办学是我国坚持教育对外开放的主要形式，也是中国教育现代化和国际化的重要载体之一。中外合作办学学科也从社科领域发展到理工科的全面合作，办学层次从本科教育向研究生教育拓展。目前中外合作办学亟须扎根“四个面向”，增质提效更好为建设世界一流大学的学科群做贡献。本报告参照学科评估指标，通过分析现有中外合作办学机构和项目的师资质量、支撑平台、科学研究水平和社会服务等指标，聚焦中外合作办学中高水平的研究生教育和其对“双一流”改革进程中学科发展的贡献，客观呈现中外合作办学学科发展水平、国际化人才培养模式与推动教育体制机制改革的概况和发展趋势，以及新发展格局下的主要挑战和发展机遇。

关键词： 中外合作办学　教育国际化　“双一流”

一　中外合作办学研究生教育概况

根据教育部中外合作办学监管工作信息平台公布的硕士及以上中外合作办学机构和项目名单，全国21个省（市）仍在正常开办的研究生以上教育合作办学机构共59家（含独立法人机构），合作办学项目共153个。

* 周婕，浙江大学爱丁堡大学联合学院教育部主任，研究方向为中外合作办学管理；茅雨晨、陈晔、鲁林荣、欧阳宏伟，浙江大学爱丁堡大学联合学院工作人员。

（一）独立法人合作办学机构的研究生教育概述

具有独立法人资格的中外合作办学机构，就是独立的大学，目前全国仅有10家，分别是长江商学院、宁波诺丁汉大学、北京师范大学—香港浸会大学联合国际学院、西交利物浦大学、上海纽约大学、昆山杜克大学、温州肯恩大学、香港中文大学（深圳）、广东以色列理工学院、深圳北理莫斯科大学。这10家中外合作办学机构分别成立于2003年至2016年间，分布于江苏、上海、浙江与广东。从地域分布来看，这些机构均位于东部沿海地区，其中，上海、深圳是一线城市，苏州、宁波是新一线城市，经济发达，交通便利，对外联系紧密，发展潜力巨大。

10家机构全部开展本硕博各层次的教育项目，开展研究生教育的一级学科门类、是否授予外方学位、学费标准和招生要求如表1所示。

由表1可以看出，除长江商学院的工商管理硕士项目入学需要通过全国在职人员攻读硕士学位的联考，且仅颁发中方学位证书外，其他独立法人合作办学机构研究生项目招生采用自主招生的形式，参照外方合作办学的研究生招生标准（材料申请制，提供英语成绩）筛选生源。研究生被授予外方研究生学位证书和法人机构的毕业证书。

独立法人合作办学机构研究生项目开设学科更多依赖于合作外方大学的学科布局，目前涉及教育学、文学、法学、理学、艺术学、工学、经济学、管理学和医学九大门类。医学门类的临床医学等研究生教育涉及中国和外方医生职业教育，一直较难开展合作办学。但是宁波诺丁汉大学2020年新增了药物发现和制药科学硕士项目，西交利物浦大学新增药物化学研究型硕士，开办医学下一级学科药学的研究生教育项目。

相较于中国普通高等教育研究生项目的收费标准，独立法人机构的研究生教育项目收费偏高，且根据不同的学科特色和培养方式，收费标准较为多样化：香港中文大学（深圳）的学费从10万～26万元不等，是管理学、工学和理学等学科差异和硕博办学层次造成的；上海纽约大学的数据分析和商业计算硕士的学费为6.04万美元，项目第一年在上海纽约大学，第二年春季学生去纽约大学斯特恩商学院完成学业。

表 1　独立法人机构的研究生教育开设情况

机构名称	开展研究生教育的一级学科门类	是否授予外方学位	学费标准	招生要求
宁波诺丁汉大学	研究生教育门类主要为教育学、文学、法学、理学、工学、经济学、管理学和医学门类 外国硕士学位教育专业包括：国际传播学、应用语言学、应用语言学与世界英语、应用语言学与英语语言教学、英语翻译、跨文化交流与国际创业、国际高等教育、可持续能源与建筑技术、工程测量和大地测量学、创业与创新管理学、国际关系与世界历史学、国际商务、国际管理、当代中国商业经济与社会、当代中国研究、金融和投资学、国际关系与国际商务、对外英语教学、BIM 应用与地理信息工程、电子通讯及计算机工程、环境科学与工程、化学工程与技术、机械工程、材料科学与工程 外国博士学位教育专业包括：教育学、英语、国际传播学、建筑与建筑环境学、化学与环境工程、土木工程、计算机科学、电子电气工程、环境科学、地理科学、数学、机械材料制造工程、可持续能源与建筑技术、会计学、商务管理、当代中国研究、经济学、金融学、国际事务、数字经济、能源技术、航空航天工程 增加外国硕士学位教育专业（2020 年）：药物发现与制药科学、产品创新设计、城市化与可持续发展环境	授予外方硕士/博士学位	10 万～11 万元/学年	外国博士、硕士学位教育：自主招生（招生标准不低于诺丁汉大学在英国的标准）
北京师范大学—香港浸会大学联合国际学院	研究生教育门类主要为经济学、文学、管理学、理学和工学 境外授课型硕士学位教育：会计学、传播学、社会工作与管理、数据科学、应用英语语言学 境外研究型硕士、博士学位教育：概率论与数理统计、生物学、化学、计算机科学与技术、会计学与企业管理、经济学、传播学、应用英语语言学	授予外方硕士/博士学位	9 万～10 万元/学年	

续表

机构名称	开展研究生教育的一级学科门类	是否授予外方学位	学费标准	招生要求
西交利物浦大学	研究生教育门类主要为工学、理学、教育学、法学、经济学、管理学和医学 硕士专业：土木水利、资源与环境、建筑学、风景园林 博士专业：教育学、国际关系 增加硕士学位专业：国际化教育、国际关系、国际商务与全球事务、模式识别和智能系统、建筑工程管理、国际建筑专业实践 外国博士学位教育：哲学博士学位证书 外国硕士学位教育：理学硕士学位证书、建筑学硕士学位证书、研究型硕士学位证书、工商管理学硕士学位证书、国际工商管理硕士学位证书、文学硕士学位证书、土木工程学理学硕士学位证书、工业设计学工学硕士学位证书、项目管理学理学硕士学位证书 2021 年新增硕士专业：应用统计学、药物化学、儿童发展与家庭教育学、人机交互、精算学、应用语言学和多语研究	授予外方硕士/博士学位	硕士总学费 12 万～26 万元，博士 8 万元/学年	自主招生：招生标准不低于利物浦大学在英国的标准
上海纽约大学	研究生教育门类主要为经济学、理学、艺术学、工学和法学 硕士专业：英语教育、社会工作、社会学、互动媒体艺术 博士专业：生物、化学、计算机科学、数学、神经科学、物理以及交通运输规划与工程	授予外方硕士/博士学位	5 万元/学期～60403 美元/学年	自主招生：招生标准不低于纽约大学在美国的标准
昆山杜克大学	研究生教育门类主要为管理学、法学、理学和工学 硕士专业：全球健康、医学物理学、管理学、生物伦理学与科学政策、环境政策、视觉与媒体研究、电子与计算机工程	授予外方硕士/博士学位	16 万～20 万元/学年	自主招生：招生标准不低于杜克大学同类项目在美国的标准

续表

机构名称	开展研究生教育的一级学科门类	是否授予外方学位	学费标准	招生要求
温州肯恩大学	研究生教育门类主要为文学、工学、教育学、管理学、理学和经济学 硕士专业：计算机信息系统、国际英语教学、国际工商管理、生物技术科学、心理学、教育管理、建筑学、国际会计 博士专业：教育领导学、教育心理咨询与督导、教育与临床心理学	授予外方硕士/博士学位	11 万～45 万元/学年	自主招生：英语要求与美国肯恩大学保持一致
香港中文大学（深圳）	研究生教育门类主要为工学、经济学、管理学、教育学和理学 硕士学位教育与博士学位教育：材料科学与工程、设计与制造工程、工业与系统工程、计算机与信息工程、物理学、数学、生物医学工程、能源科学与工程、决策科学与企业经济学、金融学、管理学、市场学、供应链与物流管理、会计学、国际商贸、信息管理与商业分析、创意管理与创业、翻译、全球研究、城市学、可持续发展学、金融工程（仅限硕士）、同声传译（仅限硕士）、经济学（仅限硕士）、数据科学（仅限硕士）、应用心理学（仅限硕士）、生物科学、经济学哲学硕士、经济学哲学博士、数据科学哲学硕士、数据科学哲学博士、金融学高级管理人员工商管理硕士	授予香港中文大学硕士/博士学位	10 万～25.8 万元/学年	自主招生（招生标准不低于香港中文大学同类项目在香港地区的标准）
广东以色列理工学院	研究生教育门类主要为工学和理学 硕士专业：化学工程、材料科学与工程、食品科学与工程、环境工程、机械工程、数学、物理学、化学、生物学 博士专业：化学工程、材料科学与工程、食品科学与工程、环境工程、机械工程、数学、物理学、化学、生物学	授予外方硕士/博士学位	1.5 美元/学年	自主招生（招生标准不低于以色列理工学院同类项目在以色列的标准）

续表

机构名称	开展研究生教育的一级学科门类	是否授予外方学位	学费标准	招生要求
深圳北理莫斯科大学	研究生教育门类主要为经济学、文学、理学和工学 硕士专业：理论经济学、应用经济学、外国语言文学、数学、地理学、生物学、材料科学与工程 博士专业：理论经济学、应用经济学、外国语言文学、数学、地理学、生物学、材料科学与工程	授予外方硕士/博士学位	4.2 万元/学年	自主招生（招生标准不低于莫斯科国立罗蒙诺索夫大学同类项目在俄罗斯的标准）
长江商学院	研究生教育门类主要为管理学 工商管理硕士（MBA）、高级管理人员工商管理硕士（EMBA）	授予中方工商管理硕士（MBA）学位证书；高级管理人员工商管理硕士（EMBA）学位证书	55.8 万元/学年	纳入在职人员攻读硕士学位全国联考

（二）非独立法人合作办学机构的研究生教育概述

非独立法人资格的中外合作办学机构一般为设在大学的二级学院，截至2020年底，开设硕士以上研究生教育的机构有50家。中方合作院校中一流大学建设高校17所，占机构总数的34%；一流学科建设高校15所，占机构总数的30%（见图1）。

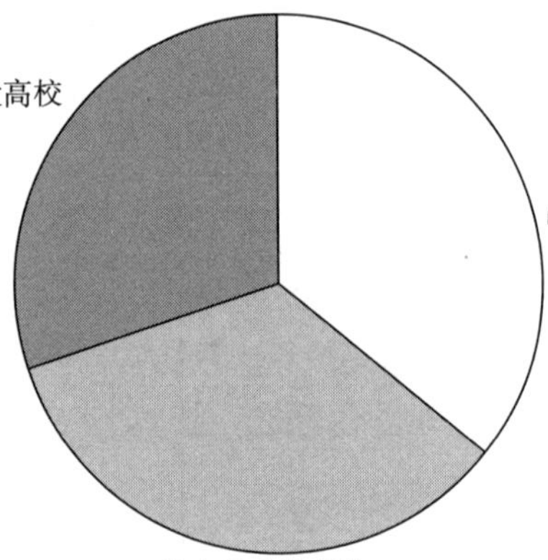

图1　研究生层次中外合作办学机构中方合作大学“双一流”的情况

说明：中方合作院校中一流大学建设高校17所（均为A类），一流学科建设高校15所。

值得注意的是，“双一流”高校在寻找合作伙伴的时候，也十分注重外方合作伙伴的综合实力和学科排名，在高起点积极酝酿和促成高水平研究生教育项目。合作伙伴大学多来自英国、美国、澳大利亚、新西兰和芬兰等高等教育发达的国家。按照2020年QS综合排名统计，与全球排名前100的大学合作的研究生教育机构占18%（见图2）。

排名前50的学校：英国爱丁堡大学；排名50～100的学校：美国密歇根州立大学、伊利诺伊大学厄巴纳—香槟分校、美国佐治亚理工学院，英国谢菲尔德大学、格拉斯哥大学、兰卡斯特大学、伦敦玛丽女王大学，澳大利亚蒙纳士大学、伍伦贡大学，新西兰奥克兰大学，加拿大阿尔伯塔大学，芬兰阿尔托大学。

从非独立法人机构开设研究生教育的学科门类分布来看（见图3、图4）：硕士研究生项目共涉及九大门类，分布不均，其中高达72%的机构开

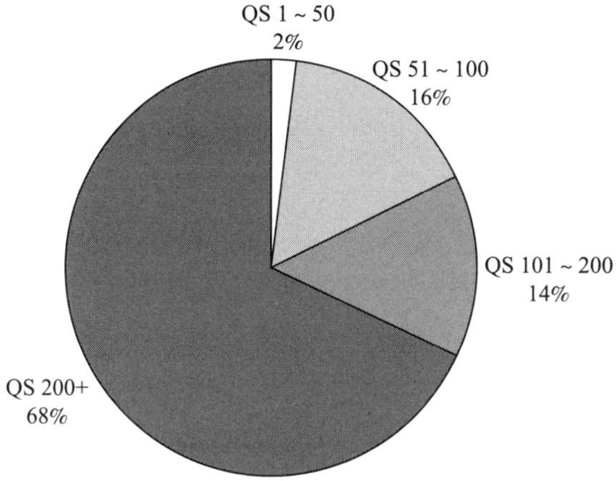

图 2　研究生层次中外合作办学机构中方合作大学“双一流”的情况

设工学门类硕士教育项目，仅 1 家机构开设农学硕士教育项目；博士研究生教育项目仅涉及六大门类，开设机构数以工学和医学分列第一和第二。

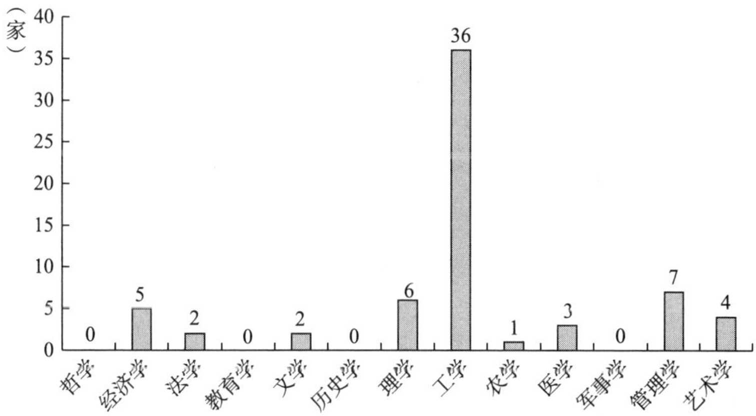

图 3　50 家非独立法人机构开设硕士研究生项目涉及学科门类

在非独立法人机构的研究生招生遵从中方母体大学的研究生院统一工作政策和安排，由学校统筹获得研究生名额。机构可以通过接收应届推荐免试优秀大学生，全国招考和普通博士生“申请—考核”等途径遴选全国优秀生源，其中能够同时满足外方合作大学研究生入学要求的优秀新生将同时注册外方学籍，开展双学位项目。

由于非独立法人机构的招生名额来自教育部计划内名额，一般与合作

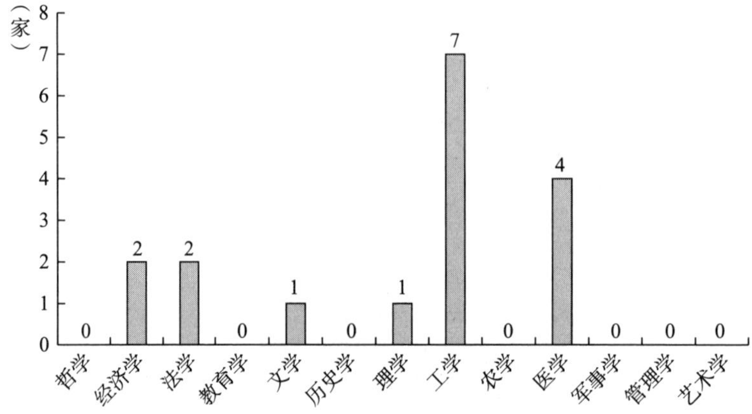

图4　50家非独立法人机构开设博士研究生项目涉及学科门类

外方经过充分沟通交流后达成免外方学费协议，按照教育部规定的硕士研究生8000元/学年、博士研究生10000元/学年收费，研究生同时享有每月的岗位津贴补助。学生毕业且符合中外合作的双方大学学位授予要求后，即可获得受教育部留学服务中心认可的外方学位证书。

因此，“双一流”高校在合作办学机构中开设高水平研究生教育项目有更多的优势：能够通过丰富的招生改革政策提升生源质量；依赖自身学科积淀和先发优势为项目提供强有力的支撑；与国家研究生教育项目一致的收费标准；等等。不同于独立法人机构开设的外方博士研究生项目，对推动我国博士研究生教育国际化改革有试验、示范和反哺意义的双学位博士研究生项目一般都在“双一流”高校的非独立法人合作办学机构里摸索启动和创新前行。

合作办学项目全部为硕士学位合作项目，是中国合作办学较早期的主要形式，涉及的主要学科门类是经济学、管理学、教育学、艺术学和工学等。根据中外合作办学监管工作信息平台公布的名单，尚在正常运行的硕士学位合作项目共153个，同时也公布了93个停办项目、3个停招项目。

合作办学硕士项目采用自主招生的形式，招生标准不低于合作外方大学的入学标准，采用材料申请、自主考试和面试等综合形式筛选优秀生源。学生毕业授予外方学位证书，一般无中方学位证书。

二 中外合作办学学科发展贡献

在全国第四轮学科评估的指标体系中，将中外合作办学机构（非独立法人）的质量作为三级指标纳入了一级指标培养过程质量—学生国际交流下。中外合作办学独立法人机构和合作项目授予外方研究生学位，各项指标未纳入学科评估。

本报告将重点论述中外合作办学的研究生教育机构（非独立法人）对学科发展的贡献，按照学科评估的四个一级指标——“人才培养质量”“师资队伍与资源”“科学研究水平”“社会服务与学科声誉”进行评估。

（一）人才培养质量

中外合作办学机构和项目在“为党育人，为国育才”的初心使命下，充分发挥了党组织在中外合作办学中的政治核心作用，强化党建引领，坚持“以我为主”，把握教育主权。在中外合作办学教学过程中，坚持创新思想政治理论课，配备德育导师和辅导员等方式关心关爱学生，加强思想政治工作的亲和力和针对性。

中外合作研究生教育项目的培养方案和课程设置遵循中外合作双方的研究生学位授予规定。坚持教育部规定的研究生思想政治课程“一分都不少”，开展全英文研究生专业课程建设。中外合作办学机构一般采用两种形式：一是学生自由修读中方或者外方现有开设的英文课程，采用学分互认；二是糅合双方教学理念全新打造专业全英文课程，同时认定两校学分。

全英文课程建设对于学科的发展至关重要，因此在中外合作办学机构设计、建设和成型的英文课程，也适合提供给母体大学国际生比率较高的学科，主动将国际化教学效应溢出。

研究生教育侧重学位论文的全过程质量管理，具体环节包括开题报告、中期答辩、论文预答辩和学位申请答辩。中外合作办学机构融合外方合作大学的质量控制要求，增加年度考核，邀请外方评审员成为学位论文答辩委员会成员等方式，共同为学生培养提供制度性保障。

（二）师资队伍与资源

1. 师资质量与结构

师资国际化程度高是中外合作办学的主要优势之一，如北京航空航天大学中法工程师学院法方教师比率超过70%。在本科层次项目开展过程中，外籍师资是以外方合作大学派驻的长期师资为主，主要进行教学活动。而研究生合作办学教育更注重外籍研究生导师的稳定性、学术科研能力和师风师德建设。

“双一流”大学的中外合作办学机构一般能够吸引质量较高的海外人才和外籍师资，并提供科学研究基本研究条件和师资职业发展的良好生态。入职后通过中外两校形式多样的教师培训，授予研究生导师资格。双学位项目一般通过联合导师制，为学生组成中方主导师和外方辅助导师的联合培养团队，在对研究生课题的共同指导中，促成了中外大学科研层次的深入合作，为学科发展带来国际化转化产出。

2. 支撑平台

开展中外合作办学研究生以上层次的50家机构中，有北京航空航天大学、中国科学院大学、中国政法大学、中国传媒大学、上海交通大学、同济大学、南开大学、东南大学、浙江大学、中山大学、哈尔滨工业大学、天津大学、电子科技大学、华中科技大学和西北工业大学等“双一流”建设高校。国家级重点实验和重点学科平台众多，学科基础雄厚，学科发展生态良好。

（三）科学研究水平

非独立法人中外合作办学机构是国际化合作基地的最适合载体。依托中外合作双方既有合作协议框架，在共同申报国际化课题、开展实质科学研究等方面具有先发优势，如浙江大学爱丁堡大学联合学院的“生物医学与工程转化”中心于2020年入选浙江省国际科技合作基地，进入培育期。

中外合作办学机构的科学研究可以更有组织地进行，稳定的高水平中外师资团队，有利于学院根据学科特色按照重点领域优化充足资源，促进双方合作申报国家自然科学基金委国际合作科研项目，共同发表高水平期刊论文。

（四）社会服务与学科声誉

中外合作办学机构同样承担着社会服务的责任，为当地企业提供合作，创建研究生实习实践基地，解决企业实际发展中的科学和技术问题；以智库身份为当地政府提供咨询，服务地区经济产业发展规划；成为外方合作大学与中国企业和政府合作的锚点，促进中西文化交流和经济发展。昆山杜克大学和浙江大学国际联合学院被写入《长江三角洲区域一体化发展规划纲要》，共同打造国际教育样板区。

三　研究生教育合作办学模式参考

（一）中国科学院大学中丹学院

中国科学院大学中丹学院是由中国科学院大学和丹麦科学创新教育部，以及丹麦哥本哈根大学、奥胡斯大学等 8 所高校共同发起的科教合作平台，是 2013 年经教育部批准设立的中外合作办学机构。该学院的成立不是基于单纯的校际协议，而是两个国家层面的协议，是与丹麦全国最优质的高等教育资源的合作。

中丹学院仅聚焦研究生层次的国际视野和国际竞争力的高端人才培养。基于中国和丹麦两个国家的急需、优势领域，且符合世界发展趋势的要求，中丹学院开设水与环境、可持续能源、纳米科学、社会科学、生命科学、食品与健康和科学研究七大学科领域。

中丹学院的培养模式是全英文课程体系，课程难度、力度和广度适中，理科学生每天至少学习 10 个小时。研究生完成课程学分后，可以在中国科学院的研究所进行课题研究，学院提供每位博士研究生 6 个月、硕士研究生 3 个月的出国交流机会。

在 Web of Science 核心数据搜索中丹学院署名发表的论文，2019～2020 年共发表 299 篇论文，其中 2019 年 143 篇、2020 年 156 篇，两年发表的高被引论文共有 6 篇，科研实力强劲。

中丹学院首届毕业生获得中国和全世界的认可。其中，来自丹麦的学生毕业后受到跨国公司、丹麦政府和企业的欢迎，因为他们了解中国政策、文化和国情。

（二）中国传媒大学国际传媒教育学院

中国传媒大学国际传媒教育学院是于2014年9月获批的非独立法人中外合作办学机构，是国内首个获批的传媒类综合学科合作办学机构。学院与美国密苏里哥伦比亚大学、英国诺丁汉特伦特大学联合，开设多样性的艺术类和文学类的研究生教育项目。

学院的硕士学位项目主要是和英国诺丁汉特伦特大学合作，设有双学位硕士项目和外方单学位硕士项目。

以双学位硕士项目新闻与传播学为例，学制二年，学生在中国传媒大学和英国诺丁汉特伦特大学注册学籍，第一学年在中国传媒大学学习，第二学年赴英国学习。项目收费共16万元。单学位硕士项目的学制和学费与双学位一致，但是仅注册英方学校学籍，授予英方学位。根据学院公布的双学位硕士和外方单学位硕士培养方案，双学位项目为31学分，单学位项目为22学分，在单学位项目中要求更多的社会实践、项目调研和实习。学院较好地融合了不同学制的问题，创新性地开设了双学位硕士项目。

该学院毕业生的主要就业方向为国际组织，大型企事业单位，中央广播电视总台、中国外文局、《人民中国》杂志社、北京广播电视台等国内大型媒体行业，腾讯视频、爱奇艺等知名新媒体公司等。学院以“汇聚全球精英传播中国智慧”为办学理念，以培养传媒全球胜任力为人才培养定位。学院力求通过国际化推动传媒高等教育的改革，培养具有国际视野、通晓国际规则、能够参与国际传播竞争与合作的“传媒全球公民”；同时为传媒高等教育的国际化发展和中国文化的全球传播贡献力量。

（三）浙江大学爱丁堡大学联合学院

浙江大学爱丁堡大学联合学院于2016年2月获得教育部批复成立，下设生物医学和生物信息学两个专业。英国爱丁堡大学是目前我国中外合作办学机构和项目中全球综合排名最高的外方合作大学。根据爱丁堡大学的优势学科特色，2012 年浙江大学成为全国首设“生物医学”新专业的高校。

2018 年 9 月启动浙江大学和爱丁堡大学双学位博士项目。该项目整合爱丁堡大学生物医学和浙江大学基础医学研究优势，旨在培养具有基础科研成果“转化”能力的卓越生物医学领域复合型人才。学院以推荐免试研究生、全国招考和“申请—考核”制等方式招生，录取学生注册两校学籍，按照中国研究生项目收费，免除爱丁堡大学学费。符合两校毕业要求和学位授予要求的学生将获得浙江大学和爱丁堡大学理学博士双学位。

学院共有在读博士研究生 47 名及国际研究生 7 人。学院的研究生教育教学和过程管理均融入了国际化特点，除公共学位课以外，学院博士研究生专业学位课由两校资深教授重新打造，全英文授课；研究生课程教学及教务管理全过程使用 e 平台（Blackboard）管理；重视课程教学质量，每门课由学生代表收集反馈意见作为课程优化参考；由爱丁堡大学和浙江大学博士生联合导师组对课题进度开展年度考核等措施。学院的双学位博士项目“博飞计划”入选 2020 年国家留学基金管理委员会创新型国际人才合作培养计划，承担学生赴爱丁堡大学交流期间的生活费用。

学院定位清晰，聚焦生物学和基础医学一级学科的发展和建设，在最短时间内快速、规范地建立全套研究生教育规范，科研硬件条件配套落实，与合作伙伴爱丁堡大学生物医学优势学科加深实质科研合作：学院全球招聘引进海外全职师资 19 人，其中外籍师资占比为 47.4%；学院建设有超过 3000 平方米的科研实验室；建立浙江大学爱丁堡大学生物健康转化研究中心，挂牌浙江省“生物医学与工程转化”国际科技合作基地；学院为了创造更好的科研和研究生教育条件，自主建设了具有 8800 笼位的实验动物中心和投入超过 3000 万元的公共大型仪器平台，2020 年底全部落成并启用。

学院近期获批了爱丁堡大学单学位外方硕士和博士教育项目，将为中外合作办学研究生层次项目的多样性做出补充，探索研究生教育国际化的创新模式。

四 中外合作办学学科发展机遇与挑战

（一）合作办学学科发展现状和挑战

1. 学科门类广，但尚未形成学科群

中外合作办学研究生以上机构和项目涉及教育学、文学、法学、理学、艺术学、工学、经济学、管理学、农学和医学十大门类（哲学、历史学和军事学尚无合作教育项目）。根据国家的顶层设计，急需重点支持理工农医等自然科学类，改变以社会科学类为主的现状。南方科技大学2020年获批临床医学中外合作办学，虽然是本科专业教育项目，但是作为世界一流的中外合作医学教育项目，往前迈进了一大步。

2. 办学层次全覆盖，但尚未形成办学规模

目前本科、硕士和博士研究生教育均有中外合作办学机构或项目，但是从高等教育的总量来评估，合作办学的学生规模、硬件投入、师资团队等规模小，仍有巨大发展空间。

3. 吸收优质国际教学资源，但尚未把握教学主动性

目前中外合作办学的全英文课程以外方主导的情况居多。中丹学院的院长胡正义曾在访谈中提到，丹麦每年派180名授课教师，中方仅有17名教师参与教学，丹麦完成了70%的教学总量，中方完成了30%。中方老师使用英文教学仍然具有一定难度。合作办学初期主要建立了符合外方合作大学的教学实施方式和教学管理体系，内化后的中西融合更为重要，坚持我国高等教育的优势，使得合作办学更本土化。

4. 国际视野人才成效初显，但尚未建立人才评价体系

从学生调研反馈和综合评估结果来看，中外合作办学项目全面提升了学生的英语表达能力，使学生能够站在世界的层次看待问题、分析社会，中国学生被西方创新思维启蒙，学会用批判的思维解决科学问题，培养的学生内心从容强大。但是对于国际化人才的多维度科学评价体系尚未建立，无法直接套用国内学科评价指标。

5. 科学研究国际化形成，但尚未转化服务社会

研究生以上办学项目的学术合作较为顺利，国际合作科研项目申报和

学术论文发表活跃。但是未见有研究生专业学位中外合作办学教育项目（北京航空航天大学中法工程师学院培养工程师教育项目侧重工程师教育）。与企业接触有限，没有做好社会服务转化。

（二）合作办学学科发展机遇

2020年11月，教育部学位与研究生教育发展中心以习近平新时代中国特色社会主义思想为指导，深入贯彻《深化新时代教育评价改革总体方案》精神，公布了第五轮学科评估工作方案（学科评估是指对具有研究生培养和学位授予资格的一级学科进行的整体评估）。本次评估方案强化了人才培养的中心地位，坚决破除“五唯”，改革教师队伍评价，突出质量贡献和特色，提升数据可靠性和评价科学性，多元呈现评估结果。

在此契机下，中外合作办学研究生教育项目应该成为各个学科的国际化指标的主要贡献者，更应该在教育部的顶层设计下，结合国家战略，“高精尖缺”行业和“双一流”建设目标，引入国际优势教育资源和基础及应用科研拓展资源，成为培养兼具国际视野和世界胸怀、平视世界的各领域领军高端人才的摇篮。

此外，为了深化对中外合作办学的规范管理，推动落实依法办学，提高中外合作办学的质量和可持续发展能力。教育部推出了中外合作办学质量认证体系，评估针对本科以上层次非独立法人机构和项目，旨在高标准的规范和建设一批高水平示范性机构和项目，切实推动合作办学规范性，为中外合作办学在“十四五”时期的提质增效提供了诊断依据和改革目标。

参考文献

郭伟、张力玮：《新时期中外合作办学发展趋势：提质增效、服务大局、增强能力——访厦门大学中外合作办学研究中心主任林金辉》，《世界教育信息》2016年第15期。

《中外合作之独立法人办学机构——简简单单说大学》，简书网，2020年9月12日，https://www.jianshu. com/p/d50224730e6f。

吴婷等：《整合中丹科教优势资源培养具有国际竞争力的高端人才——访中国科学院大学中丹学院执行院长胡正义》，《世界教育信息》2016年第10期。

B.5
中外合作办学毕业生就业情况报告*

焦 钰 梁宇婷**

摘 要： 本报告对于我国2020届中外合作办学机构毕业生就业质量情况进行分析，洞察中外合作办学机构毕业生的就业情况、就业质量以及就业工作举措，为未来中外合作办学机构毕业工作乃至教学工作提供参考与指导。本部分数据来源于各大中外合作办学机构官方网站发布的2020年毕业生就业质量报告。

关键词： 中外合作办学 大学生就业 就业质量

目前，我国中外合作办学已进入了高水平、示范性发展的新阶段，培养出了一批具备国际视野、学术素养的复合型人才。近年来，随着我国经济社会的不断发展，人才强国已成为一项国家重要战略。然而，新冠肺炎疫情对世界经济造成了严重冲击，也给就业带来了严峻挑战，如何稳住就业成为国家纾困政策的重要出发点。党中央、国务院高度重视高校毕业生就业工作，习近平总书记多次对做好高校毕业生就业工作做出重要指示批示。国务院《“十四五”就业促进规划》明确要求，持续做好高校毕业生就业工作，健全就业创业促进机制，推动就业创业工作提质增效，促进高校毕业生实现更高质量就业。

高等学校是为社会培养和输送人才的重要基地，适当解决毕业生的就业问题，帮助其选择合适的就业机会是各大高校的责任与义务，这对推动

---

* 由于无法精确获得全部中外合作办学项目毕业生就业情况，本研究以具有独立法人资格的中外合作办学为样本，尝试对中外合作办学整体毕业生情况进行预测。

** 焦钰，比利时布鲁塞尔自由大学博士研究生，研究方向为文化衍生品、中欧教育等；梁宇婷，中国传媒大学国际传媒教育学院硕士研究生，研究方向为国际广播电视。

社会和高校的双重发展都具有重要意义。对于各中外合作办学高校来说，做好毕业生就业工作，做好学生从校园到社会的“踏板”，对于衡量该校综合实力至关重要。

由于无法精确获得全部中外合作办学项目毕业生就业情况，本研究以原有独立法人资格的中外合作办学为样本，尝试对中外合作办学整体毕业生情况进行预测。

一　中外合作办学毕业生概况

各大中外合作办学高校坚持以学生为中心，积极落实毕业生就业创业工作，并对就业情况进行系统化调研。以中外合作办学机构温州肯恩大学为例，该校面向全体 2020 届毕业生，发放毕业生年度就业质量调查问卷，收集数据涉及毕业生薪酬水平、工作满意度、工作稳定度。同时，温州肯恩大学还采用浙江省高校毕业生就业管理系统对数据进行详细分析，就业情况的系统性调研反映了高校对学生就业创业的负责态度。

综合各中外合作办学机构数据，2020 年各高校本科、硕士、博士毕业生人数比例分别约为 81.19%、17.62%、1.19%。以如下独立法人机构毕业生情况为例。

西交利物浦大学 2020 届毕业生共计 3347 人（见表 1）。其中，本科生 2877 人（85.96%）、硕士生 444 人（13.26%）、博士生 26 人（0.78%）。男生 1514 人（45.23%）、女生 1833 人（54.77%），男女生比例为 1∶1.21。

表 1　西交利物浦大学 2020 届毕业生信息总览

单位：人

学历层次	男生	女生	合计
本科	1312	1565	2877
研究生（硕博）	202	268	470
合计	1514	1833	3347

宁波诺丁汉大学 2020 届毕业生共计 2169 人。其中本科、硕士和博士的毕业生人数各占总毕业生人数的 73.3%、24.8% 和 1.9%，分别为 1590 人、

537 人和 42 人（见表2）。

表 2　宁波诺丁汉大学 2020 届毕业生信息总览

单位：人，%

学历层次	学生人数	学历层次比例	境内生源人数	境内生源比例	海外及港澳台人数	海外及港澳台比例
本科	1590	73.3	1528	96.1	62	3.9
硕士	537	24.8	446	83.1	91	16.9
博士	42	1.9	26	61.9	16	38.1
合计	2169	100	2000	92.2	169	7.8

北京师范大学—香港浸会大学联合国际学院 2020 届共有本科毕业生 1341 人，分为四个学部 21 个专业，毕业生人数较 2019 年增加了 31 人。

香港中文大学（深圳）2020 届毕业生是该校第三届本科毕业生，共计 752 位学生。其中，男生 309 人（41.09%），女生 443 人（58.91%），男女比例约为 0.7∶1；少数民族学生 33 人，占毕业生总数的 4.39%。

温州肯恩大学 2020 届本科毕业生共计 425 人，含港澳台生 1 人。其中，男生 153 人，占所有毕业生人数的 36%；女生 272 人，占比为 64%，男女生人数比为 0.56∶1。

通过毕业生整体规模可以看出，中外合作办学机构毕业生人数普遍处于高位，趋向规模化发展。

二　中外合作办学本科毕业生就业质量分析

就业是毕业生走向社会的关键一步，意味着人生新阶段的开始，而本科生由于体量大、人数多，其就业质量更能代表中外合作办学机构的基础教学质量水平，是学校就业工作的重中之重。

（一）就业率

高校毕业生就业率，是指升学、就业和创业毕业生人数占毕业生总人数的比例。其中，升学包含国内和出国（境）升学；就业包含签三方协议就业、劳动合同就业、灵活就业等；创业则指自主创业。

受新冠肺炎疫情等多重因素影响，2020 届高校毕业生就业形势严峻复杂，不稳定因素增加，各大高校就业工作面临前所未有的挑战。对于中外合作办学高校来说，直接在国外合作院校深造是较为通畅的选择，而疫情在海外的蔓延无疑对国外升学造成了重击。

以各中外合作办学机构毕业生就业率为例（见表 3）。

表 3　各中外合作办学机构 2020 届毕业生信息总览

单位：%

中外合作办学机构	升学比例	工作比例	其他	就业率
中国人民大学中法学院	87.50	7.60	4.90	95.10
香港中文大学（深圳）	73.40	21.67	4.92	95.08
西交利物浦大学	86.03	7.02	6.95	93.05
上海纽约大学	67.36	25.00	6.94	93.00
宁波诺丁汉大学	83.30	8.90	7.80	92.20
北京师范大学—香港浸会大学联合国际学院	71.96	18.34	9.69	90.31
温州肯恩大学	64.00	24.24	11.29	88.71

中国人民大学中法学院 2020 届本科毕业生就业率为 95.1%，有 42.7% 的学生继续攻读中法学院本硕连读项目，38.2% 的学生出国（境）留学，6.6% 的学生国内读研，7.6% 的学生就业，4.9% 的学生待就业。

香港中文大学（深圳）2020 年第三届本科毕业生就业率为 95.08%。其中，继续升学人数为 552 人，占比 73.40%；直接就业人数为 159 人，占比 21.14%；创业人数为 4 人，占比 0.53%。

西交利物浦大学 2020 届 2877 名大陆本科毕业生中，2475 人选择升学，占比 86.03%；202 人选择就业，占比 7.02%；200 人暂无确定毕业去向，占比 6.95%，就业率为 93.05%。

上海纽约大学 2020 届 144 名中国毕业生的就业率为 93%，其中出国（境）深造 95 人，占比 66%；签就业协议 24 人，占比 17%；合同就业 10 人，占比 7%；间隔年申请 2021 年研究生项目 10 人，占比 7%；国内升学 3

人，占比 2%；灵活就业 2 人，占比 1%。

宁波诺丁汉大学 2020 届高考统招毕业生就业率为 92.2%，其中，继续升学人数占总毕业生人数的 83.3%，直接工作人数占总毕业生人数的 7.5%，从事自由职业的比例为 0.9%，从事自主创业的比例为 0.5%（见表 4）。

表 4　宁波诺丁汉大学 2020 届高考统招毕业生的去向分布

单位：人，%

毕业去向	人数	比例
继续升学	1273	83.3
直接工作	115	7.5
自由职业	13	0.9
自主创业	7	0.5

北京师范大学—香港浸会大学联合国际学院 2020 届毕业生总体就业率为 90.31%，其中出国/出境深造 925 人、国内升学 40 人、直接就业 236 人、自主创业 5 人、应征义务兵 2 人、自由职业 3 人。

温州肯恩大学 2020 届本科毕业生的就业率为 88.71%，继续升学人数占总毕业生人数的 64%，直接就业人数占总毕业生人数的 24.24%，从事自由职业与自主创业的比例均为 0.24%。还未确定毕业去向的同学，有 80% 以上选择继续国内考研或者申请更高层次的海外院校。

受到新冠肺炎疫情的影响，2020 年整体就业形势较为严峻复杂。尽管如此，各大中外合作办学机构迎难而上，积极应对，全国 2020 年高校毕业生总体就业率在 90% 以上，中外合作办学高校与之基本持平，就业情况保持稳定。

（二）按院系和专业分析

具有独立法人资格的中外合作大学，在院系和专业的设置方面更加全面广泛，下面以各独立法人机构毕业生为例。

宁波诺丁汉大学 2020 届本科毕业生中，37.5% 来自商学院，35.2% 来自理工学院，27.3% 来自人文与社会科学学院。三大学院就业率平均为 92.2%，其中商学院的就业、继续升学和直接工作的比例最高，分别为

94.2%、84.3%和9.1%。按专业分，理工学院的化学工程与工艺、建筑环境与能源应用工程，商学院的国际商务经济学与人文学院的经济系就业率较高，分别为100%、98.7%、96.9%、94.9%。

2020年，西交利物浦大学共有9个专业实现100%就业，分别是广播电视学、生物信息学、英语（国际商务英语）、人力资源管理、信息管理与信息系统、汉语国际教育、工商管理、英语（金融英语）和土木工程（建筑工程）。除此之外，精算学、英语（传媒英语）、土木工程、计算机科学与技术、经济与金融等专业的就业率也居于高位。

香港中文大学（深圳）2020届本科毕业生分别来自经管学院（361人）、理工学院（320人）和人文社科学院（71人）。各专业整体就业率分别为：金融学94.93%、会计学98.68%、经济学90.32%、国际商务95.35%、市场营销92.86%、统计学96.15%、计算机科学与技术95.83%、数学与应用数学89.36%、电子信息工程100%、新能源科学与工程85.71%、翻译97.18%，就业率普遍处于高位。

温州肯恩大学2020届毕业生中332人来自商学院，占毕业生总人数的78.12%；人文学院38人，占比8.94%；建筑与设计学院28人，占比6.59%；理工学院27人，占比6.35%。就业率最高的是理工学院，为92.59%。

2020年，北京师范大学—香港浸会大学联合国际学院共有本科毕业生1341人，分四个学部21个专业，其中工商管理学部607人、人文与社会科学学部265人、理工科技学部336人、文化与创意学部133人，毕业生人数较2019年增加了31人。

按照惯例，各高校工业设计和建筑学等专业的部分学生会选择毕业后精心打磨作品集以申请国际顶尖专业院校；所以这两个专业的升学数据尚未被完全统计在各高校的就业报告中。据宁波诺丁汉大学2019届毕业生统计，一年后工业设计就业率达到95.4%，一年后建筑学就业率达到97.4%。

总体而言，数学与应用数学、经济学、计算机科学与技术、生物科学、环境科学虽然是具有独立法人资格的中外合作办学高校中开设最多的专业，但是就专业就业率而言，商科专业就业率比其他专业高。

而对于非独立法人性质的中外合作办学机构，专业的设置更加集中于单一行业及领域，下面以各非独立法人机构为例。

浙江大学爱丁堡大学联合学院目前设有生物医学专业和生物信息学专业，旨在培养生物医学和生物信息学领域的极客精英。

东华大学上海国际时尚创意学院设有服装与服饰设计（服装创意设计）和环境设计（时尚室内设计）两个本科专业，为时尚创意产业的发展培养专业人才。

中国传媒大学国际传媒教育学院设有传播学、数字媒体艺术、广告学、视觉传达设计、文化产业管理和戏剧影视导演剪辑 6 个传媒类相关的专业，致力于培养“熟知全球传播规则、能够参与全球传播事务竞争与合作，运用先进的、国际通行的传媒信息手段，向世界讲好中国故事，参与或领导国际团队为中国的国际化发展贡献中国价值和中国智慧”的传媒全球人才。

（三）本科毕业生升学国家

中外合作办学高校由于有外方合作院校作为依托，存在教学模式、资源、文化风俗、语言等贴近性，或是在选择入读中外合作办学高校时，已对外方合作院校或外方院校所在国家开展升学深造计划，因此学生在选择升学国家时，会对外方合作高校所在国家进行倾斜。

如宁波诺丁汉大学 2020 届毕业生中选择继续深造的本科生的去向分布在全球 18 个国家和地区。英国依旧是大多数宁波诺丁汉大学本科毕业生升学的选择，占 67.7%。美国和澳大利亚分别以 11.5% 和 7.6% 位列第二和第三。宁波诺丁汉大学毕业生对留学目的地国家与地区的选择呈现多样化，2020 年选择欧洲国家的学生比例有所上升，大部分留欧的学生选择了荷兰、西班牙、法国等国家。另外，受到疫情的影响，部分毕业生最后选择了入读国内中外合作办学高校或者采取就近入学的方式在国内合作教学点注册入学（见表 5）。

表 5　宁波诺丁汉大学 2020 届本科毕业生升学排名前 12 的国家/地区

单位：人，%

升学国家/地区	升学人数	比例
英国	862	67.7

续表

升学国家/地区	升学人数	比例
美国	147	11.5
澳大利亚	97	7.6
中国	73	5.7
新加坡	18	1.4
荷兰	18	1.4
法国	10	0.8
中国香港	6	0.5
西班牙	5	0.4

以西交利物浦大学为例，2020年，西交利物浦大学本科毕业生升学的国家和地区更趋多元与广泛。英国仍居西交利物浦大学毕业生升学国家排名榜首，有1898人选择赴英深造，占76.69%。美国及澳大利亚分别以7.35%和6.26%位列升学排行榜第二和第三。

而上海纽约大学、温州肯恩大学作为外方合作院校在中国的高校，美国成为升学学生的首选目标国家。2020届上海纽约大学本科毕业生中，选择赴美深造的占78%、英国占8%、中国占5%，同时荷兰、法国、德国、新加坡、日本也成为主要留学国家。温州肯恩大学2020届毕业生中选择海外深造的共268位学生，分别分布在全球11个国家和地区。其中，美国、英国和澳大利亚最受欢迎，分别占海外深造学生人数的35.45%、32.46%和15.67%。

除此之外，语言也会成为学生选择深造国家的主要考虑因素。值得一提的是，随着学科专业的日益丰富，学生对升学目的地国家与地区的选择呈现多样化趋势，越来越多的学生选择欧洲国家如德国、意大利、荷兰、西班牙等，以及亚洲各国如日本、沙特阿拉伯、新加坡。

（四）本科毕业生升学学校

各中外合作办学高校均采用权威研究机构QS（2021）世界大学综合排名体系对本校2020届本科毕业生境外深造院校质量进行评估，统一的评价体系能够对升学学校进行系统全面的分析，一定程度上实现对具有独立法人资格的中外合作办学机构质量的评估（见表6）。

表6　中外合作办学高校2020届本科毕业生升学高校排名

单位：%

学校	全球QS排名前10大学录取比例	全球QS排名前50大学录取比例	全球QS排名前100大学录取比例
西交利物浦大学	38.10	63.56	80.36
宁波诺丁汉大学	31.10	58.80	86.90
中国传媒大学国际传媒教育学院	20.60	53.00	66.20
温州肯恩大学	10.66	54.04	75.74

虽然受疫情影响，但宁波诺丁汉大学2020届大陆本科毕业生在升学方面表现比往年更优秀。海外升学总人数1272人，其中395人（31.1%）读权威研究机构QS（2021）世界大学综合排名前10的顶尖高校，748人（58.8%）赴世界前50的大学继续深造，1106人（86.9%）入读世界前100的高校。世界综合大学排名前10的高校的比例较上一年增长了5.0个百分点，排名前50的高校占比增长了0.8个百分点，排名前100的高校占比增长了6.3个百分点，这表明该校毕业生海外深造质量近几年持续提升，越来越多毕业生获得世界顶级名校的青睐。

西交利物浦大学2020届大陆本科毕业生升学总人数2475人。按QS（2021）世界大学排名，943名本科毕业生（38.10%）被世界前10的顶尖高校录取，1989人（80.36%）赴世界前100的大学继续深造。

对于香港中文大学（深圳），升学的毕业生中，68.66%的学生将攻读世界大学排名前50的高校的硕士/博士学位。而毕业生前往就读的高校除香港中文大学和香港中文大学（深圳）外，还有哥伦比亚大学、香港大学和新加坡国立大学等。

另外，还有众多毕业生选择入读在专业领域声望较高的院校，如意大利排名第一的商学院博科尼大学等。尽管这些学校并没有纳入QS世界大学综合排名体系，但足够说明中外合作办学高校毕业生的国际化学术能力处于各个领域的领先水平。

近年来，各大中外合作办学高校毕业生升学质量稳步提升，西交利物浦大学进入 QS 世界大学排名前 10、前 30、前 50 和前 100 的高校深造的学生比例逐年增加；宁波诺丁汉大学 2020 届毕业生中有 395 人入读世界排名前 10 的顶尖院校，再创历史新高。

除了海外升学，也有毕业生选择了国内升学。中国人民大学中法学院 2020 届毕业生中有 19 人在国内读研，其中中国人民大学 7 人、复旦大学 3 人，北京大学、南开大学、同济大学各 1 人，上海财经大学、中国传媒大学等其他院校共 6 人。

中国传媒大学国际传媒教育学院 2020 届本科毕业生国内升学人数为 15 人，占毕业生总人数的 9.0%，其中 6 人考研、9 人保研。2 人被北京大学录取，8 人被中国传媒大学录取。国内升学主要选择专业为艺术学、传播学、广播电视学、出版学、民俗学与社会学。

温州肯恩大学 2020 届毕业生中有 4 位来自商学院的同学选择国内考研，分别进入西南财经大学、华中师范大学、上海大学和首都师范大学等国内高校。

（五）高质量就业

1. 单位性质

以各独立法人中外合作办学机构为例，温州肯恩大学 2020 届直接就业毕业生主要流向民营企业，占全体就业毕业生的 65.71%，其中包括全友家私、海亮教育投资集团等；其次为国有及国有控股企业（15.24%），如中国工商银行、中国建设银行、中国农业银行；包括网易、索尼、德勤、上海电气、宁波舟山港在内，进入三资企业就业的毕业生占比 14.29%。

宁波诺丁汉大学 2020 届毕业生主要流向外资及合资企业、民营企业和国有及国有控股企业。在外资及合资企业中，76.50% 的学生进入世界 500 强和全球行业龙头企业就职，如雀巢、可口可乐、联合利华、阿里巴巴、腾讯科技等。选择在民营企业就职的毕业生中，67.20% 的毕业生在大型集团、上市公司、知名国内企业工作，如华为、字节跳动等。11.30% 的毕业生选择国有及国有控股企业，主要有中国建设银行、中国工商银行、中国石油等企业。

从西交利物浦大学 2020 届本科毕业生就业单位性质的分布情况看，民营企业占 70.79%，国有企业占 12.38%，外资及合资企业占 10.89%，政府机关及事业单位占 3.96%，自主创业占 1.98%。

香港中文大学（深圳）2020 届本科毕业生共有 123 位入职各类性质的企业，其中 75.61%就职于世界 500 强企业、中国 500 强企业、上市企业或跨国企业；另有 36 位毕业生就职于政府机构/事业单位/科研或其他，同比增长 11.90%。

2. 行业分析

以各独立法人中外合作办学机构为例。

按国家统计局行业分类统计，宁波诺丁汉大学 2020 届毕业生就业集中于商业服务类（20.90%），信息传输、软件和信息技术服务业（19.10%），金融业（14.80%），以及以快消行业为代表的批发和零售业（13.00%）。与往年相比，2020 届毕业生的就业行业分布更为广泛，涉及各个领域。该校进入信息传输、软件和信息技术服务业的毕业生的人数同比增长了 5.70 个百分点，这与疫情下该行业的迅猛发展密切相关。

西交利物浦大学本科毕业生的就业单位分布在各行各业，进入金融业的学生人数占比最高，占就业人数的 20.30%，之后是房地产/建筑业、生产/运营/采购/物流业和计算机/互联网/通信/电子业，分别占 19.80%、15.35%和 15.35%。

从就业单位行业分布情况统计，香港中文大学（深圳）毕业生从事专业服务/教育/培训和计算机/互联网/通信/电子领域的人数最多，分别占就业总人数的 37.74%和 27.67%，其次为金融/银行/保险，占比为 16.98%。

同时，毕业生专业和就业方向也较为匹配，在北京师范大学—香港浸会大学联合国际学院对于毕业生所从事行业与所学专业是否关联的调查中，25.23%的毕业生认为非常关联，51.35%的毕业生认为关联，18.47%的毕业生认为不关联，4.50%的毕业生认为非常不关联，0.45%的毕业生不确定关联与否。

香港中文大学（深圳）经管学院就业毕业生录用单位包括复星、百威、汇丰银行、美团等知名企业；理工学院就业毕业生，录用单位包括阿里巴巴、宝洁、微软、Bilibili（B 站）等知名企业；人文社科学院首届本科毕业生主要于深圳市公立学校当教师。各大中外合作机构毕业生就业行业类型广泛，也反映了学校在专业设置上的系统化、全面化，有助于帮助毕业生实现学校和社会工作的良好匹配与对接。

3. 收入分析

收入在一定程度上能够衡量毕业生的就业质量，与毕业生在就业市场上的竞争力直接关联，因此毕业生薪酬也能反映该校的基本就业状况，以各独立法人中外合作办学机构为例。

根据宁波诺丁汉大学招生与就业办公室不完全统计，该校本科毕业生的平均税前月收入为 10501 元，税前月收入中位数为 8000 元。据温州肯恩大学学生职业发展中心不完全统计，该校 2020 届毕业生的平均税前月收入为 6890.9 元。

同时，疫情的蔓延也对毕业生薪酬产生了一定影响，从省教育厅系统统计的数据来看，北京师范大学—香港浸会大学联合国际学院 2020 届毕业生的平均薪酬是 5705 元，受新冠肺炎疫情对各行业的冲击及经济下行的影响，毕业生的平均薪酬较往年有所下降。

可以看出，中外合作办学机构毕业生薪酬处于有力竞争地位，而薪酬多少也和所在就业行业与单位性质有关，例如，温州肯恩大学选择在“软件、信息技术服务业”就业的毕业生薪酬水平较高，最高达每月 13000 元，而选择在“国企、事业单位”就业的毕业生薪酬水平相对较低，这与企事业单位所设立的薪酬制度有很大的关系。

4. 就业所在地

毕业生往往会倾向选择北京、上海、广州、深圳等一线城市，或是大学所在地作为工作单位所在地。一线城市基础设施完善，聚集了行业齐全的大量企事业单位，提供了广泛多元的就业机会，同时工资更高、福利更好，对毕业生吸引力较大。特别是一线城市毕业生依托高校地域优势，拥有完备的人脉网络和资源储备，利于毕业生游刃有余进行职业发展。从各地区的办学规模来看，全国平均中外合作办学规模最大的省（市）是北京，第二到第四位分别是吉林、山西和上海，中外合作办学机构大多设在一线城市或经济发达地区，受周边城市辐射作用的影响较大，因此所在城市也更多成为毕业生就业所在地。

表7　独立法人中外合作办学机构2020届本科毕业生就业排名前四的省（市）

单位：%

学校	就业第一省（市）及比例	就业第二省（市）及比例	就业第三省（市）及比例	就业第四省（市）及比例
宁波诺丁汉大学	浙江省38.50	上海市29.60	广东省8.90	北京市6.70
西交利物浦大学	江苏省31.18	上海市12.37	浙江省8.90	北京市6.92
香港中文大学（深圳）	广东省74.21	上海市9.43	北京市4.40	福建省3.77
北京师范大学—香港浸会大学联合国际学院	广东省59.32	北京市11.44	上海市5.93	—

以各独立法人中外合作办学机构为例。

宁波诺丁汉大学位于浙江宁波，从地区分布来看，83.70%该校毕业生选择在北京、上海、浙江和广东（以深圳为主）等一线城市或经济发达地区工作。其中，浙江和上海最受毕业生的欢迎，分别有38.50%和29.60%的毕业生选择在浙江和上海工作，广东和北京分列第三、第四位。

而对于位于江苏的西交利物浦大学，江苏、上海、浙江和北京是西交利物浦大学毕业生就业首选地区，分别占31.18%、12.37%、8.9%和6.92%。

从就业地区统计，香港中文大学（深圳）毕业生就业地点较为集中，近九成毕业生选择在一线城市工作，其中深圳占比64.15%（同比上涨7.13%）、上海9.43%、广州7.55%、北京4.40%。留在粤港澳大湾区就业的毕业生达118人，占就业人数的74.21%，同比上涨3.96%。

在北京师范大学—香港浸会大学联合国际学院2020届的毕业生中，有236名毕业生选择直接就业。在就业地域的选择上，最受毕业生欢迎的排名前五的城市分别是广州（21.19%）、深圳（16.10%）、珠海（12.29%）、北京（11.44%）和上海（5.93%）。

三　中外合作办学硕博毕业生就业质量分析

本报告将以西交利物浦大学为例，对中外合作办学大学硕博毕业生就业质量进行详细分析。

（一）就业率

西交利物浦大学2020届444名大陆硕士毕业生中，37人选择继续攻读博士学位，占比8.33%，深造高校包括西交利物浦大学、哥本哈根大学、悉尼大学、奥克兰大学和香港科技大学等；374人选择就业，占比84.24%；33人暂无确定毕业去向，占比7.43%。2020届大陆博士毕业生共计26人，就业率达到100%，毕业生主要在高校担任教学科研工作，其就业单位主要包括西交利物浦大学、南洋理工大学、华中科技大学、青岛理工大学和首都经贸大学等高校。

（二）按院系和专业分析

该校实现100%就业的硕士专业有工业设计、媒介与传播、国际工商管理和可持续建筑等14个专业。

博士毕业生分别来自西交利物浦大学国际商学院、电气与电子工程系、生物科学系、化学系、计算机科学与软件工程系、健康与环境科学系和数学科学系，2020届博士毕业生实现100%就业。

（三）高质量就业

1. 单位性质

从西交利物浦大学毕业生就业单位性质的分布情况看，民营企业占比49.46%，如网易、字节跳动、美的等；外资及合资企业占比22.73%，如博世、苹果、强生等；国有企业占比20.05%，如中国邮政、中国移动、中国联通等；政府机关及事业单位占比6.42%；自主创业占比1.34%，就业单位较为多元（见表8）。

表8　西交利物浦大学2020届大陆硕士毕业生就业单位性质分布

单位：人，%

企业类型	人数	比例
民营企业	185	49.46
外资及合资企业	85	22.73

续表

企业类型	人数	比例
国有企业	75	20.05
政府机关及事业单位	24	6.42
自主创业	5	1.34

2. 行业分析

西交利物浦大学硕士毕业生在就业压力严峻的人才市场中表现突出。从毕业生就业单位的行业分布情况看，金融业位居榜首，占比26.74%；生产/运营/采购/物流业位居第二，占比18.72%；教育/培训业和计算机/互联网/通信/电子业分别占比17.38%和12.83%。

四　中外合作办学就业工作举措

2020年，新冠肺炎疫情席卷全球，需要中外密切合作的中外合作办学教育也受到一定程度的冲击。做好毕业生就业工作，深度优化专业结构，注重加强人才质量的培养，提升毕业生的就业竞争力，从而实现毕业生的高质量就业成为各大高校工作的重心。在复杂的疫情发展和严峻的就业形势影响下，各大中外合作办学机构多措并举，帮助毕业生实现更高质量、更充分的就业。

（一）对就业的支持

1. 构建生涯规划体系

生涯规划是对职业生涯乃至人生进行持续系统规划的过程，各大高校应当高度重视大学生职业生涯规划教育，通过开展大学生生涯规划辅导，帮助大学生合理进行生涯规划，以增强大学生适应社会环境的能力，有助于大学生未来实现高质量就业。

各大中外合作办学机构也构建了丰富多元、具体精准的生涯规划系统，如宁波诺丁汉大学生涯指导服务全面覆盖每个年级、每位学生，就业咨询师经验丰富，联动校内外教师、企业、校友资源，形成就业指导合力，开发线上、线下 85 门课程，内容包括职业规划、自我探索、行业职业和实习求职申研等专属频道，精准投放给各年级、各专业学生群体，实现因材施教，时时有指导，处处有服务，每时每刻生涯规划不掉线。

以香港中文大学（深圳）为例，该校大学职业规划与发展处积极完善就业升学服务体系，加强职业辅导的覆盖范围并针对不同发展阶段的学生开展不同内容的生涯教育，围绕“自我与职业认知—目标计划—执行调整”的生涯发展步骤，规划了从入学到离校的完整、系统、全方位、专业化辅导体系。在 2019 ~ 2020 学年，大学职业规划与发展处举办升学就业活动 170 场，参与人次超过 14300 人，为 1474 人次提供了长达 808.5 小时的一对一咨询。

2. 加强企业战略合作

各个高校以学生为本，积极主动对外拓展，开拓各行各业的用人单位并与其保持着密切联系，以提升学生求职的竞争力。

以香港中文大学（深圳）为例，该校大学职业规划与发展处立足深圳特色社会主义先行示范区，分行业、分地区实施对外联络，扩大领域覆盖范围，聚焦核心就业市场，加强与重点单位的精准合作。该校职业规划与发展处主动走出校园拜访企业，包括谷歌、亚马逊、字节跳动、中国银行、华润、建信金科、仲量联行等知名企业，与京东 11 数科、建信金科、平安银行、招商证券等企业签订《校企合作框架协议》，邀请中国移动、佳兆业等企业到校交流，为国家重点单位来校招聘开辟“绿色通道”。该校职业规划与发展处已与 350 余家用人单位建立了合作关系，其中 70% 为大型跨国企业，为学生的社会实践、实习就业打造了更高、更广的平台。

在高校加强企业战略合作方面，温州肯恩大学已与 33 家大中型地方性企业签订战略合作协议，协同培养出色的国际应用型人才。学校积极与包括中国科学院大学温州研究院、中广核俊尔、中国电信、宁波银行等在内的多家知名企业建立实习合作关系。

中国传媒大学国际传媒教育学院高度重视教学与实践的深度融合，实行开放式办学，与环球网、北京凯声文化传媒有限责任公司、安吉新闻集团三家公司分别签订战略合作协议，共建了三个实习实践基地。同时，国际传媒教育学院已与国家文化贸易基地、北京市文创办达成合作意向。通过为其提供智力支持服务经济社会发展的同时，也搭建了高质量的、具有国际视野的人才培养平台，拓宽了学院学生的就业渠道。

3. 提供多样化实习服务

实习作为提高个人素质和技能的重要途径之一，能够为学生今后的生涯发展和职业规划打下坚实的基础。

为了能让同学了解实习的重要性，宁波诺丁汉大学提供了一系列优质的实习服务。以精准化、多样化的方式为学生提供更有力及有效的就业力提升平台，例如，暑假实习项目，国际组织、非政府组织、使馆实习，“家门口”的实习，实习生招聘会，国际生实习，实习金像奖等，促使学生将所学的理论知识与实践结合起来。

温州肯恩大学针对2020届毕业生，于2019年下半年举办了秋季大型校园招聘会和4场知名企业宣讲会。招聘会到场企业50多家，以大型企业为主，如NIO蔚来、海亮教育集团、青山控股等，提供招聘及实习岗位500多个，汇集金融、教育、信息计算机等各个行业，力求发挥校园招聘会促进学生实习就业主渠道作用，推动更多毕业生通过实习实践实现就业。

4. 搭建线上就业指导新模式

受新冠肺炎疫情、经济不稳定等因素的影响，2020届高校毕业生就业形势严峻复杂，为做好毕业生就业工作，各大高校开展各类线上就业指导工作，多措并举促进毕业生更高质量、更充分地就业。

西交利物浦大学就业发展中心围绕“升学就业质量和数量双稳定”的工作目标，克服疫情带来的不利影响，提前筹划部署2020届毕业生就创业工作，如开启“云招聘”、推广在线职业测评、打造线上职业咨询平台、提供线上升学指导等。

香港中文大学（深圳）职业规划与发展处则切实强化线上服务，努力保障就业升学服务质量。举办“云聊行业”、开通线上咨询、举办升学线上讲座，邀请海外院校通过线上平台进行宣讲、联系企业争取线上实习岗位机会，为毕业生提供不断线的就业升学服务，引导毕业生树立正确的求职观念，使其充分做好求职求学准备。

（二）对升学的支持

1. 提供多层次升学指导

除了就业的同学，各高校也针对有深造需求的同学开设了多元的升学指导，不仅有经验分享会，还设置了个性化升学指导服务，同学可以近距离、一对一向专家进行咨询，更具针对性地解决实际问题，切实助力学生实现升学。

西交利物浦大学就业发展中心携手学生职业发展协会举办了多场英国、美国、澳大利亚等国高校的申研经验分享会，受到学生的热烈欢迎。牛津、剑桥、哈佛、耶鲁等世界知名高校的优秀校友也在线分享了升学的经验，并解答了西交利物浦大学学子对升学的各类问题。同时，西交利物浦大学就业发展中心汇总成了《升学常见问题的问与答》，为学生提供丰富的升学经验。

针对有升学需求的同学，温州肯恩大学学生职业发展中心每月定期举办 2 ~ 3 场留学讲座，根据学生需求制定讲座主题，内容涉及研究生院校介绍、申请流程、文书指导、面试辅导、校友分享、语言辅导、留学职业规划、招生官见面会等。同时，学生职业发展中心也推出了“驻点面对面咨询”服务，学生在留学申请上遇到任何问题，都可以进行一对一咨询。

为满足学生对于出国/出境深造的个性化指导服务要求，自 2019 年 9 月开始，北京师范大学—香港浸会大学联合国际学院全面开展一对一咨询服务。为满足日益扩大的学生需求，2020 年联合四个学部，学校聘请了 10 位资深教授作为咨询师，为在校学生提供一对一咨询服务。

2. 邀请高校招生宣讲

高校的招生宣讲是学生与学校对接的有效途径，能够加深学生对于学校的认识，帮助学生了解到更为系统详细的信息，有效畅通了学生的求学渠道。

为满足学生海外升学的需求，香港中文大学（深圳）职业规划与发展处在积极与海外高校项目保持密切联系的基础上，还深入探索与重点院校的多元合作方式。在 2020 年上半年，学校邀请了伦敦国王学院、伦敦商学院、巴斯大学、芝加哥大学等知名院校，针对 2020 届毕业生进行线上宣讲与招生。目前，大学职业规划与发展处共与 100 余所海外高校的 400 余项海外硕士项目保持沟通与合作。

2020 年上半年，在疫情尚未获得有效控制、学生尚未返校期间，北京师范大学—香港浸会大学联合国际学院与海外高校如英国的纽卡斯尔大学、埃克塞特大学、利兹大学和美国的霍特国际商学院等知名学府取得联络，为在校生开展研究生项目宣讲会。

（三）对创业的支持

大学生创业是以大学生这一特殊群体为主体的创业过程。随着我国社会的转型和就业压力的不断加大，创业已成为大学生的一大职业选择。大学生作为高层次的知识分子群体，与其他高层次知识分子相比，具有更丰富的知识基础和更活跃的创造力，但也存在经验和能力不足的问题，在国家和各高校的支持下，大学生创业也将在机遇和挑战中不断走向新的高度。

1. 构建多层次的创新创业教育体系

西交利物浦大学就创业工作以学生为中心，注重培养学生的创新意识与企业家精神，为在校师生及校友提供国际化双创教育实践平台。在工作机制上整合高校科研、创业导师、校友企业与当地商业等多方资源。该校也将大学生创新创业指导课程纳入大学课程，使学生掌握创业的基础知识理论，促进学生创业和就业全面发展。同时，西交利物浦大学对政府、导师、企业等创新创业要素进行整合，为学生创业团队搭建创业生态系统、建设大学生创业园，为创业团队提供企业参访、互动交流、岗位实习等不同类型的合作实践机会。

在构筑系统化创新创业教育体系方面，北京师范大学—香港浸会大学联合国际学院目前拥有创新创业教育专职教师 10 人、导师 8 人，课程必修课 1 门、选修课 3 门，探索出符合各专业学生职业发展路径和创新创业的课程体系。

2. 组织学生参与创业赛事

创新创业赛事能够激发大学生的创造力，培养造就“大众创业、万众创新”的主力军，推动赛事成果转化，促进新业态形成，以创新引领创业、创业带动就业，推动高校毕业生更高质量创业就业。

2020 年，西交利物浦大学就业发展中心组织学生参加各类创业比赛，以赛促训，激发学生创业热情。北京师范大学—香港浸会大学联合国际学院响应国家“大众创业、万众创新”的号召，培养学生创新创业思维，组织学生参加国家及省市组织的各类创业大赛。此外，校内还举办了各类创业比赛，如“菁牛汇釜涌青年创业论坛”“创业堂——筑梦创客”等赛事。

各类创新创业赛事的举办实现了以赛促学、以赛促教和以赛促创，既培养了创新创业主力军，又开发了素质教育新途径，还推动了赛事成果转化和产学研用紧密结合，最终形成了高校毕业生更高质量创业就业的新局面。

参考文献

《2020 届西交利物浦大学毕业生就业质量报告》，西交利物浦大学网站，https://www.xjtlu.edu.cn/assets/files/careers/。

《宁波诺丁汉大学 2019/20 学年就业质量年度报告》，宁波诺丁汉大学网站，2021 年 2 月 2 日，https://static.jysd.com/careersatunnc/ueditor/file/20210202/496 8_0202%20。

《上海纽约大学 2020 届毕业生就业质量报告》，上海纽约大学网站，https://shanghai.nyu.edu/cn/about/graduate-destinations2020。

《香港中文大学（深圳）2020 第三届本科毕业生就业质量报告》，香港中文大学（深圳）网站，https://career.cuhk.edu.cn/attachment/careercuhk/ueditor/file/20210310/9156_。

《温州肯恩大学 2020 年度毕业生就业质量报告》，温州肯恩大学网站，2021 年 1 月 15 日，https://wku.edu.cn/wp-content/uploads/2021/01/。

《广东以色列理工学院 2020 年中外合作办学年报》，广东以色列理工学院网站，2021 年 5 月 10 日，http://nianbao.crs.jsj.edu.cn/school/attach_down_files/62862。

《北京师范大学—香港浸会大学联合国际学院 2020 届本科毕业生就业质量年度报告》，北京师范大学—香港浸会大学联合国际学院网站，2020 年 12 月 30 日，https://career.uic.edu.cn/news/view/aid/333831/tag/xngs。

“2019 - 2020 MMS: DKU Employment,” Duke Kunshan University Statistics, https://dukekunshan.edu.cn/sites/default/files/u102196/duke_fuqua_mms_dku_ - _class_of_2020_employment_report_v1.pdf.

B.6
中外合作办学教学质量情况报告

陈　超*

摘　要： 我国高等教育引入中外合作办学这一形式的初衷，是为了引进国（境）外优质教育资源，并逐步实现相关资源的吸收、内化，以推动我国高等教育质量进一步提升、高等教育供给进一步优化。中外合作办学的质量体现在其招生质量、培养质量、就业质量等方面，为实现这些质量建设目标，需要教育行政主管部门开展政策指导和法规监管、中外双方共同出台能够融合体现各自标准的质量体系、办学主体设立并实施符合教育规律和人才培养要求的质量控制操作规程。从各类中外合作办学机构和项目近年的教学质量报告中归纳可见：中外合作办学已发展成为高等教育的有机组成部分，这对其办学质量提出了更高的要求；也正因为较高的质量标准和“优质性”的后发优势，中外合作办学在当前高等教育各类形式中，具备一定的示范引领性。

关键词： 中外合作办学　教育质量建设　教育国际化

自20世纪90年代中期“中外合作办学”概念出现开始，这一类型的办学迄今已经历了近30年的发展。总体而言，这30年间，各类中外合作办学机构和项目的质量得到了显著提升，当前的总体水平也已到了一个较高的层次。

在21世纪的前10年，我国教育部及地方各级教育主管部门围绕合作办学形式与内涵，出台了一系列相关政策法规文件。例如，《教育部关于做好中外

* 陈超，中国人民大学中法学院国际事务部执行主任，博士，研究方向为高等教育国际化等。

合作办学机构和项目复核工作的通知》（教外综〔2004〕37 号）、《教育部关于当前中外合作办学若干问题的意见》（教外综〔2006〕5 号）、《教育部关于进一步规范中外合作办学秩序的通知》（教外综〔2007〕14 号）等。

进入 21 世纪的第 2 个 10 年之后，教育主管部门所出台的相关文件的内容明显向保障教育质量、提升办学水平方面转变。如 2012 年 3 月印发的《教育部关于全面提高高等教育质量的若干意见》（教高〔2012〕4 号）要求，“支持高校办好若干所示范性中外合作办学机构，实施一批中外合作办学项目”。2013 年 12 月印发的《教育部关于进一步加强高等学校中外合作办学质量保障工作的意见》（教外办学〔2013〕91 号）为推动高等学校中外合作办学质量稳步提升提出了明确的发展要求：“高水平、示范性中外合作办学机构逐步增多，品牌专业和示范课程初具规模，结构更加优化、布局更加合理，质量评估和认证体系趋于完善，质量监管和信息公开平台基本建成，对高等教育改革发展的促进作用更加明显，对国家和地方经济社会发展的贡献度进一步提升。”

近 5 年来，随着中外合作办学日趋成熟，各类机构和项目的办学纷纷向深化和优化方向发展，打造中外合作办学“提质增效”的“2.0”时代一事被提上日程。这一时期，各级主管部门少有针对中外合作办学操作层面的具体指导文件出台，但对于教育对外开放的顶层设计却日益清晰。2016 年 4 月，中共中央办公厅、国务院办公厅印发《关于做好新时期教育对外开放工作的若干意见》，要求“开创更有质量更高水平的教育对外开放新局面”。2020 年 6 月，教育部等八部门联合印发《关于加快和扩大新时代教育对外开放的意见》，提出要“着力破除体制机制障碍，加大中外合作办学改革力度，改进高校境外办学，改革学校外事审批政策，持续推进涉及出国留学人员、来华留学生、外国专家和外籍教师的改革”。

一　中外合作办学教育质量建设的主要内容

通常而言，教育水平和教学效果可以经由教育对象的质量体现出来。具体到中外合作办学，由于其采用了比普通国民教育更宽广的地理界限和学科视域，它具有比普通教育更为超脱的目的意义，不仅要体现培养对象的质量，也要体现教育各环节、各因素相互影响的体系质量。

根据《国家中长期教育改革和发展规划纲要（2010—2020年）》（以下简称《纲要》）第18条："到2020年，高等教育结构更加合理，特色更加鲜明，人才培养、科学研究和社会服务整体水平全面提升，建成一批国际知名、有特色、高水平的高等学校，若干所大学达到或接近世界一流大学水平，高等教育国际竞争力显著增强。"这是指出教育供给方的建设目标。而《纲要》第48条所言"适应国家经济社会对外开放的要求，培养大批具有国际视野、通晓国际规则、能够参与国际事务和国际竞争的国际化人才"则是指出教育接受方的培养目标。

（一）中外合作办学招生质量

由于中外合作办学机构和项目在研究生教育层次的学生招录形式不一、来源多样，此处所指的招生质量以普通高校本科学历教育通过高考招录的学生质量为主。

2019年12月，中外合作办学机构联席会秘书处发布了《2019年非独立法人中外合作办学机构生源质量分析报告》，以49家本科层次非独立法人中外合作办学机构所提交的2019年生源质量数据为样本，对这些机构2019年的招生数据进行了横向分析，也与2018年和2017年的招生数据进行了纵向对比。从相关分析中做出以下总结。

1.49家样本机构的招生范围覆盖了除西藏和青海以外的29个省（区、市）

招生集中在中东部地区，其中山东、河北、辽宁、浙江、河南、湖南是招生的热门地区，西部地区如新疆、广西、甘肃、宁夏为招生的冷门地区。

2.生源录取标准稳步提升

研究组对49家样本机构中的32家进行了连续3年的录取情况跟踪，其中23家为一本招生、9家为二本招生。

（1）机构录取分数与一本线的比较

2019年样本机构的文理平均录取标准高于一本线25.14分，近3年的平均线差为25.01分。从线差角度分析，中外合作办学生源质量在经历近几年的高速提升之后，有趋于稳定的趋势。

（2）机构录取标准与校本部的对比

2019年机构文理平均录取标准低于校本部21.46分，且近3年差距在逐年缩小，年平均差距为23.46分。

（3）部分机构成绩突出

49家样本机构中有19家机构的2019年录取标准在个别省（区、市）已经超过校本部。部分突出成绩表现为：在全部招生省（区、市）的平均录取标准已超出校本部20分；在个别省（区、市）招生标准超出校本部35分；在招生的20个省（区、市）中有10个省（区、市）的招生标准要高于校本部（见图1）。

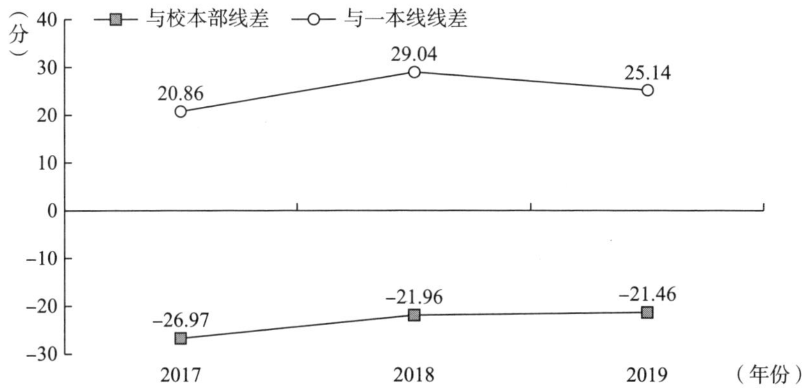

图1　2017～2019年样本机构文理最低录取分数与一本线、校本部平均线差

突破校本部录取标准这一成效证明了中外合作办学的生源质量已经有了质的飞跃，为培养高水平国际化人才提供了有力保障。

3. 机构相对母体院校的招生位次提升差距在逐步缩小

对比2019年、2018年与2017年3年情况，样本机构中有26.32%（5家）的机构位次连续两年都在提升。

从机构位次变动情况与校本部位次变动情况对比来看，36.84%（7家）的样本机构2019年位次提升速度超过了校本部。

3家样本机构2019年录取位次在上升，而校本部的位次在下降。

4家样本机构2019年录取位次提升速度超过校本部的提升速度。其中，有的机构录取位次提升率比校本部高出18个百分点以上（见图2）。

总体看来，在21世纪20年代后期，随着教育对外开放政策的深化，教育国际化的趋势得到了受教育者的认可，中外合作办学机构总体声誉在不断提升，已经能够在高考志愿填报中进入优秀考生的视野，家长和考生对

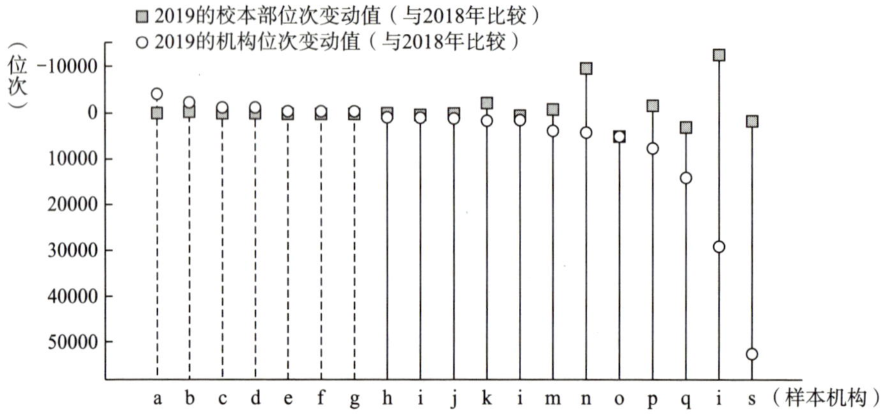

图 2　2019 年样本机构与校本部的位次对比情况

进入中外合作办学机构就读的意愿从被动试探变为主动选择。

（二）中外合作办学培养质量

在学历教育实施过程中，培养环节是与人才产出质量关系最为紧密的一环。这一环节在当前的高等教育中主要体现为课堂教学形式，因此其质量也常常和“教学质量”画等号。按照教育部办公厅要求，普通高等学校应每年编制《本科教学质量报告》，其“支撑数据目录”基本包含了本科教育实施的全环节和全要素。

针对中外合作办学机构和项目，《中外合作办学条例实施办法》第五十二条规定：“凡通过审批且在办的本科及以上层次中外合作办学机构或项目，办学单位应每年向教育部报送年度报告，由学校进行网上公示，接受社会监督。……每年 3 月 1 日至 3 月 31 日，各办学单位通过中外合作办学年度报告系统提交招收学生、课程设置、师资配备、教学质量、财务状况、社会评价等基本办学信息，并经由省级教育行政部门网上审核后提交上一年度自评报告。”

以宁波诺丁汉大学为例，其 2019—2020 学年质量报告中的“学生满意度”项目表明：“2020 年，宁波诺丁汉大学有 3846 名学生自主参与了该项问卷调查，问卷回复率为 44. 3%。调查结果显示，我校学生的整体满意度为 92. 5%，高于全球高校参照组 86% 的平均满意度。其中学生对教学、生

活等方面的整体满意度均较上年稳步提升。”（见图 3）

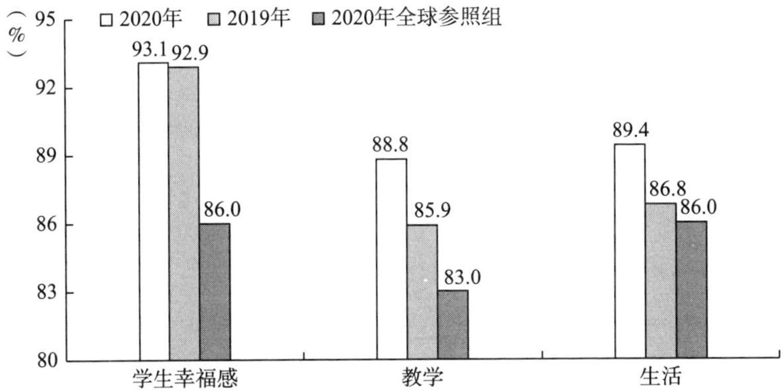

图 3　2019～2020 年宁波诺丁汉大学学生满意度调查

说明：90% 的学生对学校在新冠肺炎疫情防控方面的举措表示满意。其中，心理咨询服务（97%）、身体健康方面的建议（97%）、学校应对疫情的信息沟通（93%）和讲座及辅导课程的组织情况（93%）几个方面均获得了较高的学生满意度。

在该报告的“教学条件”项目下，“教学经费投入情况”“图书资源”都体现出在全球新冠肺炎疫情下为学生学业提供了特殊的支持。在其“学科专业与课程建设”项目下可以看到，在 2020 软科世界一流学科排名中，该校在工商管理、管理学、经济学这三门学科领域中分别列国内高校第 13 位、第 29 位和第 36 位，也是唯一入选该三门学科榜单的中外合作大学。“宁波诺丁汉大学将英国诺丁汉大学的高质量优势学科置于中国社会经济发展的现实情况和实际需求背景下考量，引进一系列国际一流水准的学位课程，并考虑到学生的能力特点加以适当本地化，嫁接培育出具有中国特色的国际化学位课程，使中国学生能以较低的成本接受世界优质高等教育。”①

表 1　一流本科专业奖项、专业名称和专业代码

专业奖项	专业名称	专业代码
国家级一流本科专业建设点	财务管理（BSc Hons Finance，Accounting and Management）	120204H

①《宁波诺丁汉大学 2019—2020 学年质量报告》，https://www.nottingham.edu.cn/cn/about/documents/annual-report/201920-annual-quality-reportcn.pdf。

续表

专业奖项	专业名称	专业代码
省级一流本科专业建设点	国际经济与贸易（BSc Hons International Economics & Trade）	020401H
省级一流本科专业建设点	材料成型及控制工程（BEng Hons Mechanical Engineering）	080203H
省级一流本科专业建设点	电气工程及其自动化（BEng Hons Electrical and Electronic Engineering）	080601H
省级一流本科专业建设点	土木工程（BEng Hons Civil Engineering）	081001H
省级一流本科专业建设点	化学工程与工艺（BEng Hons Chemical Engineering）	081301H

在“教学发展与创新”项目下可以看到，该校是在新冠肺炎疫情影响下率先开学复课的中外合作大学。学校在疫情发生后就紧急成立了教学工作小组，针对疫情防控下的教学工作进行实时跟进与讨论。2020 年 2 月，学校从线上教学和混合式教学的实际需求出发，通过引入教学视频平台 Panopto 和线上协作课堂平台 Zoom，重建学校教学技术的基本架构。学校针对学术教师，在线上开设了一门教学指导课程，内容涵盖讲座录制、同步课堂、主动学习、小型课堂、评价等五大方面；同时，联合英国诺丁汉大学教学团队开设了为期两周的在线教学培训课程。两门培训课程收获教师的一致好评。线上教学项目不仅保障了学生的线上课堂质量，也为学校未来全新教学模式的开创打下了基础。

另外，从多家非独立法人中外合作办学机构年报、中外合作办学项目年报中可见，2020 年中外合作办学机构和项目均克服了各类困难，在适应新的授课方式和教育形式的同时，努力探索提升授课质量、创新育人模式的新路径、新手段。例如，上海交大—巴黎高科卓越工程师学院“为了落实‘停课不停学’要求，立足人才培养特色，与中法协调人商议制定了线上教学方案，建立了以直播教学、研讨教学为基础，结合课程教案、补充材料、习题、线上测验、短视频、线上答疑等多样化的在线教学方式，得到了身在海外的教师的积极响应，大家克服时差和距离上的困难，所有外籍教师均参加了培训。学院还制作了英文版的教学文件，正式开课前，均通过了‘内测’和‘公测’两个环节，通过收集教师和学生的反馈来不断改进。建立了包含3位外籍学科协调人在内的11人督导小组”[①]。

据“教育部教育涉外监管信息网”，在该网上备案的本科层次中外合作办学项目一共有927个，除去已注明“退出办学”“已停办”“停止招生”的273个项目外，尚有654个项目在正常开办中。检视这些在办项目的办学年度报告，多数项目都表示在2020年疫情发生后采取了各种方式保障教学效果、推动教学改革、展开教学试验。以上海师范大学为例，该校共有10个在办的中外合作办学项目，涉及与美国、英国、法国、德国、俄罗斯、荷兰等国的合作教育，包括工学、文学、经济学、农学、艺术学等学科门类。在疫情防控常态化时期，各项目都克服了远程授课和时差等不利因素，着力保证引进课程门数和教学时数符合“四个三分之一”要求，同时结合远程授课的特点，加强了双方教师共同备课、线上一对一小课、优质课程录播网课等新形式的应用。

（三）中外合作办学的就业质量

就业是高等教育人才培养的出口，是人才培养质量较为直接的体现。特别是对于脱离双方母体院校独立运营、自负盈亏的独立法人中外合作办学机构而言，因为其普遍办学历史较短、社会认知度不一，在招生环节往往不占优势，所以毕业学生就业情况就成为衡量这些机构办学质量的一个首要指标。

2019～2020学年，西交利物浦大学应届本科生2975人，毕业2957人，毕业率为99.39%。获该校与英国利物浦大学学士学位的毕业生共计2899人，学位授予率达99.08%，其中1111名毕业生获得一等荣誉学士学位，毕业生学业成绩表现优异。

截至2020年8月31日，西交利物浦大学2019～2020学年应届本科毕业生2957人，应届本科毕业生就业率为84.91%，其中升学比例为82.04%，实际就业比例为2.87%（其中签就业协议书及合同就业74人，灵活就业12人），暂时未有准确去向的待定毕业生占15.06%（见表2）。

① 《上海交大—巴黎高科卓越工程师学院自评报告（2020年）》，https://gk.sjtu.edu.cn/Data/View/2217。

表2　2019～2020学年西交利物浦大学应届本科毕业生就业情况

单位：人，%

毕业去向	人数	占比
升学	2426	82.04%
实际就业	85	2.87%
待定	445	15.06%
合计	2957	100.00%

宁波诺丁汉大学颁发诺丁汉大学的学位证书，严格执行英国大学的学位等级制度。2020年共有本科毕业生1590人，其中1217人获得一等学位或二等上学位，95.35%的毕业生获得一等或二等学位。2020年学校毕业生就业升学质量仍然保持高位，截至2020年12月，继续升学人数占毕业生总人数的83.3%。

虽有疫情影响，2020届本科毕业生在升学方面表现却比往年更优秀。海外升学总人数1272人，其中31.2%入读权威机构QS（2021）世界大学排名前10的顶尖高校，59.0%入读QS排名前50的世界名校，86.9%进入QS排名前100的高校。入读QS排名前10高校的比例较上年增长了5.1个百分点，入读QS排名前50高校的比例增长了1.0个百分点，入读QS排名前100高校的比例提高了6.3个百分点（见表3）。

表3　宁波诺丁汉大学2020届本科毕业生升学质量情况

单位：人，%

QS世界大学排名情况	商学院		理工学院		人文与社会科学学院		总计	
	人数	占比	人数	占比	人数	占比	人数	占比
QS世界大学排名前10	96	19.9%	215	48.2%	86	25.0%	397	31.2%
QS世界大学排名前50	231	47.9%	317	71.1%	203	59.0%	751	59.0%
QS世界大学排名前100	398	82.6%	402	90.1%	306	89.0%	1106	86.9%
合计人数（出国出境）	482		446		344		1272	

又以香港中文大学（深圳）为例。该校从毕业生规模结构、毕业生毕业去向、雇主评价3个方面详细介绍了2020届本科毕业生毕业情况，随后总结了2020届本科毕业生就业举措，并形成了完整翔实的就业质量年度报告。该校是中外合作办学机构当中对毕业就业情况总结介绍较为细致的一家。

2020年，香港中文大学（深圳）各专业整体就业率分别为：金融学94.93%、会计学98.68%、经济学90.32%、国际商务95.35%、市场营销92.86%、统计学96.15%、计算机科学与技术95.83%、数学与应用数学89.36%、电子信息工程100%、新能源科学与工程85.71%、翻译97.18%，各专业均实现了较高质量就业（见图4）。

本科毕业生继续升学人数为552人，比例为73.40%。升学的毕业生中，68.66%的学生将攻读世界大学排名前50高校的硕士/博士学位（见表4）。

表4　香港中文大学（深圳）2020届本科毕业生升入的学校及地区分布

单位：人

学校名称	地区	就读人数
麻省理工学院	美国	3
斯坦福大学	美国	1
牛津大学	英国	5
苏黎世联邦理工学院	瑞士	1
帝国理工学院	英国	11
芝加哥大学	美国	7
伦敦大学学院	英国	14
新加坡国立大学	新加坡	18
南洋理工大学	新加坡	10
宾夕法尼亚大学	美国	3
康奈尔大学	美国	9
哥伦比亚大学	美国	33
爱丁堡大学	英国	1
密歇根大学安娜堡分校	美国	11
香港大学	中国香港	26
东京大学	日本	1

续表

学校名称	地区	就读人数
约翰斯·霍普金斯大学	美国	11
多伦多大学	加拿大	2
香港科技大学	中国香港	10
曼彻斯特大学	英国	1
西北大学	美国	6
加州大学伯克利分校	美国	1
澳洲国立大学	澳大利亚	4
伦敦大学国王学院	英国	2
纽约大学	美国	13
加州大学洛杉矶分校	美国	1
悉尼大学	澳大利亚	12
墨尔本大学	澳大利亚	4
杜克大学	美国	7
香港中文大学*	中国香港	91
新南威尔士大学	澳大利亚	3
英属哥伦比亚大学	加拿大	1
昆士兰大学	澳大利亚	2
香港城市大学	中国香港	4
伦敦政治经济学院	英国	13
慕尼黑工业大学	德国	1
华盛顿大学	美国	4
加州大学圣地亚哥分校	美国	4
圣路易斯华盛顿大学	美国	15
哥本哈根大学	丹麦	1
北卡罗来纳大学教堂山分校	美国	1
索邦大学	法国	1
明尼苏达大学双城分校	美国	6
鲁汶大学	比利时	3
莫纳什大学	澳大利亚	1

注：香港中文大学和香港中文大学（深圳）颁授同一学位。

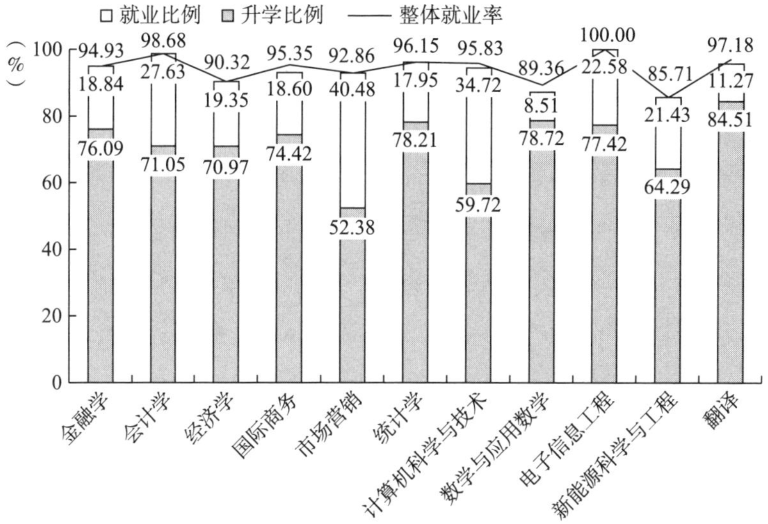

图4　香港中文大学（深圳）各专业整体就业率

2020 年，香港中文大学（深圳）本科毕业生直接就业人数为 159 人，比例为 21.14%，就业毕业生平均年薪达 15.10 万元。第 3 届本科毕业生中共有 123 人入职各类性质的企业，其中 75.61% 就职于世界 500 强、中国 500 强、上市企业或跨国企业；另有 36 人就职于政府机构/事业单位/科研或其他，同比增长 11.90%（见图 5）。

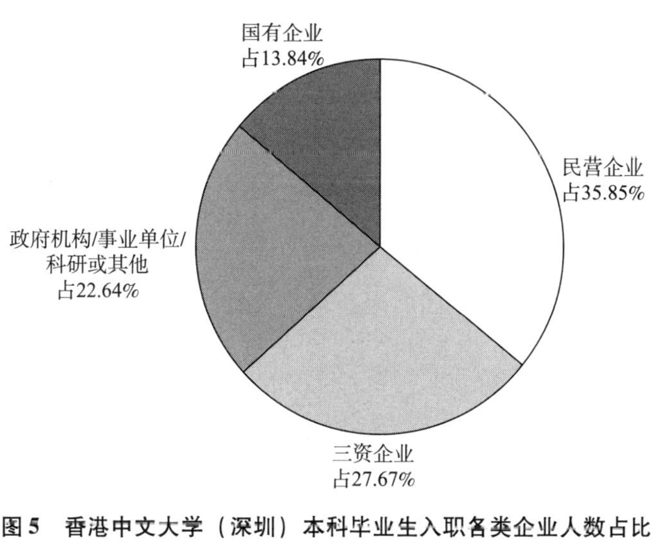

图5　香港中文大学（深圳）本科毕业生入职各类企业人数占比

针对毕业生的职场表现，围绕毕业生的12项专业能力和职业素养制作问卷并邀请雇主作答，结果显示：总体而言，雇主群体对2020届毕业生有着较高的满意度，学习能力和沟通表达等方面被视为学生最为突出的优点（见图6）。

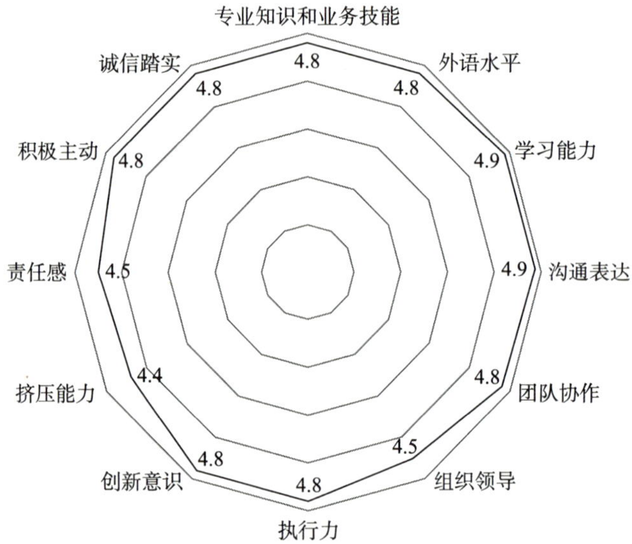

图6　本科毕业生职场表现

非独立法人中外合作办学机构由于其学生就业有母体院校的依托，在疫情下，2020年大部分机构都在学生升学和就业方面取得了较好的成绩。以中国人民大学中法学院为例，2020年该院共有本科毕业生288人，毕业生多选择出国留学，有43.4%的学生继续赴法方合作院校攻读硕士；自主申请国外院校学生被世界排名前20、前50的高校录取率再创新高，98名学生中，28.6%的学生被世界排名前20的顶尖院校录取，60.2%的学生被世界排名前50的院校录取，23.5%的学生赴世界著名高商类院校继续深造；此外，国内考研录取人数也创历年新高，考研的11名同学中，4名被中国人民大学录取，1名被北京大学录取，2名被复旦大学录取，其他同学也被同济大学、上海对外经贸大学和上海财经大学录取。

此外，同济大学中德工程学院可为另一例，该院建院16年来，共培养了近2000名中国学生和近700名德国学生。其中，80%的学生获中德双学位，约35%的双学位生曾获得中德政府奖学金。在历届毕业生中，约2/3

的学生升入硕士阶段继续学习，在完成硕士学业的毕业生中，约10%继续攻读博士。

2020年中德工程学院共培养了154名本科毕业生，其中111名获中德双学位，占所有毕业生的72.08%。在双学位毕业生中，中国学生占72.08%、德国学生占27.92%（见表5）。截至2020年10月，学院本年度毕业生升学与就业率合计为91%，其中升学率为72%（国外升学率为69%）。

表5　中德工程学院2020届本科毕业生信息

单位：%

<table>
<tr><td colspan="4">专业分布</td></tr>
<tr><td>机械电子工程</td><td>汽车服务工程</td><td>建筑电气与智能化</td><td>智能管理/经济工程</td></tr>
<tr><td>41.46</td><td>26.02</td><td>21.14</td><td>11.38</td></tr>
<tr><td colspan="4">中德毕业生占比</td></tr>
<tr><td colspan="2">中国毕业生</td><td colspan="2">德国毕业生</td></tr>
<tr><td colspan="2">72.08</td><td colspan="2">27.92</td></tr>
<tr><td colspan="4">双学位生占比</td></tr>
<tr><td colspan="2">仅中国或德国学位学生</td><td colspan="2">双学位生</td></tr>
<tr><td colspan="2">27.92</td><td colspan="2">72.08</td></tr>
</table>

二　中外合作办学质量保障的主要形式

中外合作办学在经历了20世纪末期的尝试、摸索阶段后，于21世纪初进入快速发展阶段，转变的一个重要标志就是2003年颁布的《中华人民共和国中外合作办学条例》（以下简称《条例》），以及2004年印发的《中华人民共和国中外合作办学条例实施办法》（以下简称《实施办法》）。从这一时期起，中外合作办学作为若干种涉外办学形式中唯一受部门法规监督约束的一种形式，其运行逐步进入正轨，最直接的表现就是在《条例》及《实施办法》生效之后，教育主管部门曾经暂停了几年中外合作办学审批，并对既有机构和项目进行复核、调整。

随着《国家中长期教育改革和发展规划纲要（2010—2020年）》把

“教育国际化”写进政府文件，并对中外合作办学进行总体规划，提出明确要求，中外合作办学开始进入高水平、示范性发展的新阶段。2013 年，教育部启动新一轮中外合作办学评估，这项工作的导向从保证办学的合法依规性，延伸到了发掘优质的合作办学机构、项目。到 2014 年前后，“教育质量是中外合作办学的生命线”这一提法被广大的办学者所接受，与此同时，中外合作办学的内、外部质量保障问题成为讨论和研究的焦点。

（一）教育行政主管部门监管

中外合作办学行为受《中华人民共和国教育法》、《中华人民共和国高等教育法》、《中华人民共和国中外合作办学条例》以及《中华人民共和国中外合作办学条例实施办法》的规范，各级教育行政主管部门据此对中外合作办学各类行为进行约束和调整。

中外合作办学的政策外延包括：

1. 中外合作办学的主体是中外教育机构；
2. 中外合作办学的方式是实质性合作，是对国外优质教育资源的合理引进与有效利用；
3. 中外合作办学的对象以境内中国公民为主；
4. 中外合作办学实行“审批制”和“证书制”；
5. 中外合作办学是中国教育事业的组成部分；
6. 中外合作办学是公益性事业。

以上 6 条政策外延主要是为了厘清中外合作办学与其他各类涉外办学如校际交流项目、留学预科、双联学位、跨境远程教育等的边界，以彰显中外合作办学的严格性与正规性。

中外合作办学受教育行政主管部门的监管，这在两个事例上体现得最为明显。第一个事例是，根据 2018 年教育部印发的《关于批准部分中外合作办学机构和项目终止的通知》，234 个本科以上中外合作办学机构和项目被依法终止。其中，对外经济贸易大学卓越国际学院、河北科技师范学院欧美学院、山西农业大学中德学院、西安交通大学西安交大—香港科大可持续发展学院、郑州大学升达经贸管理学院等 5 个机构终止办学。在被终止的 229 个中外合作办学项目中，包含北京、上海的多个项目。

这一事件，在其后若干年直至今日，经常被误解为教育部以“叫停”的方式终止部分办学质量不达标的机构和项目，是一种以问责问效的态势施加给办学者的举措。但事实上，这些机构和项目均是依法依规，按照中外办学者协议和机构、项目章程需要终止，由办学者报请后办理注销登记的。如果说这次大面积的机构和项目终止，从教育主管部门依法行政的角度看有重大意义的话，实际则应当回溯至 2016 年 2 月，中共中央办公厅、国务院办公厅印发的《关于做好新时期教育对外开放工作的若干意见》（以下简称《意见》）构成这一行为的政策法规依据。《意见》明确提出中外合作办学要有“退出机制”，而终止办学正是退出的一种形式。教育部对中外合作办学采取的监管措施，形成了包括中外合作办学颁发境外学历学位证书注册认证系统、本科以上中外合作办学机构和项目信息年报制度及定期评估核查制度、办学退出机制这一套从准入到退出的全链条闭环监管体系，使得监管工作具有实际效力。

第二个事例是，2020 年 9 月教育部宣布：“受新冠肺炎疫情影响及各国（地）入境、签证、航班等政策限制，部分我国学生赴境外国家和地区留学的计划被迫改变、延迟甚至取消，不少学生面临就学困难。”针对这一现象，教育部已采取相关措施来解决这部分学生面临的现实问题。

在教育部公布的系列举措中，有一类举措是首次出现在公众视野当中，自然引发了较大的关注，且事实证明，这类举措是较为行之有效的：“允许部分中外合作办学机构和项目以及内地（祖国大陆）与港澳台合作办学机构和项目在保证教育公平的前提下，考核招录部分符合特定条件的出国留学生，双向选择，择优录取，为学生提供国内求学机会。招生不纳入国家统一招生计划，不占用高校原有招生指标，对高校其他各类招生不产生影响。”[①] 高校招生工作的原则包括双向选择、择优录取等内容。择优录取指的是高校对报名学生进行综合性的评估和判断，并组织相应的招生考试，以此来作为优秀学生选拔的依据。同时，教育部规定，该渠道入校学生的

① 《教育部应对留学难：允许部分合作办学机构增加招生名额，名单公布》，“和讯网”百家号，2020 年 9 月 16 日，https://baijiahao.baidu.com/s?id=1677958275274851137&wfr=spider&for=pc。

录取标准不得低于外方合作办学者同类专业在其本国的标准，从而为招生质量提供了有力保障。相关学生达到学业考核要求即可顺利毕业，获得的是外方高校学位证书，并可在教育部留学服务中心获得认证。针对此项工作，相关高校应制定详细且切实可行的招生规章，从招生对象、招录程序、招生标准等方面进行说明，严格保证招录工作公平公正。

根据当时公布的名单，共约 90 个中外合作办学以及内地（祖国大陆）与港澳台地区合作办学机构和项目获批开展此项工作，它们分布于北京、浙江、广东等 19 个省（市）。在目前能看到的多家中外合作办学机构（特别是独立法人中外合作办学机构）年度报告中，都提及了对这一事件的响应。

沈阳大学校长赵彦志认为，中外合作办学临时性扩招并非政策突破，属于正常依法规范办学范畴。一是符合《中外合作办学条例》第三十二条，“实施其他学历教育的中外合作办学机构招收学生，按照省、自治区、直辖市人民政府教育行政部门的规定执行”，根据该条款，中外合作办学机构的计划外招生并未受到限制，相关管理权限被下放至地方政府。此次扩招不纳入国家统一招生计划，不占用高校原有招生指标。二是符合中外合作办学评估指标体系及观测点中质量管理指标的要求，“对于实施境外教育机构学历、学位教育的专业，招生录取标准不低于境外教育机构在其所属国的录取标准”。由此可见，中外合作办学临时性扩招举措符合国家有关法律法规，它并未突破现行高考录取制度和高校学籍管理制度，而是在其框架内所做出的符合政策的调整。

（二）引进借鉴合作对象国的质量监控体系

中外合作办学由于其跨境教育的属性，天然地具备向合作国家借鉴、引进、学习其质量监控体系的优势与要求，同时在合作办学向前推进的过程中，也具有将不符合中国国情、不符合我国教育宗旨和目标的质量监控原则、指标内化和优化的义务。

2005 年，为了增进对跨境高等教育质量保障重要性的理解，支持和鼓励国际合作，并且避免低质量和不规范办学者对学生和其他利益相关者利益的损害，同时促进满足经济文化与社会需求的高质量跨境高等教育发展，联合国教育、科学及文化组织（UNESCO）和经济合作与发展组织（OECD）联合制定了《保障跨国界高等教育质量的指导方针》（Guideline for Quality Provision in Cross-border Higher Education）。欧洲同样拥有自己的区域性国际高等教育质量保障体系与相关规范。欧洲高等教育质量保障网络（ENQA, the European Network for Quality Assurance in Higher Education）便是其中的一个重要组成部分。它以促进欧洲框架内高等教育质量保障议题上的国际合作为宗旨，曾召开“博洛尼亚部长会议”，通过了“欧洲高等教育区质量保证标准和准则”（Standards and Guidelines for Quality Assurance in the European Higher Education Area）。除这两个全球和区域性的质量保障指导方针外，许多国家也提出了自己的跨境教育质量保障政策，如英国质量保障机构（QAA）发布的“高等教育学术质量与标准实施合作条款”（Code for Practice for the Assurance of Academic Quality and Standards in Higher Education: Collaborative Provisions），澳大利亚发布的“跨境教育质量战略”（Transnational Quality Strategy）等。

具体到中外合作办学而言，独立法人中外合作办学机构由于其采用董（理）事会领导下的校长负责制，在学校层面对于采用何种质量保障体系有较大的自主权，同时也要在协议和章程中表明合作对象国对于质量建设的期待和要求，更为具备借鉴引进国际教育质量保障体系的条件。以与英国高校合作共建的宁波诺丁汉大学和西交利物浦大学为例，这两所高校就较为完整地借鉴了英国方面的质量保障体系。

从宁波诺丁汉大学 2019 ~ 2020 学年质量报告中可以看出，该校从治理架构上即着手全方位地对办学质量与效益进行把控（见图 7）。

可以看到，在学校管理委员会之下的多个专委会，都具备实施质量保障、确保实现办学宗旨的职能。例如，“教学委员会”负责全校所有教与学活动的指导、咨询、管理及监督，整体把控全校教学标准及质量，同时推进专业、课程、教学管理及教学研究等方面的建设和改革，对学校教学改革与发展等重要问题进行研究、咨询和指导；人才委员会负责在公平、多元、包容的原则下，制定及调整与人力资源有关的主要计划，包括人才计划、品牌影响力计划、表彰及奖励计划等，同时监督并确保学校人才战略的实施，定期向管理委员会报告人力资源、人才战略等相关事宜的运作成

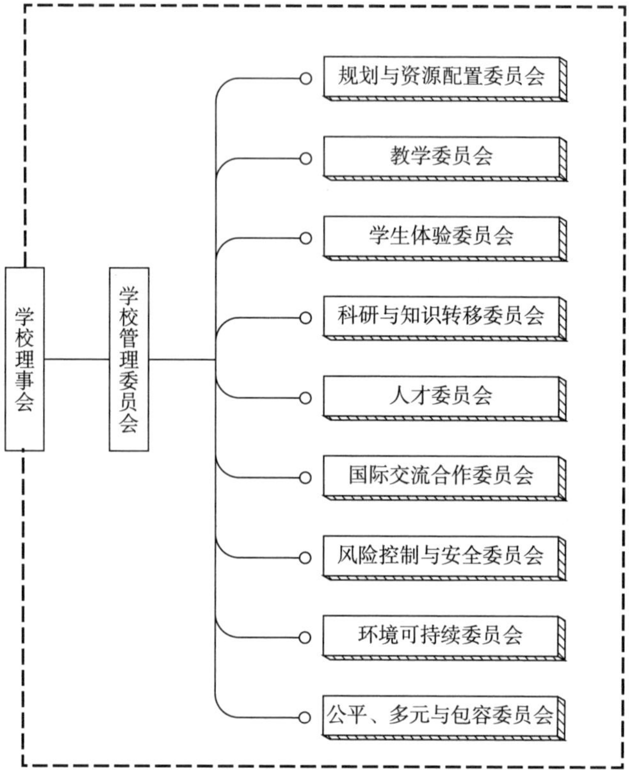

图7　宁波诺丁汉大学学生理事会管理情况

效；“公平、多元与包容委员会”旨在创造一个多样化和包容性的环境，包容和尊重不同的文化背景，以公平、多样性和以人为本的方式满足学校公平及多样性的发展需求，支持并实现学校的价值观和战略目标，采取全面、积极的办法，让在校师生都有机会尽其所能，并得到相应的认可、激励和发展。

在西交利物浦大学2019～2020学年本科教学质量报告中可以看到，该校打造了“中英融合全方位质量评估体系”，全面综合、科学合理地在国家、学校、院系、专业、课程五个层面制定质量保证措施。国家层面体现为西交利物浦大学所开设的学位项目同时受到中英两国机构的监督：除中国各级教育行政主管部门的指导和监督外，由于其为学生授予英国利物浦大学的学位而受到英国高等教育质量保障机构（QAA）的间接质量保证监控。学校层面即通过内部质量管理和外部质量保证机制持续监测与改进教学质量，为学生提供卓越的学习体验，内部的质量保证体系由其全面的委员会结构和多个质量保证项目来支持，而外部的驱动力量主要来自英国高等教育监管机构学生办公室；院系层面表现为“内部周期评审”制度，它以院系为基本单位，每四年举行一次，用以全面评估院系内所有学位专业的可持续发展性、课程教授情况以及学生培养情况，核实是否取得培养成果。专业层面即院系在每个新学年初始需要提交一份年度专业自评报告，从而对院系所开设的学位项目就实效性展开评估，综合学科发展以及行业应用等维度审视专业是否具备足够的通用性与关联性，对教学质量和学生综合学习体验给予评定。课程层面即从新课申请和现有课程大纲调整、同行评审、内部仲裁、外部考官体制等多个方面规定课程开设的科学性与规范性。通过以上这些举措，西交利物浦大学打造了一个全面、系统、科学同时又清晰明了的质量保障体系，该体系以持续改进、完善为导向，并请学生群体广泛、高度参与，以确保学生获得最佳学习体验（见图8）。

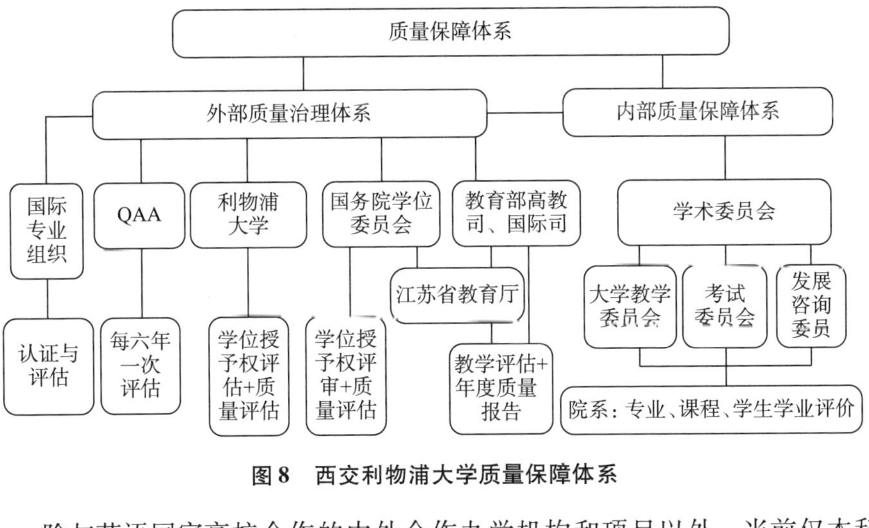

图8　西交利物浦大学质量保障体系

除与英语国家高校合作的中外合作办学机构和项目以外，当前仅本科以上中外合作办学机构和项目，其所覆盖的国家和地区已多达30个，适于引进且已经引进的质量保障体系也多种多样。总体而言，只要质量保障体系不与现行的中华人民共和国法律法规相冲突，有在合作办学机构和项目实施的可行性，即可适当借鉴引入。以与法国开展的中外合作办学为例，成立于1934年的法国工程师职衔委员会（CTI，La Commission Des Titres-d'Ingénieur）以“引导工程师教育的发展方向，保证工程师教育的质量，并保证工程师教育与欧洲及国际的工程师教育保持一致”为使命，作为法国工程师专业认证领域最具权威的机构和法国工程师职衔认证的主体，它也随着中法高等教育合作办学实践被引入国内。

随着CTI于2005年加入欧洲高等教育质量保障组织（ENQA），法国工程师教育的认证及文凭授予的方法和标准也已被纳入欧洲标准的框架之中，与欧洲工程师教育认证体系（EUR-ACE）的认证结果相互承认。CTI有32名委员，其中16名来自高校、16名来自企业，由法国高等教育及研究部任命，任期4年，聘有120名现场认证专家，包括法国专家、国际专家以及学生代表。2010年，CTI对北京航空航天大学中法工程师学院进行认证，开启了在华认证活动的序幕。中国民航大学中欧航空工程师学院、中山大学中法核工程与技术学院、上海交大—巴黎高科卓越工程师学院也先后获得认证，从而具备了颁发法国工程师文凭的资格。2017年，CTI对天津大学国际工程师学院进行了认证，这是CTI首次对我国非中法合作办学机构进行的认证。

上海交大—巴黎高科卓越工程师学院2020年度自评报告中表示，学院办学始终秉承教育部以及法国工程师职衔委员会（CTI）的严格要求来落实学院的各个教学环节，2018年学院获得CTI的认证更新，获批6年CTI最长认证期限，同时获得欧洲工程教育（EUR-ACE）认证。CTI认证反馈报告肯定了学院依托中法方合作学校，拥有突出的硬件、公共资源和强大的人力资源，生源优秀、培养模式新颖，符合社会经济发展需求。按照CTI的要求，年内学院通过自查总结，并计划未来三年的发展，完成CTI中期报告并提交。

北京航空航天大学中法工程师学院2020年度办学报告中提出：“学院培养全过程接受国际化评估，包括定期接受法国教育部总督学对预科阶段的督察以及每六年一次的法国工程师职衔委员会的评估（CTI）。同时，学院也接受包括教育部、北京市教委，学校等不同职能单位的质量监督。学院日常教学质量保障由学院在学校教务处指导下进行。除了院务会和课程群负责人外，教学质量保障还应由教学指导委员会和督导组共同参与。”

中国民航大学中欧航空工程师学院2020年度办学报告中表示，中欧学院教学质量监控体系的构建是以确保高质量通过CTI评估认证为总体目标，以切实提高任课教师的教学能力和知识水平为抓手，以保证学生毕业时具备符合教学大纲要求的知识和能力为导向，融合中法教育理念，培养适应国内外现代民航发展需求，具有较强实际操作能力和严谨工作作风的高级工程技术人才和管理人才。2017年以来，中欧学院基于CTI评估标准，结合中国民航大学实际情况，制定了从招生、学业评估到毕业审核等覆盖人才培养全过程的教学质量监控体系，建立和更新了一系列教学管理文件，主要涉及本科与研究生学籍管理、日常教学管理、考试与成绩评定质量管理、实验实习质量管理、本科毕业设计质量管理、硕士论文质量管理、师资培养等七大模块。

部分在2017年前后成立的中法合作办学机构，目前还没有完成一个完整的本科办学周期，但希望引入法国工程师培养体系的，也在筹备申请CTI的认证，以北京化工大学巴黎居里工程师学院为例，其在2020年办学年报中表示，学院将CTI认证筹备作为2020年学院行政重点工作之一，牵头组织学校相关部门和学院，同时成立了学院筹备小组，初步制定认证规划方案。

以上表明，对于国外已有较长历史、社会认知度高、广泛证明行之有效的质量保障和评估体系，国内办学主体完全可以借鉴引进，以保障自身办学质量，同时在此基础上催生出本土化的质量评估标准和评估操作体系。

（三）各机构、项目内设质量保障机制

随着中外合作办学群体的扩大、合作国别和地区的增加、办学层次和学制形式的多样化，现阶段已较难针对中外合作办学出台统一的质量保障体系。在这种情况下，各机构、项目的内设质量保障机制就显得尤为重要，它们成为机构、项目办学质量的基础和底线。

大连理工大学白俄罗斯国立大学联合学院在2020年度办学年报中提出，受全球新冠肺炎疫情的影响，本年度白俄罗斯国立大学31名教师全部开展线上授课，白大教师总计承担授课34门次、1370学时。为保障教学质量，

学院全年共组织3次远程视频面试，定期召开基础专业课教师座谈会和专业教师教学沙龙，加强教师间交流的同时有效促进各类专业课程的合作建设和发展。中白学院通过不断地研讨与实践，逐步形成了“5A”模式的教学质量监控体系，即教学管理（Administrate）—调研反馈（Assemble）—巡课检查（Audit）—审查分析（Analysis）—质量评估（Assess）。通过联合学术委员会，对培养方案课程大纲及师资队伍进行统一管理；通过教师教学效果问卷调研，打造自由开放学生反馈渠道；成立教学指导与评估专家组，进行全程实时听课、督导、考核；学院统一审查教学工作，并及时向中外负责院系反馈协调；召开教育评估会议，讨论制定教学工作报告，提交合作办学工作年报。中白学院将教学质量监管融入每一个教学环节之中，通过多渠道、多角度、多层次的评估，调动各教学主体的积极参与，确保国际合作办学教学目标的贯彻落实。

河海大学河海里尔学院在2020年度办学报告中提出，学校和学院深入贯彻落实《教育部关于全面提高高等教育质量的若干意见》，明确“以学生为主体，以教师为主导”的改革思路，紧扣“适应需求、深化特色、创新模式”的改革主线，全力推进专业、课程、教学改革，全面提升学生专业能力和综合素质。河海里尔学院聘任相关专家对学院的教学工作提出指导意见和建议；审议教学计划、教学改革措施、教学管理制度；审议、指导课程建设规划。学院领导班子高度重视教学工作，坚持质量为上，多渠道提升课程教学质量，学院领导本学期共听课20余次，组织教师座谈3次、学生座谈4次、法语学习交流会2次，积极引导鼓励学生开展评教活动，及时掌握课堂教学效果、学生学习情况，加强与教师和学生的沟通，帮助师生解决在教和学的过程中出现的问题。逐步建立适应工程师教育的教学制度，出台了《本科生班导师管理条例（试行）》，初步制定了河海里尔学院学籍管理规定、学位管理办法、学业评价体系、考务管理规定等相关的教学教务规章制度。

华东理工大学国际卓越工程师学院在2020年度办学报告中提出，严格执行主要教学环节的教学质量监控制度，对课堂教学、课程设计、考试等进行全过程管理和监控。安排院领导、专业相关负责人不定期参与课程学习，对教学活动的质量和流程进行监督提醒，鼓励不同学科教师互相听课交流，教学督导进行定期调研，对当前教学情况中存在的问题提出相关的改善建议和未来发展方向。利用微信等新媒体平台，每学期定期开展针对教师课堂教学质量，包括教师教学责任心、教学质量和总体满意度等内容的学生评教工作。基于“计划—执行—检查—调整”理念，学院从教学质量监控及教学质量保障两方面确保教学质量持续改进。闭环式教学质量监控体系，其主要内容包含：第一，每学期召开数次学生意见反馈会，学期初和学期末分别召开一次师生座谈会，及时掌握、了解教师在教学环节中出现的问题和学生的学习效果；第二，每学期末，对本学期专业培养方案执行、教师教学质量、学生学习效果进行调查，收集学生、教师对于专业培养方案的反馈信息；第三，每学期组织教学以及试卷检查活动，督促教师保质保量完成教学任务，并实时跟踪教学进度情况；第四，落实院领导、教学督导组听课制度，并做到听评课全覆盖；第五，在学院营造积极向上的育人意识，明确教学督导及教学管理人员的责任意识，从而教学质量监控体系能够有效形成闭环，提高本科教学质量。

南京理工大学中法工程师学院在2020年度办学报告中提出：建立了完善的国际化精英工程师人才培养质量保障体系，其中包含学院内部质量保障体系和外部质量保障体系。内部质量保障体系主要是，针对中外合作办学特色，制定的各项教学管理制度和学院的教学质量保障性措施，包括但不限于学校与学院制定的学籍管理、学业警示制度，定期的教学例会与教学检查和听评课，实行中法教师对接制度、班导师制度，制定法方师资派遣流程，培训新进中方教师等。外部质量保障体系包括教育主管部门检查评估、用人单位反馈环节以及法国CTI认证标准等。两者相辅相成共同构建了学院完整的国际化精英工程师人才培养质量保障体系。通过中法双方管理教学团队的共同努力，学院的教学质量不断提升，被评为2018年度南京理工大学本科教学管理先进单位。学院每学年向学校教务处提交年度教学工作报告，接受学校考核；每年按时向教育部报送关键办学数据、提交年度报告，接受上级主管部门的监管。学院所依托的南京理工大学机械工程专业和材料科学与工程专业于2019年再次通过了中国工程教育认证协会的认证（见图9）。

重视对教师教学质量的监控、评价与持续改进。除定期召开师生座谈

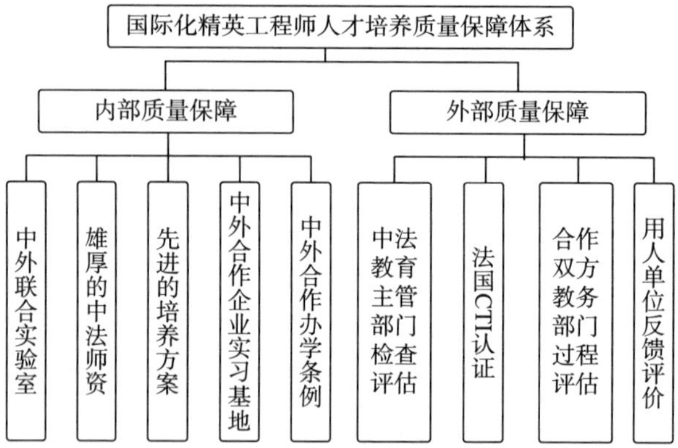

图9　国际化精英工程师人才培养质量保障体系

会外，南京理工大学中法工程师学院鼓励学生及时向任课教师反馈意见和建议，并明确要求任课教师需根据学生的评教意见改进教学内容与教学方式；所有中方教师要接受学生在南京理工大学评教系统对其所授课程的在线评价。对于法方派遣授课教师，学院制定了专门的评估问卷，要求学生从8个方面对法方教师进行全面评价。学院将收集整理的学生反馈信息及时转达给法方授课教师的同时，也将内容转达至专业协调人和学院领导。此外，学院定期进行教学检查，要求任课教师、专业协调人、学院院长定期听查课，填写听课表。根据听评课情况，学院进行专题研讨，对教师教学情况进行总结，并与在教学方式、方法上存在不足的教师进行谈心交流，加强过程控制，持续改进教学质量。积极准备CTI认证。通过CTI认证，既是学院的办学目标，又是办学质量的保障。

综合以上，可以得出结论，中外合作办学的质量保障，主要来自国家层面行政监管、引入第三方机构和标准进行监管、办学机构内部设立质量标准和自查体系进行监管。根据办学层次和性质的不同，各家机构和项目可能会综合采用一种或多种保障方式，以全面保证办学质量。

B.7 中外合作办学评估指标体系及评估报告

唐振福*

摘　要： 根据《中华人民共和国中外合作办学条例》《中华人民共和国中外合作办学条例实施办法》有关规定及政策性文件内容，国务院教育行政部门应当进一步推动对中外合作办学机构的把关监督，自行组织或委托社会中介组织作为评估主体，对其办学水平和教育质量进行评估，并及时向社会公布评估结果。

关键词： 评估指标体系　办学水平　教育质量

2009年，教育部办公厅发布《教育部办公厅关于开展中外合作办学评估工作的通知》（教外厅〔2009〕1号），启动了中外合作办学试点评估工作，对依法批准设立和举办的实施本科以上高等学历教育的中外合作办学机构和项目，以及实施境外学士学位以上教育的中外合作办学机构和项目的合格性和质量水平进行评估。评估主体呈现“自我评估为主，综合主体共同监督为辅”的组成结构，即办学机构和项目首先进行自我评估，并将评估报告和评估结果公开对外发布，接受其他主体如政府主管部门、学生、教师以及社会相关方面的共同监督。评估方案提出，通过评估旨在发挥优秀办学单位的示范引领作用，宣传和推广其办学经验；同时对办学质量不高、缺乏规范或存在严重问题的办学单位，依据相关法律法规，采取限期整改、停止招生等处罚措施。对一批无实质性办学活动或办学质量低的中外合作办学机构和项目做出了批准终止办学的决定。

2013年，教育部发布《教育部关于进一步加强高等学校中外合作办学

* 唐振福，博士，中国教育国际交流协会学术交流与研究部主任，研究方向为高等教育国际化。

质量保障工作的意见》（教外办学〔2013〕91 号），并同年启动了对临近办学期限的中外合作办学机构和项目的到期评估工作，推动依法办学，深入推动中外合作办学的规范管理工作，提高中外合作办学的质量和水平，促进其实现可持续发展。评估结论应综合考量自我评估、同行评估、社会评估，以及省（市）教育行政主管部门的评估意见，尽量减少评估主体单一可能带来的评估失衡问题。重点评估内容和关注对象主要包括管理机制、资金管理、招生和学籍管理、文凭证书管理、师资状况、教学组织以及教学质量监督等。评估结果应报教育部核准，有合格、有条件合格和不合格三种情况。合格表示基本符合中外合作办学政策法规的相关内容，在办学质量和办学效果方面有较好的表现；有条件合格表示办学在某些方面存在不符合中外合作办学政策法规的行为，但能在限期内实行纠正，并能确保整改效果；不合格表示存在严重违反中外合作办学政策法规的现象，还有较多办学质量方面的问题亟须整改完善。

2016 年，教育部启动本科及以上办学层次中外合作办学年度报告和定期评估工作。一是经批准的中外合作办学机构和项目举办院校于每年按要求登录系统填报年度报告并由学校进行网上公示，接受社会监督。二是对招生有效期满、经过一个培养周期未参加评估、评估满五年等情形开展定期评估工作。

2019 年，教育部启动中外合作办学机构和项目现场评估工作。推动中外合作办学质量保障体系建设持续优化，提升办学质量和实际效用，推进示范性中外合作办学机构和项目建设，深化中外合作办学特色发展，共同营造政府监管、社会监督、办学单位自律的良好氛围。

一　法规依据

1.《中华人民共和国中外合作办学条例》有关规定

第五条　中外合作办学必须遵守中国法律，贯彻中国的教育方针，符合中国的公共道德，不得损害中国的国家主权、安全和社会公共利益。中外合作办学应当符合中国教育事业发展的需要，保证教育教学质量，致力于培养中国社会主义建设事业的各类人才。

第三十五条　国务院教育行政部门或者省、自治区、直辖市人民政府教育行政部门及劳动行政部门等其他有关行政部门应当加强对中外合作办学机构的日常监督，组织或者委托社会中介组织对中外合作办学机构的办学水平和教育质量进行评估，并将评估结果向社会公布。

第五十六条　中外合作办学机构管理混乱、教育教学质量低下，造成恶劣影响的，由教育行政部门、劳动行政部门按照职责分工责令限期整顿并予以公告；情节严重、逾期不整顿或者经整顿仍达不到要求的，由教育行政部门、劳动行政部门按照职责分工责令停止招生、吊销中外合作办学许可证。

2.《中华人民共和国中外合作办学条例实施办法》有关规定

第五十条　实施学历教育的中外合作办学机构和项目应当通过网络、报刊等渠道，将该机构或者项目的办学层次和类别、专业设置、课程内容、招生规模、收费项目和标准等情况，每年向社会公布。

第五十三条　审批机关应当组织或者委托社会中介组织本着公开、公正、公平的原则，对实施学历教育的中外合作办学项目进行办学质量评估，并将评估结果向社会公布。

二　政策依据

1.《教育部关于进一步加强高等学校中外合作办学质量保障工作的意见》（教外办学〔2013〕91号）有关规定

关于保障高等学校中外合作办学质量建设的总日标，文件明确指出质量水平高、有示范价值的中外合作办学机构逐步增多，品牌专业和示范课程初具规模，结构和布局更加合理，质量评估标准和认证体系日趋完善，质量监管和信息公开平台基本建成，中外合作办学的良性发展推动了高等教育的深入改革，显著促进了国家和地方经济社会的发展。

文件要求建立和完善办学质量评价体系。一是建立中外合作办学的定期评估机制，通过构建“学校自我评估，学生、专家和社会综合评估”的评估主体矩阵，从多个方面对办学质量进行评估，从而有效开展中外合作办学机构评估工作，加强办学秩序管理，维护学生及相关主体的合法权益。

二是建立健全质量认证机制，推进相关机构与国际高水平教育质量评价机构合作，建立能突出体现中外合作办学特色、具有广泛社会公信力和国际竞争优势的中外合作办学质量认证标准和机制，统筹办学内部自律和外部监督的结合，从而提升行业办学质量，实现健康良性的发展。

文件强调加强全面统筹，优化布局结构。一是从举办具有或不具有法人资格的中外合作办学机构中，引进高质量办学水平的院校，发挥优质院校和学科的示范引领效应，在相近或相关领域开设学科专业，推动学科协同创新和双方良性合作；二是加强对全国中外合作办学的全面统筹规划，发挥省级教育行政部门对本地区中外合作办学的统筹管理协调作用，引导并鼓励办学基础较好的地区推进高质量且具有示范意义的中外合作办学；三是提高学科统筹规划能力，鼓励在国家急需、薄弱和空白的学科领域，以及先进制造业、现代农业和战略新兴产业等专业领域，与外国教育机构的优势学科开展合作办学。对已有一定规模的商科、管理学科以及国家控制布点学科的合作办学严格把关，严控教育资源引入门槛和标准，将我国教育主权牢牢把握在自己手中。

文件突出强调要进一步完善优质教育资源引入机制，简化不必要的审批环节，以优质教育资源作为完善引入机制的重要导向，对现有办学条件还不足但具有法人资格的高水平中外合作办学机构适当放宽。同时也要严格限制办学质量不高、在境内建立多个合作办学机构以及拟举办专业在境内较为集中的外国教育机构；既要推进合作办学的优势互补，也要坚持“以我为主、为我所用”的原则，做好优质教育资源的引进、消化、吸收和融合创新。

文件对规范办学过程管理提出明确要求，对进一步完善评估指标评价体系具有指导意义。一是完善招生机制，颁发中国高等教育学历文凭的中外合作办学机构面向中国内地（祖国大陆）学生进行招生，招生计划要纳入经教育主管部门核定的年度招生规模内，并按照国家相关规定来推进招生工作。只颁发外方合作办学者学位证书的中外合作办学机构，在不低于外方合作办学者在其国家录取标准的基础上，逐步采取与国内高考、学业水平考试、综合素质评价等方式相结合的录取模式，建立健全科学的人才评价体系和人才选拔机制。二是保障师资质量，推动建设高水平高质量的中外合作办学师资队伍。中外合作办学机构的外方教师，应从外方合作院校内选派担任；在国际上招聘教师的职业资格和学术水平应不低于外方合作办学者的标准，并使合作双方达成共识与认可。同时，要在合作协议中明确规定外方教师的规模、专业水平、任教的课程和时间等内容，并建立监督考核机制。三是加强中外合作办学收费管理。省级教育行政部门应按照国家有关规定，协同物价等部门共同推进中外合作办学收费体系的健全，同时向社会公布办学的收费项目和收费标准。

文件明确提出建立全国中外合作办学年度报告发布制度，要求各高等院校对中外合作办学机构和项目的办学理念、人才培养、学科发展、师资建设、专业课程、学生管理、治理结构、质量保障等办学情况开展全面的信息梳理和填报，并且主动通过校园网等媒介公示办学情况，接受学生和社会监督，从而推动形成优质的中外合作办学可持续发展机制。在教育部启动年度报告系统后，学校通过填报教学基本状态数据来全面系统梳理教学活动，完成数据信息积累，为撰写评估工作中所需的自评报告提供支撑材料。同时，办学信息的呈现在数据库中完成了数字化转变，而不必再为评估准备大量文字材料，简化了评估材料，有效减轻了学校评估阶段的工作压力。专家则可以通过近年来积累的原始数据和动态数据，了解学校基本情况，降低考察工作强度，确定考察重难点，使进校考察更有效率，做到有的放矢。同时，数据与进校实地考察相互印证，为专家撰写评估报告提供了事实和数据依据，使办学评估更加系统化、科学化。

2.《教育部关于当前中外合作办学若干问题的意见》（教外综〔2006〕5号）有关规定

文件对加强采用“双校园”办学模式的中外合作办学项目的管理提出了量化要求，成为区分中外合作办学与非中外合作办学活动的重要依据。文件明确指出，中外合作办学项目应当在中国教育机构内实施完整的或主要的教育教学过程。确需采用“双校园”办学模式举办中外合作办学项目的，应当依法取得行政许可。中国教育机构应当在实施此类项目中大力引进外国教育资源，并对在课程体系中扮演重要角色的外国教育资源质量进行认真评估。引进的外方课程和专业核心课程应当占中外合作办学项目全部课程和核心课程的1/3以上，外国教育机构教师担负的专业核心课程的门数和教学时数应当占中外合作办学项目全部课程和全部教学时数的 1/3 以上。以该外国教育机构名义在国际上招聘的教师，其水平应当获得外国教育机构和中国教育机构的认可。

三　评估方案

（一）评估目的

客观总结中外合作办学成功经验和做法，剖析影响中外合作办学深层次发展的关键问题，保障中外合作办学者和广大师生的合法权益，切实发挥评估工作实效。

1. 各级教育部门协同管理

教育部国际合作与交流司统筹协调全国中外合作办学评估工作，审定评估总体方案及规划，指导监督现场评估工作。专业评估机构具体实施工作，有关省级教育行政主管部门和各办学单位分别负责本行政区域和本单位的有关评估工作。

2. 国家设立评估专项经费

为保证评估的公正性和独立性，减轻参评学校的经济负担，国家设立评估专项经费。专家组评估产生的交通费、食宿费、评审费、材料费等，皆由评估具体组织部门负责落实。学校不承担相关经费开支，这对学校来讲是一次“免费的健康体检”。

（二）评估原则

一是主体性原则，要发挥学校在人才培养中的主体作用，评估要以内部检验、自觉改进问题为主。二是目标性原则，要把实现办学目标放在重要地位，以办学定位和人才培养方向作为评估导向。三是多样性原则，要推动实现多样化的办学特色，鼓励学校以国家和社会要求为依据，结合自身特色条件，制订相应的人才培养方案，自主建立质量评估标准。四是发展性原则，强调注重学校内部质量标准和质量保障体系及其长效机制的建立，推动办学质量不断提升。五是实证性原则，强调依据事实做出判断，以数据为依据、以事实来证明。

1. 学校建立自我评估制度

学校的自我评估制度是我国高等教育体系中的一种基本评估形式。学校既是人才培养的主体，也是质量保障的主体，建立并完善内部质量保障体系是学校的内在需要，成熟的自我评估机制能推动质量保障体系不断完善，在提升质量过程中发挥重要作用。有关机构开展评估工作时可以将学校历年向社会公布的中外合作办学年度报告作为参考。

2. 正确理解办学定位和人才培养目标与国家和区域经济社会发展需求的适应度

高等学校作为培养社会所需人才的重要基地，其人才培养目标必须从现实需求和社会需求出发，为经济建设和社会发展服务。国家和区域经济社会发展对人才的需求是多样的，例如学术型人才、复合型人才、应用型人才、技能型人才等。高等学校应根据具体的人才需求来制定相应的人才培养目标，进一步制定个性化的人才培养方案，形成与之相适应的课程体系。

从培养目标出发，经过若干教育教学活动，达到预期的人才培养目标，完成了一个培养过程。适应度不仅体现在学生的毕业率、就业率等方面，更主要反映在人才培养的过程中，主要包括课堂教学、课程考核、毕业论文（设计）、实验实习、第二课堂、社会实践等一系列活动。只有高度重视这些教学环节，才能保证培养质量。

3. 学生和用人单位的满意度

学生和用人单位的满意度直接体现了人才培养质量的高低。学校应建立对用人单位和毕业生的跟踪调查机制，定期了解社会用人部门的需求和毕业生的反馈，并根据反馈信息对专业设置、培养目标、培养规格、培养方案、培养方法等进行调整及改进，形成依托实践来完善人才培养模式的局面。

学生是学校教育教学质量的体现者和评价者。学校教育教学活动及其服务工作的质量，直接表现在学生的能力和素质是否得以提高，学习需要是否得以满足。学生的评价、赞誉与满意度是学校工作质量的内在标准。学校要坚持以学生为本，学校应在现实情况的基础上以学生作为开展工作的依据，提高对学生的服务水平，加强对学生的指导能力，并通过建立科学有效的评价制度和评估体系，定期了解学生对教学、管理、服务的意见和建议，从而作为改进教育教学工作的重要参考，有针对性地完善教学工作，提高学生满意度。

4. 学校正确心态迎接评估

学校在评估过程中应处理好评估与学校可持续发展的关系、硬件建设与软件建设的关系、评估工作与日常工作的关系、评估工作与建立长效机制的关系，使学校的评估工作能融于日常的教学工作和质量保障体系建设之中，维持学校正常的教学秩序。从促进学校自身发展、解决在发展过程中出现的问题的角度出发，与评估专家平等交流，坦诚交换意见，共同探讨现存问题和解决路径，为专家提供各种所需信息。遵守评估纪律，努力营造评估工作的良好氛围。

5. 学校科学推进整改工作

整改是评估工作的重要环节，也是提高办学水平的重要路径。在接到评估报告后，学校要以此作为整改的重要依据，结合本校实际情况制定整改方案，部署落实整改任务，做到认真研究、扎实改进、务求实效，不断提高办学水平和人才培养质量。整改结束后，应对整改工作的情况、取得的成效等进行总结，形成整改工作报告，接受上级教育主管部门的整改工作检查。

（三）评估程序

1. 单位自评

办学单位对照中外合作办学相关法规和政策，通过自我检查和完善，围绕评估指标体系，以依法办学和提质增效为重点，系统整理与办学密切相关的办学审批、人才培养、招生和学籍管理、文凭证书管理、项目管理、资金资产管理、师资管理、教学管理、党建工作等有关文件、制度及原始档案材料，梳理体现中外合作办学教育效果和特色的资料，加强党的领导，引进、消化国外优质教育资源，在学校教育教学改革、学科发展、提高办学质量等方面发挥引领作用，促进国家、地方经济社会发展，补齐国家人才培养短板。

2. 专家评议

评估专家针对学校提交的办学文件等材料，通过在线通讯评议、实地考察等方式，听取学校领导、机构或项目负责人、师生和管理人员的意见建议，全面考察中外合作办学机构和项目在规范办学、质量保障、资源引进等方面对院校和本地区科技、经济、教育发展的作用及存在的问题等，形成综合评估报告。

（1）材料审查原则。一是规范性判断，考察自评报告是否按照要求填写，陈述是否清晰、准确和完整；是否对照评估要求审查管理体系和实际操作，并按要求提交了相关支撑材料。二是真实性判断，通过学校官网及政府公共信息平台考察自评报告中数据的真实性和客观性，对疑问而佐证材料不充足部分加以核实。三是有效性判断，对照自评报告材料清单，考察机构或项目是否提供了所需材料，提供的材料是否有效，能够对应自评报告中的陈述。四是全面性判断，对照评估指标体系，考察机构或项目是否全面完整呈现了办学实际情况，广泛听取师生意见并接受监督，对办学质量和绩效做出客观评价，对存在的问题提出可行的改进意见等。

（2）评估考察方式。一是综合访谈，以中外合作办学年度报告、在线开展的学生满意度、社会声誉调查结果及办学单位自评报告等提供材料为基础，选择相关管理人员和师生现场访谈。二是教学观摩，结合各专业培养方案实际，随机听取理论教学课、实验实训课及实习课，注重考察国际化人才培养、实践教学的效果。三是硬件考察，考察中外合作办学教学设施如实验室、校内实习实训和创业基地的设置与专业人才培养的契合度。

四　评估指标

评估指标体系体现国家对中外合作办学的方针政策和人才培养的基本要求，反映新时代中外合作办学的特点、发展方向和新要求，关注质量保障，检验审批承诺，注重办学实际情况与审批一致，促使中外合作办学实现从强化规范性到强化规范性和强化质量并重的转型，更加符合办学规律，更好地培养德智体美劳全面发展的社会主义建设者和接班人。

（一）办学宗旨

1. 办学定位

重点考察办学是否符合中国新时期教育对外事业发展需要，培养社会主义建设者和接班人；符合学校教育事业发展定位，建设与发展纳入学校整体发展规划；专业设置及人才培养层次、培养类型、服务面向等方面是否定位明确、合理；办学情况与中外合作办学许可证、中外合作办学项目批准书信息是否相符，与招生简章宣传等是否相符。

2. 办学思路

重点考察办学是否坚持正确政治方向，立德树人；适应经济社会发展对国际化人才需要；坚持公益性办学原则。

（二）管理体系

1. 管理机构

重点考察党的建设同步谋划、党的组织同步设置、党的工作同步开展，机构方面党建工作是否写入办学章程；联合管理委员会设置是否符合法规要求，议事规则、运行机制是否有效；机构规章制度是否健全，执行情况是否良好；是否重视学生教育管理，是否建立与学生有效的沟通和服务机制；是否按规定及时向教育主管部门提交年度办学报告并面向社会公示。

2. 管理队伍

重点考察机构或项目主要行政负责人是否具有中国国籍，在中国境内定居；联合管理委员会 1/3 以上组成人员是否具有 5 年以上教育、教学经验；聘任的外籍管理人员是否具备学士以上学位和相应的职业资格证书，并具有 2 年以上教育、教学经验；管理团队国际化特色是否明显，对中方学校是否具有良好辐射效应。

（三）资金资产

1. 资产管理

重点考察机构或项目是否依法自主管理和使用中外合作办学资产；固定资产是否产权清晰，是否独立设立固定资产账户；是否存在改变土地及校舍用途的情况。

2. 资金管理

重点考察机构或项目是否在学校依法设立会计账簿或专项，统一办理收支业务，单独记账、专款专用；是否按学年或者学期收费，以人民币计收学费和其他费用；收费项目和标准是否符合国家有关规定，并向社会公布；收取费用是否主要用于教育教学活动和改善办学条件，结余经费的使用是否合法合规；外汇收支活动以及使用外汇账户情况是否符合国家外汇管理规定；机构的年度财务会计报告是否委托社会审计机构依法进行审计；办学收支是否基本平衡，可持续发展是否有保障。

（四）质量管理

1. 学籍管理

重点考察机构或项目招生是否符合中国高等教育招生录取的规定和相关程序；对实施外国教育机构学历、学位教育的专业招生录取标准是否不低于外国教育机构在其所在国的录取标准；是否建立完善的学籍管理制度，明确学生在境外教育机构的学籍注册及管理情况；生源是否来源地广泛、数量充足、质量较好，能否形成年度招生分数向好趋势；机构能否吸引境外合作院校或海外留学生就读。

2. 教学管理

重点考察机构或项目的专业培养方案是否为双方共同研究制定并推进实施，是否体现了双方教育教学的资源特色和优势；教学制度是否完善，管理机制是否有效；是否有效落实国家关于必修课程、引进外方优质教育资源的基本要求；是否组织学生参加社会实践和公益活动，实践教学、毕业论文（设计）管理是否规范。

3. 教学质量

重点考察机构或项目教学质量保障相关规章制度是否完善合理，执行情况是否良好；是否在推进“双一流”建设、开展学科国际科研合作、服务地方经济社会发展等方面发挥了比较优势；是否有接受国内外专业机构评估认证情形。

4. 文凭证书

重点考察机构或项目颁发的文凭证书与中外合作办学许可证、中外合作办学项目批准书是否相符；颁发中国学历学位证书是否按照我国的学历学位授予相关规定执行；颁发的外国教育机构的学历、学位证书，是否与该教育机构在其所属国颁发的学历、学位证书相同，并在该国获得承认。

（五）师资队伍

1. 师资评聘

重点考察机构或项目师资队伍建设、管理是否纳入学校教师工作总体布局；是否制定了符合法规和教育教学要求的中外双方师资评聘制度、标准，执行情况良好。

2. 师资状况

重点考察机构或项目思想政治教育师资是否满足机构人才培养需要；是否建立了完善的中方教师培训制度并有效执行；教师队伍是否稳定，体现国际化和多元化，对中方学校教学、科研工作有良好的提升和辐射。

（六）教学设施

1. 设施状况

重点考察机构或项目校舍和教育教学设施、仪器设备是否满足教育教学活动要求；校外实习基地等实践教学条件是否满足人才培养需要。

（七）培养质量

1. 学业鉴定

重点考察机构或项目在获得中外方教育机构授予学位、就业或国内外升学深造等方面是否具有较高比例；学生就读期间参加学业竞赛、创新创业、获得专利、公开发表论文等是否具有一定比例。

2. 学生评价

重点考察机构或项目学生对所在机构或项目教师水平、课程设置、教学效果认可度是否较高；学生对自身学业进步和未来职业发展是否有较高自信。

3. 社会评价

重点考察机构或项目学生就读期间是否参加公益和社会实践活动，并获得良好社会效果；用人单位是否对毕业生有较高评价。

（八）办学特色

1. 办学单位内部效益

重点考察机构或项目在人才培养、科学研究、国际合作等方面是否对中方学校有良好示范和辐射效应。

（九）社会效益

1. 办学单位外部效益

重点考察机构或项目与国家或地区的经济社会发展是否结合紧密，有积极的贡献。

五　评估报告

评估工作以政策为依据、问题为导向、证据为基础、客观评价为结果，要求专家在工作中做到审核材料细致、提出问题专业、帮助学校到位、评价意见公正、工作态度坚定。评估报告基于材料审查、现场考察等渠道综合做出，包括肯定性意见、存在问题和整改建议等部分，做到语言简明，内容全面，为机构和项目的规范办学与提质增效提供指导。

六　质量认证

2013 年，《教育部关于进一步加强高等学校中外合作办学质量保障工作的意见》（教外办学〔2013〕91 号）提出，引导中外合作办学发展基础较好的地区开展高水平、示范性的中外合作办学。建立质量认证机制。支持相关机构探索与国际高水平教育质量评价机构合作，建立反映中外合作办学特色、具有广泛社会公信力和国际可比性的中外合作办学质量认证标准和机制，推动行业质量提升和健康发展，加强行业办学自律。加强行业自律。中外合作办学行业组织要在教育行政部门的指导下，制订行业标准，规范行业行为，通过开展能力建设、宣传引导、研究咨询、国际合作，推动办学单位持续提升办学质量。

（一）法规依据

《中华人民共和国认证认可条例》有关规定：

第七条　国家鼓励平等互利地开展认证认可国际互认活动。认证认可国际互认活动不得损害国家安全和社会公共利益。

第十二条　境外认证机构在中华人民共和国境内设立代表机构，须向市场监督管理部门依法办理登记手续后，方可从事与所从属机构的业务范围相关的推广活动，但不得从事认证活动。

境外认证机构在中华人民共和国境内设立代表机构的登记，按照有关外商投资法律、行政法规和国家有关规定办理。

第五十七条　境外认证机构未经登记在中华人民共和国境内设立代表机构的，予以取缔，处5万元以上20万元以下的罚款。

经登记设立的境外认证机构代表机构在中华人民共和国境内从事认证活动的，责令改正，处10万元以上50万元以下的罚款，有违法所得的，没收违法所得；情节严重的，撤销批准文件，并予公布。

（二）认证机构

2018年，中国教育国际交流协会认证机构资质的申请正式获得国家认证认可监督管理委员会批准。认证类别为服务认证，认证领域为教育服务。这是教育系统单位中首家获得认监委批准的具有开展教育服务认证资质的机构。

2019年，中国教育国际交流协会制定《中外合作办学质量认证》并报国家认证认可监督管理委员会备案。

（三）认证方案

中外合作办学质量认证（以下简称“认证”）是以保障行业质量和可持续发展为目的，在中外合作办学院校自愿申请的基础上，由中国教育国际交流协会（以下简称“交流协会”）按照国家有关法规和政策规定、行业标准对其进行的质量认可和证明，是在满足中外合作办学基本办学规范的基础上对高水平示范性办学的中外合作办学机构和项目（以下简称“机构和项目”）的认可，认证服务涵盖各级各类机构和项目。

1. 认证目的

（1）配合教育主管部门加强宏观管理和过程监督。认证配合教育主管部门完善质量评价和监管体系，着眼于高水平示范性机构和项目的建设与可持续发展。

（2）促进机构和项目的自我改进与提高。在认证过程中，机构和项目不断进行自我评价、反思和改进，同行专家帮助机构和项目诊断问题、反馈并提出改进意见，为机构和项目提供进一步发展平台。

（3）为社会公众鉴别中外合作办学质量提供参考。认证对照教育主管部门、行业、社会共同认可的标准，鉴别、推广高水平示范性机构和项目，为社会各界提供权威的办学质量信息。

（4）通过国际合作使认证结果得到国际认可。为机构和项目提升国际认可度，促进中外学生国际流动创造条件。

2. 认证原则

（1）自愿性。认证活动在中外合作办学院校自愿申请、主动配合的基础上开展。

（2）公正性。认证活动秉承科学、客观、严谨、专业、公平的工作准则实施。

（3）有效性。认证结果有充分的依据，与认证目的、内容、过程一致。

（4）透明性。认证标准、办法和结果面向社会公开。

3. 认证特点

认证是一种自发的、自下而上的、具有诊断性和发展性的自律行为，认证是以目标为导向的过程性评价，通过全面的自我剖析和同行专家诊断，帮助机构和项目发现问题、解决问题，其特点包括以下几点。

（1）自律性。在自愿申请的基础上，由同行专家进行认证，体现自我约束、自我规范。

（2）过程性。通过双方互动，持续改进和提高质量；已通过认证的机构和项目进行周期性复核和随机检查。

（3）权威性。认证组成员由教育行政管理者、同行专家、学科专家、国内外评估或认证组成员、社会代表等组成，代表了各方利益相关者。

4. 认证标准

认证标准强调对被认证机构和项目整体运行机制、教育功能和内部质量保障机制的评价，以学生为中心的教育教学理念，以及学生学习产出和教育的效力，同时承认中外合作办学模式和定位的差异性。

（1）标准体系

认证标准从办学定位和宗旨、资源的配置和使用、教育教学活动和服务、组织管理和内部质量保障、公共关系和社会诚信五个维度全方位审查教育目标的实现程度，强调合作办学目标的达成、资源配置的优化、教育功能的实现以及项目整体的协调发展和持续提升。

（2）个性化指标

为充分体现和鼓励中外合作办学的特色发展，认证标准在保证质量基准同时，允许根据被认证机构和项目的具体情况由认证双方在标准框架内商定个性化指标。个性化指标一般作为二级指标添加，同时在二级指标下添加相应的观测点。

5. 认证程序

认证环节主要包括：认证申请、资格核查、签订协议、初访指导、自评自改、自评审议、现场审查、认证决定、认证后监测等。

6. 认证报告

认证报告以自评报告为核心，通过专家组听课、访谈、座谈、查阅资料、查看教学场地等方式收集、核查有关信息，在充分交换意见的基础上，对照认证标准做出评判并撰写认证综合报告。认证结果分为“授予认证”“否决认证”“延期授予认证”三种。

（1）授予认证。通过初次认证的，交流协会将授予认证证书，有效期为4~8年。在有效期内，依据监督审查结果判断证书能否保持有效性。

（2）否决认证。未通过初次认证的，则认证程序自动终止。在做出“否决认证”决定之日起一年内，交流协会不接受被否决认证组织新的认证申请。再次提出认证申请的，须按照初次认证程序重新进行。

（3）延期授予认证。在做出“延期授予认证”决定之日起 6 个月内，交流协会再次派遣认证组对被认证组织进行现场审查，并最终做出“授予认证”或“否决认证”的决定。

获证组织需定期接受监督审查，反馈整改情况和发展状况，证明其质量持续符合要求。在初次授予认证证书之日起 12 个月内接受一次监测。此后，每次监测的时间间隔不超过 12 个月，其中至少有一次为入校现场审查。交流协会根据监督审查报告及其他相关信息，做出继续保持或暂停、撤销认证证书的决定。

B.8

中外合作办学教育认证情况报告

赵如涵　于千惠*

摘　要： 教育认证是教育组织、行业协会、专业群体等依据其行业与专业特征对高校人才培养的效果进行评估的重要方式。国际教育认证体现了全球相同学科与专业之间的教育理念、教学方法等的国际标准。本报告通过调研，对目前中外合作办学采取的教育认证情况进行了梳理，并进行纵深比较，探究不同学科认证标准在认证要旨、教学要求、组织管理三方面的差异与共性，以期对我国中外合作办学的教育认证与自身体系建设有所启示。

关键词： 教育认证　国际认证　中外合作办学

随着全球化进程的加快和我国经济发展的提速，国家对国际化人才需求大幅增加。中外合作办学作为我国引进国外先进教育资源培养国家人才的重要模式之一，目前已涵盖理学、工学、农学、医学、法学、教育学、新闻传播学等 11 个学科门类，200 余个专业。与此同时，中外合作办学接轨国际化专业培养模式，引入教育认证制度以对培养过程进行国际化管理。

本研究旨在对当前中外合作办学教育体系内专业权威认证进行梳理和分析，从而为提升我国中外合作办学的学科培育与教育质量提供具有参考价值的经验。

目前，国内中外合作办学高校引入的教育认证大体可分为对教育质量的国际认证、对专业的国际认证以及对教师教学能力的国际认证三大类型。

---

* 赵如涵，中国传媒大学传播研究院教授，研究方向为传播与社会变迁、数字新闻、高等教育国际化等；于千惠，中国传媒大学硕士研究生，研究方向为新闻游戏、新闻教育。

一　中外合作办学采用的教育认证概况

（一）对教育质量的国际认证

目前，对教育质量进行国际认证的机构和范围主要有如下几种。

英国高等教育质量保证机构（The Quality Assurance Agency for Higher Education，QAA）成立于1997年，是英国高等教育大学学院签署授权的独立基金组织，并和英国主流高等教育基金组织签署合作协议。其宗旨是保障和评估英国高等教育的较优标准和质量，推动英国高校在管理水平和教学质量上得到进一步改善和提升。通过和英国高等教育研究所合作，QAA对大学或学院高等教育的标准和质量做出相关规定，并对这些标准经行发布。中外合作办学机构中，宁波诺丁汉大学目前是我国唯一获得QAA认证的高校。

国际质量评审（International Quality Review，IQR），QAA是对英国以外、世界范围内的高等教育院校的质量评价体系，旨在使国际高等教育机构在高等教育中能够达到并保持欧洲高等教育（ESG）的标准。IQR由QAA开创并进行评价。申请IQR是一个严谨且繁复的过程，时间将持续1~2年，获得认证后还将接受QAA的持续监督，QAA会定期公示评价结果。2019年，北京师范大学珠海分校国际商学部通过IQR国际质量认证第二阶段，有望在后续成为我国第一家获得IQR认证的机构。

全球质量认证（Global Quality Accreditation，GQA），是QAA于2019年11月新启动的。GQA授予通过了QAA严格的IQR国际质量评审的高等教育院校。该评审是独立的同行评审，以国际公认的欧洲高等教育质量保障标准与指南（ESG）的十项标准来衡量全球高等教育院校。GQA认证起步较晚，尚处于探索和开发阶段。

（二）对教师教学能力的国际认证

目前，中外合作办学教师教学能力认证主要集中于英国高等教育学会（Advance HE）的相关审核[①]。Advance HE是国际高等教育认证组织，致力

① Advance HE前身为Higher Fducation Academy。

于改善学生学习体验，追求卓越教学实践。相比其他认证方式，Advance HE 更注重对申请者的教学法进行考察，相关要求也更为详尽。因其具有较高的参考价值，本报告也在后文中将其纳入教学法评判标准对比的范围当中。国内中外合作办学机构，特别与英国、澳大利亚合作项目中师资多申请 Advance HE 认证。

（三）对专业的国际认证

根据调研发现，我国中外合作办学对专业的认证已经具有广泛的实践基础，依据学科分类大体可分为商学、工学和理学三类。国际公认的三项最具权威性的商学教育认证分别为美国高等商学院协会（The Association to Advance Collegiate Schools of Business，AACBS）认证，由欧洲管理发展基金会（European Foundation for Management Development，EFMD）发起实施的欧洲质量发展认证体系（European Quality Improvement System，EQUIS）认证和英国工商管理硕士协会（Association of MBAs，AMBA）认证。其中，AACSB 的认证要求被认为是最为严格的。除此之外，美国商学院认证委员会（Accreditation Council for Business Schools and Programs，ACBSP）认证侧重于职业性质的商学认证，在全球范围内也具有较大影响；英格兰及威尔士特许会计师协会（The Institute of Chartered Accountants in England and Wales，ICAEW）是英国乃至欧洲最大的专业会计师团体，其协会认证“英国皇家特许会计师（ACA）”也颇具影响力。需强调的是，有学者认为商学学科交叉性、课程交叉性较强，“集综合会计学、经济学、财务金融学、营销学和组织行为学为一体，以培养企业内部的商业和管理人才，提高其理性与科学决策能力为教学目的的一种高等教育课程”①。

工程学科的涵盖范围更加广泛。全球工学学科高等教育管理认证致力于培养相应的工程领域专业人才。英国土木工程师协会（Institute of Civil Engineers，ICE）成立于 1818 年，建立了土木工程师会员认证标准；公路工

① 黄斌：《中外商学教育发展的比较分析及其启示》，转引自周继良《商学国际认证视角下我国商学一流学科建设的现实路径——基于我国商学院通过国际认证的数据分析（2004～2018 年）》，《高等教育评论》2019 年第 1 期，第 133～135 页。

程师协会（Institute of Highway Engineers，IHE）为公路建设工程师提供会员认定与发展支持；英国皇家结构工程师协会（The Institution of Structural Engineers）被公认为世界领先的专业结构工程师的国际性会员组织；英国皇家建筑师学会（The Royal Institute of British Architects，RIBA）致力于建筑行业人才认定，制定了一系会员评估标准。

理学认证方面，英国皇家化学学会（Royal Society of Chemistry，RSC）、皇家生物学会（Royal Society of Biology，RSB）提供的化学学科、生物学科会员认证也享有盛誉。

截至 2021 年 7 月，中国大陆地区已有 29 所大学的 33 所商学院通过 AACSB 认证，也有部分高校同时通过三大认证。其中，多家中外合作办学机构引入了商科认证。例如，华东理工大学与澳大利亚堪拉大学工商管理硕士项目，获得 AACSB、AMBA 与 CAMEA（Chinese Advanced Management Education Accreditation）三项认证，上海交通大学与法国凯致商学党国际在职工商管理硕士项目获 EQUIS、AACSB 和 AMBA 三项认证，等等。

本报告将按照学科进行划分，对 AACSB、ACBSP、AMBA、EQUIS、ICAEW 五种商学专业认证进行比较；对 ICE、IHE、英国皇家结构工程师协会、RIBA 四种工学认证进行比较，对英国皇家化学学会、皇家生物学会两类理学认证进行比较。本年度，多家中外办学合作机构在疫情影响下仍坚持推进认证申请程序加快了国内引入多样化教育认证的步伐。

二　教育认证的多维比较

要对以上三门学科、多类认证的国际高等教育管理认证进行比较，由于其认证流程多样化，认证标准多元化，比较工作较为复杂。因此，首先有必要明确三门学科的认证流程，以便从流程中探究认证的不同侧重点、考察点，从而寻找三门学科在认证标准制定上的共性与个性。

（一）认证流程比较：申请考察模式与会员发展模式

商学学科的五类认证体系具有类似的认证流程。其过程如图 1 所示。商学学科认证首先需要申请个人或机构主动提出申请，经由商学项目专家、国际学者等业界人士组成检查小组，开展一系列的讨论、评估、实地调查，最后对提出申请的个人或机构进行认证资质的确认，或延长其认证有效期。值得一提的是，商学学科认证具备有效期。ACBSP 认证有效期为 10 年，AACSB 有效期为 5 年或 10 年，AMBA 和 EQUIS 认证有效期则为 3 年或 5 年。这一流程不仅适用于首次认证，也适用于认证资质的延续工作。认证有效期的设定，一定程度上帮助了申请个人及机构稳定、持续地确保各项受评标准处于较为良好的专业水平以及发展态势，以便延续其认证的有效期。

值得注意的是，ICAEW 的学徒制模式[①]并非“申请—考察”模式，而是通过吸纳学员、递进式发展授予认定资格。这与工学学科认证的流程更为相似。

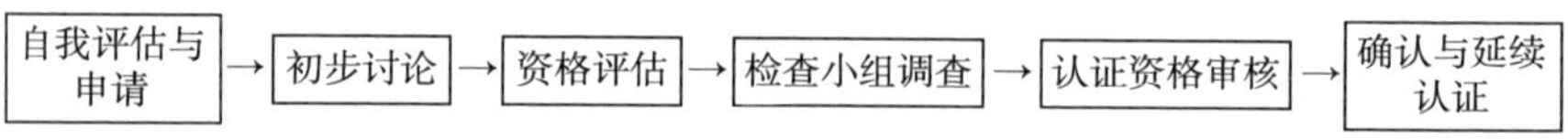

图 1　商学学科教育管理认证一般流程

工学学科认证一般流程如图 2 所示，首先，认证机构吸纳工科具体专业的在读学生为学生会员，随着学生的学习、毕业与职业发展，通过相应的考试，其身份可逐步发展为毕业生会员、候补会员及正式会员，最终经由个人在工程科学中所获成果和贡献的认定，方可成为高级会员。

图 2　工学学科教育管理认证一般流程

理学学科认证的流程与工学学科较为相似。如图 3 所示，理学学科学生首先可以通过兴趣培养成为隶属会员，随后可选择申请科学技术员认证或申请吸纳为学生会员；成为学生会员后，也可以申请认证科学学者，或成为联合会员，从而进一步发展为会员、高级会员。

由此可见，商学、工学、理学学科认证的流程可大体归纳为两种不同的模式。第一种是以商学为例的“申请—考察”模式。这种模式要求个人

---

① 李爱燕：《ICAEW 高等学徒制教育浅探》，《财会通讯》2016 年第 28 期，第 104 ~ 107 页。

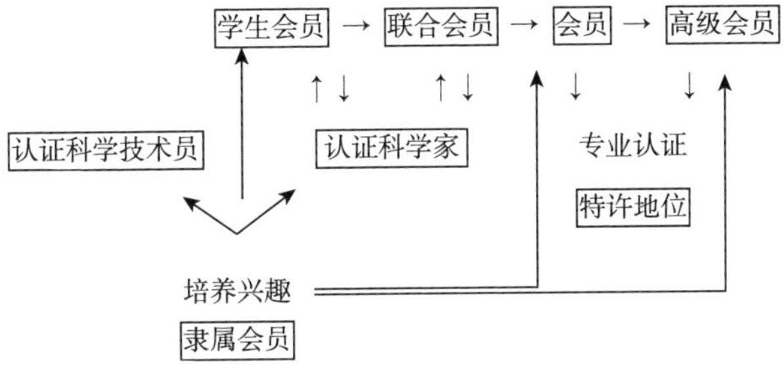

图3　理学学科教育管理认证一般流程

或机构主动发起认证申请，主动进行自我评估，随后认证机构组织成立考察小组进行各种各样的考察与认证。这一线型的认定模式之中，自我评估与申请的主动性占据重要地位，决定着随后的步骤能否顺利开展；而考察小组的考察行动决定着能否认证成功，这一部分之中渗透着认证标准的权衡，将在后文加以探讨。第二种模式可归纳为以工学、理学认证为例的“会员—发展”模式，首先吸纳学生会员，随着学位学习与工作实践的进程，逐步发展为会员及高级会员。在这一模式中，理、工学专业领域的实践经验及实践成果受到高度重视，也是层层递进式发展的所需条件。

（二）认证标准比较：宗旨引导机制与选择满足机制

商学学科高等教育管理认证机构都为认证制定了高规格标准。首先，本报告所考察的5类商学学科认证机构都对其认证目标及准则进行了较为详细的阐述，其机构宗旨或目标及认定标准原则的比较如表1所示。

例如，AACSB首先阐释了其核心理念“参与、创新、影响”以及相关准则：参与，包括学术参与、专业参与；创新，确保认证标准与流程的质量保障与标准统一；影响，确保商学教学及实践的贡献及重要影响。ACBSP也阐述了其认证原则和使命，可大致归纳为：提升教育，学会学习；师生参与，教学创新；国际指导，持续评估。① AMBA指出其评估的逻辑依据：

① “Standards and Criteria for Demonstrating Excelence Bac calaureate,” Graduate Degree Programs, http://c.ymcdn.com/sites/www.acb-sp.org/resource/colection/eb5f486d-441e-4156-9991-00d6c3a44ed1/ACBSP_Standards_and_Criteria_-_Bac-Grad.pdf?hhSearchTerms=%22standards%22.

确保认证的项目保持高水准，专注于个别项目认证而非机构或课程认证，致力于促进创新及高水平发展。其一般准则可归纳为：为利益相关者提供质量指标，认证教育最佳实践课程，提高教育管理水平，分享商学学科经验。相比之下，EQUIS 对其认证宗旨阐述体现在其认证标准之中。EQUIS 认证标准可分为三个部分：国际化标准，伦理、责任与可持续性标准，联系实践标准。EQUIS 的一般衡量标准包括多个方面：国内名誉、机构使命、管理程度、教育活动范围、教育策略、机构资源、教学力量、学员素质、学员服务、个人发展、课程项目、学术研究。ICEAW 强调以促进学员知识获取、培养其商业能力、业务技能，增进商学实际工作质量效果为目标。

表 1　5 类商学学科认证的机构宗旨或目标及认定标准或原则的比较

<table>
<tr><th colspan="2">AACSB</th><th>ACBSP</th><th>AMBA</th><th>EQUIS</th><th>ICAEW</th></tr>
<tr><td colspan="6">机构宗旨或目标</td></tr>
<tr><td>核心价值</td><td>参与、创新、影响</td><td>提升教育，学会学习
师生参与，教学创新
国际指导，持续评估</td><td>逻辑依据</td><td>一般质量准则</td><td>促进知识获取
培养商业能力
提升业务技能
增进工作质效</td></tr>
<tr><td colspan="6">认定标准或原则</td></tr>
<tr><td colspan="2">首要准则
一般准则</td><td>领导力
学院责任
社会责任</td><td>一般准则</td><td>国际化标准
伦理、责任、可持续
联系实践标准</td><td>学徒制</td></tr>
</table>

在阐明认证原则及标准后，5 类商学学科认证机构对认证的具体要求进行了阐述。首先，五类商学学科认证机构对申请个人或机构的教学标准做出较为明确的评判要求，如表 2 所示。

例如，AACSB 的三个主要标准：战略管理标准、参与者标准、教学保证标准，其中，后两项标准的具体内容涉及教学标准的评判。参与者标准包括生源情况、学员水平、职员能否足够支持学员、教员充足性、教员资历、教员的管理与支持、教职工整体教育责任感、教员个人教育责任感以及学员教育责任感。教学保证标准包括教学目标和课程内容管理。ACBSP 则重视学生及利益相关者的关注点，并且强调对学生学习及表现进行评估，从而对教学效果进行评价。与其他商学认证不同的是，AMBA 致力于为个别项目提供认证，故 AMBA 对教学标准的要求则更多地体现在商学项目设计和培养方案设计之上。EQUIS 对教学标准的评判则更加均衡，体现在其一般衡量标准之中。ICAEW 的要求有所不同，由于其采用会员制的认证模式，以个人为申请单位而非机构，故其对于教学标准的评判更倾向于个人学习及实践成果。例如，对会员申请者的所学专业内容、结业证书进行评估，以及对会员申请者是否通过 ICAEW 考试，是否通过特许会计师计划做出要求。

表 2　5 类商学学科认证的机构对于教学方面评判标准的比较

<table>
<tr><th>AACSB</th><th>ACBSP</th><th>AMBA</th><th>EQUIS</th><th colspan="2">ICAEW</th></tr>
<tr><td colspan="6">教学标准</td></tr>
<tr><td>教学管理与教学保证</td><td>战略计划</td><td>项目设计与领导力</td><td>教育活动范围</td><td rowspan="7">倾向个人的评价标准</td><td>教学内容</td></tr>
<tr><td>培养方案内容</td><td>学生及利益相关者关注点</td><td>能力、研究生素质及学习成果</td><td>教育策略</td><td>学生结业证书</td></tr>
<tr><td>师生互动</td><td>学生学习及表现的评估与分析</td><td>培养方案的深度与广度</td><td>机构资源</td><td>参加检测考试</td></tr>
<tr><td>学位项目教育高度、结构与平衡</td><td>教学设计</td><td>评估的严格性与相关要求</td><td>教学力量</td><td>特许会计师计划</td></tr>
<tr><td>教学有效性</td><td>教学项目</td><td>讲授与互动</td><td>学员素质</td><td></td></tr>
<tr><td>学术及专业参与</td><td></td><td></td><td>国际化标准</td><td></td></tr>
<tr><td></td><td></td><td></td><td>申请机构与商界联系情况</td><td></td></tr>
</table>

由于学科间存在差异，认证流程也有所不同。形式上，工学学科的认证标准具有流程化、选项化的特征，如表 3 所示。可以看到，本报告所考察的四类工学学科中，ICE、IHE、RIBA 都提供了大量的匹配条件以供申请认证者选择与自身相匹配的选项。而英国皇家结构工程师协会则提供了流程顺序，申请人须按步骤满足所列条件以完成会员身份认定。工学学科认定标准的内容则呈现具体化的特点，其中 IHE 的会员认证标准最为详尽、具体，涉及技术知识要求、行业贡献、个人责任、人际技巧、行业道德规范等多方面的要求。相比之下，ICE 的会员认证要求更侧重于该学科的专业性，对专业技能的要求较高。

表3　4类工学学科认证机构评判标准的比较

ICE（满足任意一至四项）	IHE（选择满足项）		英国皇家结构工程师协会（按顺序满足）	RIBA（满足任意一项）
负责或组织财务成果项目绩效	利用ICT知识应用技术实践技能	以分析、系统的方式，遵循信息通信技术原则解决问题、持续改进	国家资格证书	RIBA认可的第1、第2和第3部分（或同等学力）
以策略、技术创新在国家或国际项目中担任重要客户、设计师、承包商，或产生重要影响		审查、选择并使用恰当的技术、程序或方法开展活动	HND及同等学力	RIBA认可的第1部分和第2部分，并具有2年以上的专业经验
负责业务或业务部组织管理，实现公司目标、确保绩效跟进	在ICT方案、产品、流程、系统、服务，及应用程序设计、开发、配置、测试、调试、注入、部署、操作、迁移、维护方面做贡献	鉴别和/或应对ICT方案、服务、基础设施的问题，寻找原因、提供解决方案	认可的大学理学学士学位、大学工程学（荣誉）学位，或同等学力	已获得《专业资格证》（2005/36/EC）的国家建筑行业人员，并具有2年专业实践经验
负责或大力参与，实现公司目标、建立管理组织结构		有效选择、组织、使用资源完成ICT任务	认可的理学硕士、JBM方案管理，或通过特许会员考试	—
领导市场部门营销管理，最大限度利用商机		配置或维护ICT系统，提高性能或服务水平	通过会员考试或特许会员考试	—
出色的领导才华，刺激人员绩效最大化		保护ICT系统免受入侵、破坏、攻击、数据丢失	对关键结构工程项目、研究、教学具备责任感并具备5年以上专业经验	—
对大型项目或大量小型项目进行过营利性的定价、投标、管理工作	履行社个人责任	无严格监督的情况下，操作规范、有效完成ICT任务	—	—
掌握技术领域公认的专业知识		对自己或他人的工作承担责任	—	—
在先进的工程科学或实践的新系统或技术开发中发挥领导作用		能够接受、分配、监督技术及其他任务	—	—

续表

<table>
<tr><th>ICE
（满足任意一至四项）</th><th colspan="2">IHE
（选择满足项）</th><th>英国皇家结构工程师协会
（按顺序满足）</th><th>RIBA
（满足任意一项）</th></tr>
<tr><td>在设计或建造复杂技术及创新性产品中发挥重要作用</td><td>履行个人责任</td><td>了解和/或参与持续的质量改进</td><td>—</td><td>—</td></tr>
<tr><td>进行了显著提高工程知识水平的基础或应用性研究</td><td rowspan="2">运用有效沟通及人际交往技巧</td><td>采用口头、书面、电子方式，用英语交流技术及其他信息</td><td>—</td><td>—</td></tr>
<tr><td>在工程教育、研究、培训中发挥重要作用（ICE 监督土木工程师、鉴定者、导师等除外）</td><td>与同事、客户、供应商、公众有效合作，了解他人需求</td><td>—</td><td>—</td></tr>
<tr><td>通过机构或类似机构，为土木工程师资格认定、发展、管理、行政做出突出贡献</td><td rowspan="5">个人承诺遵守适当职业行为准则，承认对社会、职业、环境的义务</td><td>遵守所在机构的行为准则</td><td>—</td><td>—</td></tr>
<tr><td>通过与公共或非营利性机构的合作，有效展示土木工程师对社会的贡献及社会价值</td><td>管理及应用健康、安全、可靠的工作系统，了解危险识别和风险管理系统</td><td>—</td><td>—</td></tr>
<tr><td>—</td><td>了解并应用保护他人、组织、环境免受 ICT 系统运行危害的良好做法</td><td>—</td><td>—</td></tr>
<tr><td>—</td><td>执行并记录维系、增强通信技术能力所需的国家方案文件</td><td>—</td><td>—</td></tr>
<tr><td>—</td><td>履行责任时合乎道德规范</td><td>—</td><td>—</td></tr>
</table>

理学学科的认证标准在其认证流程当中有较为完整的体现。对于处在不同水平的申请人，理学学科的评判标准呈现多样性、灵活性的特点。例如，在英国皇家化学学会的会员认证过程中，隶属会员可以通过学习成为学生会员，在毕业后证明自身实践经验、提供相关学习同等学力，或者获

得专业科学学者认证，从而发展为联合会员；如果申请人尚未获得正式的隶属会员身份，则申请人需证明自身对化学科学的热情及兴趣等。英国皇家生物学会的会员认证标准也体现出类似特点。在从学生会员递进式发展的过程中，申请人可以通过较为灵活的证明方式，证明自身在生物科学领域的成果及造诣。

总的来说，三类学科的认证标准可归纳为两类机制。以商学学科为例的认证标准呈现“宗旨引导”的机制特点。认证机构确立认证的核心目标、总体准则，并发散至认证标准的方方面面，围绕其核心制定具体化的认证标准。以工学、理学学科为例的认证标准呈现“选择满足”的机制特点，由认证机构列举满足认证资质的大量可能条件或流程，而申请者需要遵循选择性满足或按步骤满足的原则，附加灵活、多样的自身证明材料进行自证。

1. 教学要求比较：整体教学法要求与个人掌握倾向

值得一提的是，在教学标准的要求当中，认定机构对专业领域认证、教学技能认证互不冲突，相反，可以实现“专业领域 + 教学技能”的双重认证。例如，在教学技能要求方面，以 AACSB 商学认证标准为例，该机构在认定标准中的学习与教学（Learning and Teaching）部分中，要求学校以书面形式记录全面、系统的学位课程学习流程；能够设计、提供、改进学位课程计划（Curriculum），以实现学习目标（Learning Goals）；并证明已经实现了该目标。AACSB 对学士学位项目及以上的教师在教学法上的要求如表 4 所示。

表 4　AACSB 对学士学位项目及以上的教师在教学法上的要求

基本技能领域	基本商学知识领域	技术能力
有效的书面及口头交流能力	国际社会背景下的经济、政治、规制、法律、技术、社会组织环境	有证据支撑的决策，整合现有技术与新兴技术，包括在课程中酌情应用统计工具和技术、数据管理、数据分析、信息技术
发现与解决伦理问题的能力	社会责任感，包括可持续性、多样性、伦理行为及管理方法	遵循数据的隐私及安全伦理使用及传播数据

续表

基本技能领域	基本商学知识领域	技术能力
分析性的思维能力	财务理论、分析、报告、市场	了解技术在社会中的作用，包括工作场所中行为影响的技术
处理人际关系与团队协作能力	组织中的系统与流程，包括规划设计、生产运营、供应链、营销与分销	对技术保持敏感，保有"学会学习"的心态，能够快速适应新技术
多元化及多文化工作环境适应能力	组织和社会中的群体行为、个人行为	保持高标准的认知技能，能够分析非结构化的问题，能够运用恰当方法制定、开发解决方案，并将结果有效地传达给利益相关者
反思性的思考能力	与个人专场、专业或重点领域相关的其他研究领域	—
知识的实践应用能力	—	—
整合实际业务经验的能力	—	—

在证明以上标准时，教师需要提供详细佐证材料。例如，描述与所列领域相匹配的学习经历，并指出如何定义这些领域，以及如何纳入课程计划；若课程计划中未包含学位课程一般要求的学习经历，需指明原因。教师还需要对课程进行描述，例如，如何为"学生—学生""教师—学生"创造互动的机会，建立起跨越课程类型的交流学习模式。教师可以自愿提交教学大纲，必要情况下，可通过课堂观察或其他适当方式对教师的教学法进行评估。

ACBSP 也重视教学设计：设计及介绍会计学大纲，修改会计学教学大纲已适应核心及策略性教学计划，吸取学生及利益相关者意见修改教学设计等。教学技能方面，AMBA 项目也强调教学的讲授与互动。如 MBA 课程不低于 1800 学时，包括师生互动、小组合作、个人阅读、预习与反思的时间；传统传授、在线传授方式结合，鼓励创新，保证课程连贯性完整性。对于教师的教学法，ACBSP 在标准"5. 6 学术及专业活动"（Scholarly and Professional Activities）与"6. 1 教学设计与传达"（Education Design and Delivery）之中将要求加以细化。ACBSP 对教师在教学法上的要求见表 5。

表 5　ACBSP 对教师在教学法上的要求

学术及专业活动	教学设计与传达	学位项目	会计学通用专业部分(ACPC)
参与的学术研究类型	如何发展会计学项目的设计与介绍	全日制学生完成学位所需时间	如何确定 ACPC 合适的覆盖范围
近期的出版发表情况	如何修改会计学单元任务以适应教学战略规划	传授方法（课堂、信函、独立学习、计算机远程学习等）	当 ACPC 当下领域未被商学或会计学核心课程涵盖时，该如何满足此标准
如何平衡学术参与和教育机构的专业活动任务	如何吸取学生及利益相关者的意见	获得 3 个学期（4 个季度）的学分所需覆盖时长	填写“简明课程大纲”(Abbreviated Course Syllabus)
—	会计学单元何以满足专业认证的规定要求	是否有自定进度模式	—

为了提供以上审核的证明材料，教师需要按照 ACBSP 的要求填写数个表格，对教学认证机构提出的具体要求进行自证，对教师教学水平进行考核。在其文件“6.1.6 教学（设计与传达）评估”［Education（Design and Delivery）Evaluation］部分，ACBSP 提出了更为细化的评估标准。商学项目表现评估见表 6。

表 6　商学项目表现评估

成果分析				
表现方式	衡量工具及衡量过程	近期成果	成果分析	行动或改进
衡量目标	表示周期长度	近三年的积极发展	收获与感悟	采取了何种改进或接下来有何计划

相比之下，由于学科差异，工科、理学学科认证对教学法的要求较少，在个人学历以及工作经历方面提出更为详细的要求，更加侧重于对个人学历、工作及实践经历的考量。以 IHE 为例，该机构对认定的考量可大致分为个人基本信息、学历信息、就职经历三个方面，所需提供的附件包括个人简历、学历证明、在职证明、职位证明、持续专业发展，以及就 IHE 认证的提问进行作答。

前文提及英国高等教育学会（Advance HE）主要对教师教学能力进行认证，其在2011年制定的专业认证标准，认证衡量流程可大致归纳为如下步骤（见图4）。

活动领域

A1 学习活动及/或学习大纲的设计与计划能力
A2 教学及/或为学习提供支持的能力
A3 与学生的接触及给予反馈的情况
A4 有效开展学习的环境，并有策略地为学生提供帮助和指导
A5 参与持续学科专业及教学法发展，包括研究、奖学金及评估专业实践

核心知识

K1 学科材料
K2 在学科领域中，适合学术项目的教授、学习、传达方式
K3 宏观及学科领域内学生学习的方式
K4 重视及使用合适的学习技术
K5 评估教学有效性的方式
K6 寻找学术、专业实践的具体教学侧重点，保证质量、提升质量

专业价值观

V1 尊重学生个体，尊重多元学习社群
V2 提升高等教育参与度，为学生提供更多平等机遇
V3 运用实证方法，有效利用调查、学术、专业发展成果
V4 对高等教育的宏观环境有所认知，抱有专业实践敏锐度

图4　2021年Advance HE的专业标准认证流程结构

除了个人教育简历、教学相关专业发展活动、教学哲学证明、电子推荐信，以及该流程图所列出的各项要求需提供证明材料，Advance HE认证的申请者还需要对该机构所列出的有效教学方法进行描述，并提供个人教学方面的佐证材料。

结合Advance HE的认证标准，将商学、工学与理学横向对比来看，可一窥学科认证对教学法要求的异同之处（见表7）。

表7　商学、工学与理学在教学法与教育哲学的侧重异同比较

认证标准	商学	工学、理学	Advance HE标准
基本信息：学历、工作、实践经历	整体	个人	个人
基本技能：接触、交流、技术、组织、合作等	教学	掌握	教学
学科规划与课堂设计	整体	无	个人

续表

认证标准	商学	工学、理学	Advance HE 标准
专业知识及核心知识	教学	掌握	教学
专业伦理规范价值观	教学	实践运用	教学

由此可见，商学、工学与理学学科认证的特点可总结为，商学侧重教育机构的整体教职工水平而非个人，在教育机构的宗旨引领下，对基本教学技能进行规定；工学与理学认证以申请者个人为单位，侧重个人经历，对个人的知识与技能掌握情况加以要求。商学要求认证学校及个人对专业课程有效设计、有效传授、有效评估，在专业知识、核心知识方面，要求整体教学效果，形成系统的、始终如一的、可持续发展的教学水准；工学与理学则更加强调个人知识与技能的掌握与实践应用情况，如个人的重要项目参与、研究成果等。在专业伦理规范方面，商学、工学与理学都对此高度重视，分别做出具体要求。商学强调基本伦理与专业伦理相结合，要求申请机构及个人不仅自主遵循，并且有传授伦理规范的能力；工学、理学对专业伦理规范要求也十分重视，但更侧重于利用技术、应用于实践等方面，而非教学传达。

三　对我国中外合作办学教学质量的启示

（一）根据学科特点建立完整的课程体系

从整体来看，目前我国的高等教育管理认证主要集中在专业认证上，在较大程度上依赖中外合作办学项目中的内嵌方式。我国正处于社会发展、人才需求的关键时期，引入国际认证教育符合教育国际化的现实需求。不同种类的教育认证都说明，建立完善的课程体系对专业发展，乃至对中外合作办学教学质量的全面提升具有重要意义。

例如，从商学学科认证的特点来看，教学宗旨贯穿下的课程体系建设较为完善，对教师群体进行宏观的把控和管理。其中，课程设计应遵循教育机构宗旨，课堂组织有效，课后反馈及时，同时对教学有效性进行恰当评估，形成“设计—教学—反馈—改进”的发展模式。适当借鉴商学学科的认证模式，有助于在我国中外合作办学项目的开展过程中建立标准一致、稳定发展、流程连贯的教育体系，促进我国高等教育管理认证学科由依赖模式走向自主发展，进而实现与国际标准接轨的目标。由工学及理学的认证流程可见，实践经验与工作经历是除学位获取之外的两大重要考核标准。在我国中外合作办学开展的较为侧重实践的专业领域之中，可适当调整课程设计，设置相关技术利用课程，丰富学生专业实践经历，增强专业教育针对性。结合学科特点，将“学”与“做”适当结合，建设学科体系，从而进一步缓解学生面对的“理论知识与实践脱节”“求学与就业脱节”等窘境。

（二）增加对“教学哲学”的训练与探讨

在西方高等教育认证中，教学法（Pedagogy）与教学哲学（Teaching Philosophy）作为重要评估标准受到重视，贯穿于申请机构在吸纳师资、人才管理、教学设计、反馈评价的各个环节，这证明教学法与教育哲学在保证学生学习质量、保证学校教育水平等方面起到关键作用。而我国的教学法与教育哲学面临缺位，亟待发展。

美国当代教育哲学家乔治·奈勒指出，“教育哲学就是形式哲学在教育领域中的应用。教育哲学像普通哲学一样，是思辨的、规范的和批判的”①。增设对教育哲学的训练，从对教学从业者培养及训练，到学界对教学法的讨论与发展，有助于形成科学的、系统的教学方法，提高教学有效性的同时加强教职工团队职业伦理建设，从而更加有效地、有方法、有遵循地展开教学活动。

（三）专业知识与教法论的融合

从西方高等教育认证模式中吸取经验，教学法与教育哲学应当与专业领域知识相结合，发展培养专业领域内的教育人才，开展深耕专业知识、保证教学水平的“专业—教法”相融合式的教育活动。例如，在商学学科认证中，认证机构对教学方法的考量寓于对专业课程的衡量之中，如课堂

① 乔治·F. 奈勒：《教育哲学导论》，教育科学出版社，1982，第28页。

设计、师生互动等环节中；英国高等教育认证对专业知识与教学观念两方面分别进行考量，分为“核心知识”与“价值观”两方面。这些认证标准侧面印证了专业知识和教学法缺一不可，二者应当共同发展。

步入21世纪20年代，我国面临技术快速变革，社会发展需要大量人才的现状。这要求我国中外合作办学需要专业知识、教学方法“两手抓”，促进专业知识与教法论相融合，提高合作办学项目下中外教职工个人素养和知识水平，保障教学机构整体教学模式持续创新以科学有效的方法增进专业知识的教学传授能力，切实有效地推动我国中外合作办学的发展。国际教育认证的引入，有利于中外合作办学主体对项目的教学模式、教学效果、培养流程与行政管理机制等各环节进行全球对标。在保障中外合作办学质量的同时，教育认证为学生提供了反权威的专业支持，也为我国建立自己的专业认证体系提供了可借鉴的参照。

参考文献

张健儒、赵平：《美国 AACSB International、英国 AMBA 及欧洲 EQUIS 高等管理教育认证机构的比较对我国 MBA 项目的启示》，《学位与研究生教育》2006 年第 6 期。

案 例 篇

Case Reports

B.9 国际科教合作平台：中国科学院大学中丹学院

赵　红　殷有薇*

摘　要： 中国—丹麦科研教育中心成立于2011年9月，是经教育部批准的中国科学院大学中外合作办学机构，旨在发展和加强中国与丹麦之间的教育合作，增加中丹两国学生及科研人员的交流互动。本报告旨在对中丹学院的办学历史与经验进行梳理，希冀为未来中外合作办学实践提供参考。

关键词： 中丹学院　信息技术　中国科学院　中外合作办学

一　学院概况

中国—丹麦科研教育中心（以下简称“中丹中心”）坐落于风光旖旎的

* 赵红，中国科学院大学中丹学院院长，教授，研究方向为品牌战略、数字营销、创新管理；殷有薇，中国科学院大学中丹学院招生主管。

北京怀柔雁栖湖畔，是由中丹两国共同发起创建的科教合作平台。中丹中心成立于2011年9月，是经教育部批准的中国科学院大学中外合作办学机构，旨在发展和加强中丹之间的教育合作，加强中丹两国学生及科研人员的交流互动。

中丹学院是由中国科学院大学与丹麦高等教育和科学部携丹麦全部8所研究型高等院校共同发起创建的科教合作平台，哥本哈根大学、奥胡斯大学、南丹麦大学、奥尔堡大学、罗斯基勒大学、丹麦技术大学、哥本哈根商学院和哥本哈根信息技术大学联合参与了教学、科研和管理工作。这是一项前所未有的合作，从没有任何一个国家与中国高等教育机构有过如此广泛且密切的合作。

依托于中国科学院上百家研究所/学院以及丹麦八所大学的科研、教育资源，中丹项目有着自己清晰的定位，始终本着“文化融合，学科交叉”的办学思路，通过中丹双导师制、中外教师英语授课、中外学生同班上课的形式，以学科最前沿的知识为基础，采取国内外先进的教学方法，倡导跨学科思维，鼓励创新意识，博采中丹科教优势资源，立志于培养拥有跨学科思维、具备创新意识、通晓国际规则、具有国际视野和国际竞争力的创新与创业高端人才。

中丹双方选择优势学科开展科教合作，从2012年招收第一届硕士和博士研究生至今，在6个领域（水与环境、可再生能源、纳米科学与技术、生命科学、社会科学、食品安全与健康）和8个项目（水与环境科学、神经科学与神经影像、创新管理、公共管理与社会发展、纳米科学与技术、生命科学工程与信息学、化工与生物化学工程、食品安全与健康）开展硕士、博士层次研究生招生和培养。

学院每年招收约160名硕士研究生（含60名留学生）、45名博士研究生（含15名留学生）。现阶段，学院共有在读学生625人（含218名留学生）。国际学生生源以丹麦为主，还有德国、意大利、挪威、西班牙、法国、英国、希腊、瑞典等近50个国家。丹麦籍学生占国际学生总数的70%，体现了生源国际化的多样性特征。

二　两国政府高度重视，搭建双方科教和学生培养的平台

早在十多年前，丹麦高校和相关高等教育机构就被中国飞速发展的科教力量和人才潜力所吸引，经多方沟通接洽，最终促成了中丹科教合作平台——中丹学院的诞生。

2008 年 10 月 23 日，中丹双方签订《中国科学院研究生院与丹麦科技创新部、丹麦高校联盟合作备忘录》。2010 年 4 月 12 日，在时任国务院总理温家宝和丹麦首相拉斯穆森（Lars Løkke Rasmussen）的共同见证下，中丹双方签订了《中国科学院研究生院中国—丹麦科研教育中心合作伙伴协议》和《中国科学院研究生院雁栖湖校区中国—丹麦科研教育中心建设、维护和运行协议》。

2011 年 9 月 8 日，中科院白春礼院长和丹麦科技创新高教部常务秘书彼得森（Uffe Toudal Pedersen）为中丹中心、中丹学院揭牌。

2012 年 9 月 10 日，中丹学院召开第一届开学典礼，时任丹麦首相赫勒·托宁·施密特（Helle Thorning-Schmidt）女士与院长出席开学典礼，并分别做演讲，对中丹中心的发展给予了肯定和支持。

2014 年 4 月 26 日，丹麦女王玛格丽特二世（Margrethe II）出席中丹中心大楼奠基仪式，与白春礼院长一同为大楼奠基培土。中丹中心大楼由丹麦工业基金会出资建造，由丹麦建筑设计事务所 Lundgaard & Tranberg 设计，并由丹麦 COWI 公司提供主要的工程咨询方案。

2017 年 9 月 25 日，中国—丹麦科研教育中心大楼落成启用仪式在中国科学院大学雁栖湖校区举行，全国人大常委会副委员长张宝文，中国科学院院长、党组书记白春礼院士与来华访问的丹麦王储腓特烈，共同出席了中丹科教中心大楼落成启用仪式。丹麦王储腓特烈亲手向白春礼院士移交了象征大楼所有权的钥匙。中丹两国 500 多名师生参加了大楼落成启用仪式。

历经三年建成的中丹科教中心大楼，已成为连接中丹双方教育、学术、文化交流，科研与企业合作的重要平台，成为象征中丹两国人民友好交流和深厚情谊的标志性建筑（见图 1、图 2）。

图1　中国—丹麦科研教育中心大楼（外景）

资料来源：中国科学院大学中丹学院官方信息。

图2　中国—丹麦科研教育中心大楼（内景）

资料来源：中国科学院大学中丹学院官方信息。

2018 年 1 月 17 日，时任国务院副总理刘延东来到中国科学院大学雁栖湖校区进行考察，了解国科大建设发展情况，并参观中丹科教中心大楼，与中外学生互动交流，深入了解他们的学习、生活情况。

丹麦王国驻华大使戴世阁先生 2016 至 2019 年连续四年出席学院毕业典礼暨学位授予仪式并致辞，见证中丹学院学子毕业这一重要的人生时刻，勉励毕业生将所学的知识和技能运用到中国、丹麦，甚至世界上的任何国家，推动中丹以及世界其他国家之间的合作。

2010 年 4 月，《中国科学院研究生院中国—丹麦科研教育中心合作伙伴协议》正式签署，标志着中丹项目的建设正式拉开序幕。2020 年 12 月 11 日，中丹中心合作项目成立十周年暨《中丹中心国际报告 2020——能源转型合作》发布会顺利举行，回望走过的十年，更是下一段合作征程的开始。

三　创新中外合作办学党建工作机制，保障中丹教育工作健康发展

中丹学院作为中外合作办学机构，始终将党建工作摆在重要位置。在校组织部和国际教育党委的领导下，中丹学院的教工支部和学生支部认真做好管理和组织建设，优化支部设置，按期换届选举，配齐配强支部书记，强化基层组织监督职能；认真落实从严治党的要求，推进“两学一做”学习教育常态化、制度化；抓好基层党组织的党风廉政建设和反腐工作。

作为中外合作办学机构，中丹学院的党建工作注重创新文化和活动的国际化，积极组织各类具有国际特色的活动，推动中丹双方师生的交流与合作。

在学院多元文化背景下，各基层党组织通过组织各类活动，倡导中国学生和国际学生、师生之间的彼此尊重和相互包容，倡导和而不同，充分发挥各自文化优势。在平等交流、学习、相互包容的基础上，以开放的胸怀对待世界上一切进步的文化，从而为培养通晓国际规则、具有国际视野和国际竞争力的高端人才打好基础。

同时，国际教育联合党委指导带领各支部认真开展“1（中国概况）+ X（专题讲座）”计划，加强学生思政工作。通过“中国概况”等课程使学生真正了解中国实情，公证、客观评价中国。邀请高水平专家做专题报告，宣讲“一带一路”建设的意义与美好愿景。组织各种活动，让中外师生全面了解中国共产党领导中国人民建设中国特色社会主义的伟大实践及取得的成就，宣传“人类命运共同体”伟大构想，增强学生“人类命运共同体”意识。积极落实“课程思政”引领教育的“初心”和“使命”，确保各类课程与思想政治理论课同向同行、协同增效。

四 融合中丹双方优质科教资源，遴选优秀师资参与中丹项目

中丹学院融合了中丹两国的优质科教资源和优秀师资。在引进优质教育资源方面，中丹学院与丹麦高校的合作建立在国科大与丹麦 8 所大学的基础之上，从每一所大学里挑选出最优秀的专业、最优秀的老师、最优秀的科教工作者，开始了融合型科教协同的研究生培养创新之路。

国科大与中国科学院所属科研机构一直坚持“科教融合”的办学模式，融合中科院科研实力较强的研究所的教育科研资源，坚持寓教于研，有效实现了研究生培养与科学研究相结合，提高了研究生的创新能力。

作为国科大的二级学院，中丹学院也一直采取科教融合模式办学，建立教师和导师队伍。学院建立并完善兼职导师备案和管理制度，通过科学院相关研究所及导师联系非科学院单位，补充部分项目教师和导师。自项目运行以来，中丹项目采取强强联合办学的运行机制，会集了中国科学院 50 多个合作研究所的优质导师、教师和科研队伍。中丹项目任课教师层次高，国际化水平高。中丹项目研究生培养特别注重实践技能训练，在学生培养过程中充分利用中国科学院研究所和学院的实验室、野外台站进行实验、实习。

以 2020 年为例，学院共有 348 位中方和外方教师参加教学工作（正高 146 位），其中科学院教师 119 位（正高 72 位）、非科学院中方教师 22 位（正高 8 位）、丹方教师 207 位（正高 66 位）。全年累计授课时数达 5100 课时。

学院中方备案导师已达 547 人，博士生导师占到 72%，导师来自中科院 58 家研究所和学院。丹方指导教师约 210 人，主要来自丹麦 8 所高校。依托中国科学院大学科教融合培养和丹方高校教育理念，中丹学院已构建了一支高水平、高素质国际化师资队伍。未来，通过院所融合，学院将邀请更多中科院的教师参与中丹项目的教学和学生培养，部分项目也将邀请国内外高水平教师参与。

五 构建教学质量保证体系，开启国际化的教学模式

引进优质的教学教育资源，是中外合作办学的核心内容。

中丹各项目所设专业课程均为一级核心课程，每门课程由各项目中丹双方教育主管共同遴选两名课程负责教师（中丹双方各一名），负责组织协调此门课程；课程负责教师依据教师科研水平、教师间国际合作情况等选拔优秀授课团队，课程由中方（中科院各培养单位）、丹方（丹麦8所大学）及第三方教师共同参与授课。

中丹学院采用全英文授课模式，课程没有固定教材，每门课程使用的都是由授课教师精选的刊登相关经典文章的期刊和参考教材。课程采用中西方结合的教学方法，授课形式有课堂交流、小组讨论、汇报展示等；考试形式也多样化，有读书报告、小组作业、闭卷笔试、开卷笔试、口语考试等。每一次书面作业都会采用查重系统进行查重，以规范学生学术写作能力与学术道德。

中丹学院的课程和教学模式实现了教育资源的优势互补，强化了学生的综合能力。尽管教学场所在国内，但学生接受的是国际化的教学和培养模式。国外教师在教学过程中，鼓励学生发挥主观能动性，提高学生主动学习的能力和对课程的参与度。注重培养学生获取知识的能力，发现、分析并且解决问题的能力，实践动手能力，以及创新思维与批判能力。并且，丹方教授对学生的课业实践标准的要求也更加严格。在这一教学模式和教学实践中，学生极大地提升了自己的专业素质和专业能力，从而更好地适应将来求学深造或就业的需求。

同时，在全英文授课环境里，学生应用英语获取专业知识、开展科学研究，以及进行沟通与交流的能力将得到全面提升。培养学生在读研期间熟练运用语言的能力，对学生适应全球化背景下的新需求、提高自己当下及未来竞争力具有重要意义。

在教学质量保障上，中丹学院设置教学督导委员会全程进行教学监督，学院加大了对课程的督导力度，除固定的教学督导外，由学院教学委员会成员、各项目领域协调人和教学项日负责人组成专家组对各项目课程进行

随时抽查，评估课程质量、教学态度、内容方法等；同时评估课程安排，以及授课团队人数组成、职称类型、年龄构成等是否合理，并指明课程的优点和不足，一并提出改进的意见和建议。

同时，为保证教学质量和学生的满意度，学院通过搭建项目、学院两级教学委员会，以“积极沟通、求同存异、以同养异、多元发展”为原则，深度挖掘教学科研优势与专长。按各项目划分设置 8 个教学委员会（Teaching Committee），由中丹双方教育主管、一年级新生代表（中方学生和国际学生各一名）及二年级学生代表（中方学生和国际学生各一名）组成。所有教学事宜，包括教学评估均在委员会会议中进行民主讨论，各项目每年至少召开 4 次会议。在教学委员会上，国内外专家进行座谈，并借助学生的课程评价反馈，全面评估和分析教学效果，及时将相关信息反馈给授课教师，进而促使教师弥补教学短板，继续发挥现有长处，进一步扩大中丹的教育优势。

六　创新人才培养模式，培养一流国际化人才

全球化是世界经济的重要特征之一，也是世界经济发展的重要趋势。全球化的经济活动必然需要大量国际化的人才，国际化人才的培养本质上就是培养具有综合能力、国际视野、跨文化表达能力的人才。中丹项目正是顺应了经济全球化潮流，抓住了国际化、创新型、适用性人才需求旺盛的历史机遇，与丹麦大学开展高等教育深入合作，探索构建高新技术学科领域国际化高水平研究型人才模式，为中欧发展培养出具有国际视野和国际竞争力的高端人才。

学院在人才培养模式上坚持创新，主要体现在以下几个方面。

1. 中丹项目采用中丹双导师制，每位硕士和博士研究生均配备一名中方导师和一名丹方导师，让其给予学生学业和科研上的指导。学生能够接触到中丹双方的科研体系和实验设备，并从入学开始就逐步参与一线的科研项目。正是这样的科研实践，培养了研究生的创新能力和科研技能。

2. 中外教师英语授课，中外学生同班上课，课程融合了两国的教育理

念，以学科最前沿的知识为基础，采取中丹双方先进的教学方法，培养了学生的跨学科思维、创新意识和国际视野。

3. 各类学术讲座和学术实践活动进一步拓宽了学生的知识范围，增强了学生的实践能力。学院会不定期举办学术交流活动，例如纳米科学与技术项目交流研讨会、中外大学校长论坛、化学与生物化学工程项目交流研讨会、“演讲的艺术”讲座等。

各类专业学术交流活动的定期举办，使学生和教师的交流更加直接。学术研讨会已经成为中丹双方教师交流沟通的有效平台。中丹双方导师利用中丹合作项目的特色以及国际平台优势，建立长久的合作联系，共同开展课题研究并指导学生。除此之外，各类跨国企业的积极参与弥补了学院重科研不重产业化的弱点，为学生争取到优质的实习和就业机会。

4. 中丹项目的硕士研究生可申请赴丹麦参加实习、课程学习、实验室研究等交流活动；博士研究生可申请国家留学基金或国科大的资助赴丹麦合作高校联合培养 6 个月或更长时间，并跟随丹方导师开展与学位论文相关的科学研究。

5. 鼓励学生积极参加国际竞赛，学院层面加大对参与国际学术合作、国际组织活动、学术会议的支持力度，扩大国际影响力。

6. 中丹实行双学位制。学生满足中方和丹方的要求，即可申请双学位。学院制定了硕士和博士培养方案，形成中丹学院硕士和博士研究生培养工作的指导性文件，在研究生培养各个环节做好质量把控，有效保证了人才培养质量。

更重要的是，中外合作办学机构授予的双方高校毕业证书和学位证书，在国内外都得到了广泛认可。持有双方高校毕业证书和学位证书的毕业生，在未来求学和就业中更具优势。

7. 中丹双方联合培养博士研究生，是促进双方交流和科研合作的重要方式。现阶段，学院在双博士学位获得和双博士学位协议签订上也不断取得新的进展。已有 11 位博士研究生顺利获得国科大和丹方合作高校的双博士学位。

学院深化与丹方高校在双博士学位的合作。截至 2021 年 4 月，学院与奥尔堡大学、丹麦技术大学、哥本哈根大学、奥胡斯大学、罗斯基勒大学、南丹麦大学、哥本哈根商学院7所丹麦大学的不同院系建立博士联合培养关系，培养领域涉及生命科学、可再生能源、水和环境、纳米科学与技术、食品与健康六大中丹学院培养领域。

2019届和2020届的硕士毕业生中，33.5%选择了在国内外高校继续深造，国外深造的高校包括丹麦哥本哈根大学、美国康奈尔大学、新加坡国立大学、比利时安特卫普大学、香港大学、瑞典斯德哥尔摩大学、德国亥姆霍兹国家研究中心联合会于利希研究中心、加拿大康考迪亚大学、意大利都灵大学、法国波尔多大学、法国巴黎萨克雷大学等；国内深造的高校有清华大学、上海交通大学、中国环境科学研究院以及中科院各研究所等。

另外共有49名学生选择在中科院各研究所和中丹学院继续攻读博士学位，占每年硕士研究生录取人数的25%。

选择就业的毕业生的去向包含全国各个科研设计单位、国有企业、机关及事业单位等，包括国家进出口银行、宝洁、普华永道、华夏幸福、深圳华大基因、上海浦东发展银行、国网能源研究院有限公司等国内外企业，以及南方科技大学、中国林业科学研究院、中国科学院力学研究所、国家纳米科学中心、山东大学、中国人民武装警察部队工程大学、河南省共青团委、中共甘肃省纪委监委、中共石家庄市委组织部、中共山西省委政策研究室等事业单位和科研院所等。

中丹中心与中丹学院已经逐渐成为一个在国际学生教育方面的品牌，学生非常积极活跃，兼具理论和实践的扎实功底，受到中丹合作机构及用人单位的好评。

七　中外文化融合，学生活动凸显中外文化特色

学院的学生工作凸显中外文化的特色，凸显中科院国际化办学的优势。学院积极协助和支持学生开展活动，学生活动精彩纷呈，学生社团活动也开展得如火如荼，比较大的活动有毕业聚会、万圣节、圣诞节派对、春季聚会等。

学院为拓展学生活动的渠道，已经与中丹商会、瑞典商会、丹麦大使馆、丹麦文化中心、丹麦创新中心等建立长期合作，成立了中丹校友会。

每年组织举办赛龙舟、丹麦日和一系列文化艺术交流、就业指导讲座等活动。学院联合图书馆共同举办了京剧艺术讲座和展演的互动活动，让中丹学生感受中国传统文化，受到外籍教授和国际学生的欢迎和好评。除了学生自发组织瑜伽等健身活动，学院还专门请了太极拳老师教授学生太极拳，体验中国传统文化，深得中外学生尤其是留学生的喜爱。

2020 年疫情影响下，学院开展了一系列形式多样的线上学术和学生活动。党委和学院结合自身特色，围绕疫情防控策划并组织开展各类学生活动，积极引导青年参与，营造科学抗疫的氛围。在校团委青春诗会活动中，同学们制作表达抗击疫情决心的视频参赛，获得三等奖。面向全校师生策划的中丹摄影 Vlog 大赛，申报校园文化艺术节活动，有幸成为获得校团委在全校范围内资助的 4 个活动之一。参赛学生用摄影和 Vlog 作品展现他们在疫情发生后的生活和积极向上的精神面貌。作品反映了疫情下人们对美好生活的向往和探索，以及对身边美景的发现等主题。为鼓励中外方学生的互动和交流，学院组织所有学生在 2020 年秋季学期共同续写一个故事、共同创作的“中丹故事”——SDC Story。通过故事接力，每个学生不再是旁听者而是参与者。这个活动不仅增强了中外学生的互动交流，训练了学生的合作和沟通技巧，也给学生的学习生活留下了美好的回忆。

八　管理机制创新，为双方合作铺平道路

中丹项目是中丹两国政府推动的国际化人才培养项目。经过十年努力，中丹学院（中心）国际化管理团队初步形成，以中丹联合管理委员会为最高决策机构，下设中方、丹方主任各 1 名、中丹学院院长 1 名。

中丹科教中心最高决策层——中丹科教中心联合管理委员会（JMC），由丹麦高等教育科学部常务副部长、中国科学院副院长、双方大学校长、两国科学家等组成。JMC 每年召开两次会议，指导和规划中丹项目的发展战略（见图 3）。

中丹各领域/项目均设有中丹方领域协调人（Principal Coordinator）和教育项目主管（Head of Educational Programme），负责各项目的学科发展与

图 3　中丹科教中心联合管理委员会会议

资料来源：中国科学院大学中丹学院官方信息。

学科建设、中丹双方的招生和教学管理、教材编写、中丹方科研合作、产学研及校企合作、指导该学科领域开展各类学术交流活动，对该领域学术发展提出学术建议等，从而保证各项目正常有序运行。中丹项目由中丹双方人员共同参与管理，通过管理团队人员互访，逐步提高管理团队业务水平，已构建了一套创新、高效、通晓国际教育规则的中丹项目管理组织体系。

平等互利原则是中丹科教中心、中丹学院的基础，渗透到了中心及学院日常管理、教学、活动等方方面面。双方秉承平等互利原则，在管理、资金、师资和生源等方面各投入 50%；双方互相配合、互相监督、互相学习，形成和谐高效的创新型管理机制。管理团队成员分工明确，相互协作，保证了中心和学院有序运转。

从联合管理委员会到教学委员会的各级组织，中丹科教中心主任及中丹学院院长负责各类活动的日常管理，并在每年举办的会议上向联合管理委员会汇报中心、学院运行的具体情况，分析遇到的问题及可能的解决方法，并阐述今后的发展策略与重点。中丹项目组织架构架构如图

4 所示。

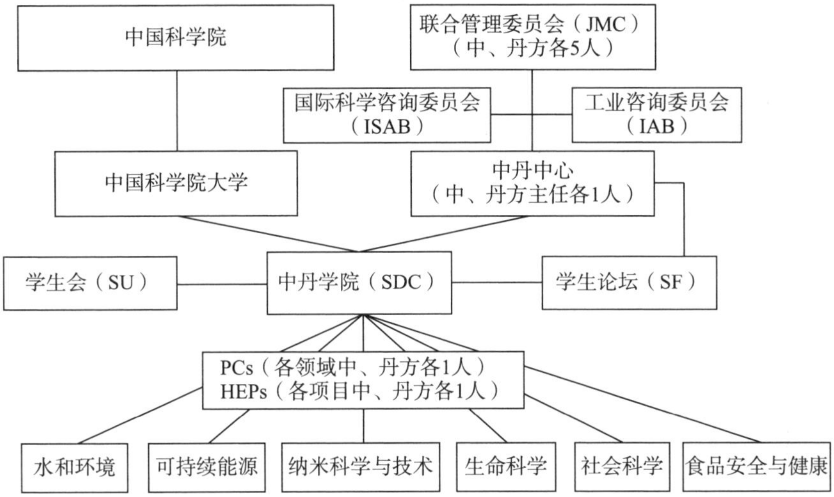

图 4　中丹项目组织架构

资料来源：根据《中国科学院研究生院中国—丹麦科研教育中心合作伙伴协议》绘制。

九　科教融合2.0助力中丹两国科技产业深度融合发展

在保障教育教学稳步发展的前提下，学院下一步将推进学院科教融合 2.0 建设，持续深度开展与企业、地方政府的产学研合作，提升中丹优秀的师资、教育资源的利用率，助力师生将科研成功转化为生产力。

学院加强了与怀柔科学城的合作，多次组织丹麦哥本哈根商学院教授、丹麦大使馆参赞与怀柔市政府、怀柔科学城建设委员会开展合作会谈。怀柔科学城与中丹科教中心建立了全面的合作交流框架，依托中丹科教中心的平台优势，架起两国国际科学合作交流的桥梁，与欧洲优秀的科学家团队进行深度合作与交流，将怀柔科学城建成科技人才的聚集地。中丹已成立了工作团队跟进怀柔科学城合作进展，建立定期交流机制，共同推动项目落地，并为科学城示范区建设、高端人才培养，以及创新政策咨询等方面提供支持。未来，双方将在生命科学、水与环境、新能源与新材料、食品安全与健康、科技创新等领域进行深度合作，加强哥本哈根科学城与怀柔科学城之间的联系交流，重点关注怀柔科学城应用研究领域示范区和科技成果转化示范区建设，精准对接，提供帮助。为人才储备培养、科学园区项目建设、创新政策咨询等方面提供支持，为怀柔科学城需求搭桥。中丹下一步将以怀柔科学城为契机，努力推动成果转化，进一步发展中丹品牌形象与文化。

B.10

中英共建经管教育：东北财经大学萨里国际学院

雷晓敏　史　达*

摘　要： 东北财经大学萨里国际学院由东北财经大学与英国萨里大学合作设立，学院开设有财务管理、工商管理和旅游管理三个工商管理类本科专业。学院以培养优秀的工商管理类本科人才为目标，探索出了“六维”朋辈育人模式。本报告旨在介绍东北财经大学萨里国际学院的中外合作办学经验，并讨论其育人工作的创新理念。

关键词： 萨里国际学院　经管教育建设　六维育人

一　引言

东北财经大学萨里国际学院由东北财经大学与英国萨里大学合作设立，学院开设有财务管理、工商管理和旅游管理三个工商管理类本科专业。学院于2007年8月获得教育部批准，经过14年办学经验沉淀，形成了一套“以本为本”，以培养优秀工商管理类本科人才为目标的“六维”朋辈育人特色人才培养模式，和一条以旅游管理一流专业引领的中外合作办学机构

---

* 雷晓敏，东北财经大学萨里国际学院党总支书记兼副院长，主要研究方向为高等学校思想政治教育；史达，东北财经大学国际商学院副院长，教授，研究方向为高等教育国际化、文化旅游。

本报告感谢周久莉、杨光、石芳芳、张琳、葛婷婷。

学科建设创新思路。

在人才培养方面，学院以培养优秀的工商管理类本科人才为目标，围绕立德树人的根本任务，按照实施素质教育的总体要求，结合学生特点因材施教，探索出了“六维”朋辈育人模式。该模式将顶层设计和具体实践有机结合，从指导思想、育人目标、育人体系、育人平台、质量保障和理论基础六个维度进行系统设计，通过朋辈管理、朋辈辅导、朋辈咨询、朋辈助长、朋辈帮扶和朋辈共进六个途径，从学生入学前、大一、大二、大三、大四、毕业后的六个阶段，在思想、能力、知识、审美、身心和个性发展六个方面，构建工商管理类学生素质教育“六维”朋辈育人模式，为社会主义建设培养卓越工商管理类本科人才。该模式集中体现了对习近平总书记在全国高校思想政治工作会议上提出的高校“培养什么人”、“如何培养人”和“为谁培养人”三个根本问题的回答。

东北财经大学萨里国际学院尝试在工商管理类本科人才培养中引入西方“朋辈教育”理念，在实践中不断发展，逐渐形成了理念明确、目标清晰、体系完善、措施有效、中西文化特点相结合的朋辈育人模式。14 年来，该模式实现了良好的育人效果，3700 余名萨里国际学院本科学生通过“六维”朋辈育人模式的培养和熏陶，成为有爱、懂感恩、会合作、能拼搏、有视野、有情怀，各方面全面发展，综合素质显著提升的优秀工商管理类本科人才。东北财经大学萨里国际学院毕业生得到了社会的普遍认可和赞誉，例如，许多继续攻读硕士学位的学生在本科毕业后被牛津大学、剑桥大学、耶鲁大学、哥伦比亚大学、北京大学、清华大学等国内外世界排名前 100 的大学录取；直接就业的学生被宝洁、苹果、摩根士丹利、汇丰银行、全球四大会计师事务所等世界 500 强企业聘用。学院毕业生获得了用人单位、研究生录取院校等社会各界的高度认可和良好评价。

学科建设方面，萨里国际学院积极响应国家建设“双一流”的号召，发挥中外合作办学机构优势，依托东北财经大学的资源，促成与合作院校萨里大学的学术合作，充分整合中外优秀高校的学术、行业、校友等资源，共建互惠互利的学术交流平台。学院广泛汲取两校优质工商管理学科资源，特别是双方在旅游管理学科上的互补优势，并在此基础上推动旅游管理一流专业建设，形成了以旅游管理一流专业引领的中外合作办学机构学科建设创新思路，努力实现一流学科建设与中外合作办学的互恰和共赢。

二 “以本为本”，“六维”朋辈育人模式

（一）“六维”朋辈育人模式的具体内容

以培养卓越工商管理类本科人才为总目标，以“朋辈互助、感恩成长”为核心思想，以“国际视野、家国情怀、诚信守善、敬业乐群、敢于创新、笃行不倦、精于管理、擅长沟通、情趣高雅、品位高尚、身强体健、心理健康”为具体育人目标，以朋辈管理、朋辈辅导、朋辈咨询、朋辈助长、朋辈帮扶和朋辈共进为育人体系，以学生社团、校园活动等为育人平台，以参照群体理论、社会学习理论等为理论基础，以朋辈育人中心、学业支持体系等为质量保障，构建“六维”朋辈育人模式，全面提升学生综合素质，实现工商管理类本科人才培养的目标（见图1）。

（二）“六维”朋辈育人模式的核心体系

该育人模式的核心体系是由朋辈管理、朋辈辅导、朋辈咨询、朋辈助长、朋辈帮扶和朋辈共进六个维度构成的朋辈互动网络（见图2）。

1. 朋辈管理。以朋辈育人中心为依托，调动学生以主人翁的姿态参与到学生社团建设中，形成“招募—选拔—培训—考核”四位一体的社团内部管理模式。各社团在学院团委和社团负责老师的指导下自主开展学生活动，主要依靠发挥社团成员作为朋辈群体的引导和带动作用，不断完善社团管理制度、绩效考核制度以及品牌活动管理制度，形成独具特色的品牌活动，增强学生自我管理、自我服务、自我发展能力。

2. 朋辈辅导。以学业支持体系为依托，从学习态度养成、课内课外辅导、学习技能提升、学风考风强化四个模块发挥朋辈辅导优势，满足学生在大学不同阶段的学习需求。如萨里国际学院在工商管理类本科生英语教学中，以学术英语学习中心为试点，创建了 writing fellow（英语写作伙伴）项目，由高年级学生为低年级学生进行一对一英语写作辅导，学生的双向参与促进了学业上的教学相长。

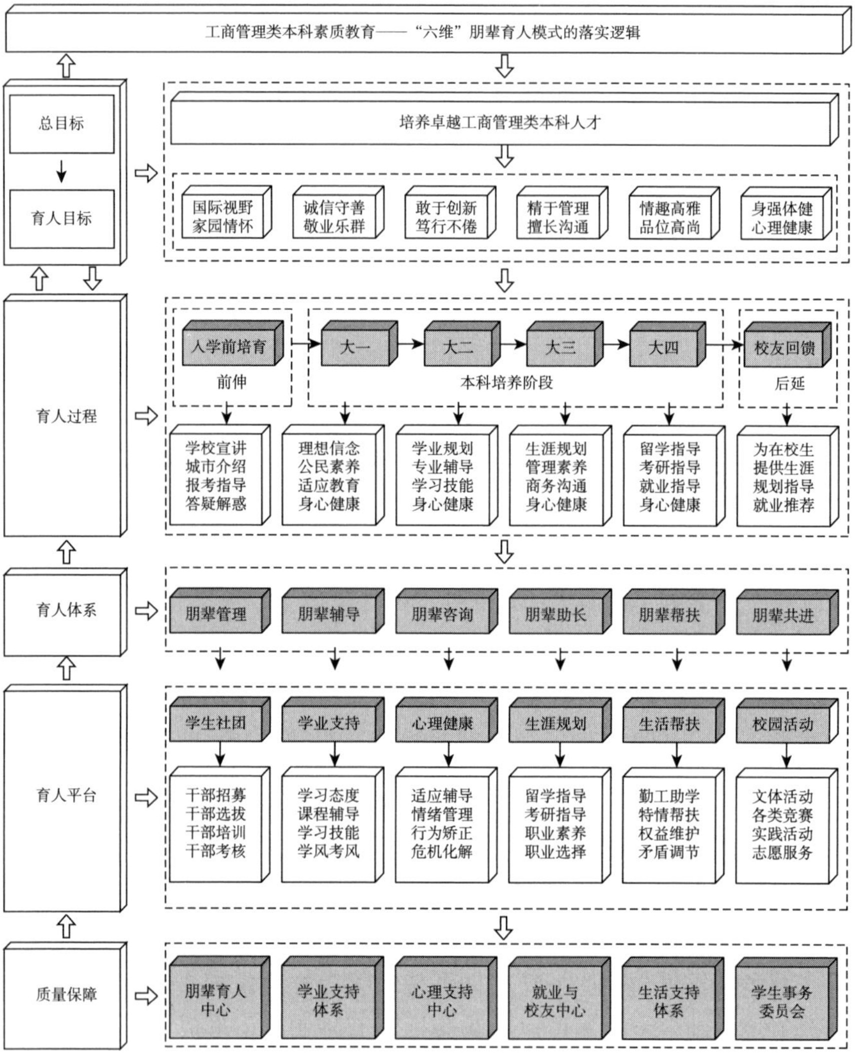

图 1　工商管理类本科素质教育——“六维”朋辈育人模式的落实逻辑

3. 朋辈咨询。以心理支持中心为依托，将国外大学心理教育中朋辈咨询模式本土化，为各个班级配备朋辈心理委员，心理支持中心对自愿报名的学生进行严格的选拔、培训、督导及后续培训，培养他们成为能为学生提供一定心理帮助的志愿者，鼓励他们参与学院心理健康教育工作的心理健康教育学生志愿服务，在学院开展的心理辅导和相关工作中发挥协助、

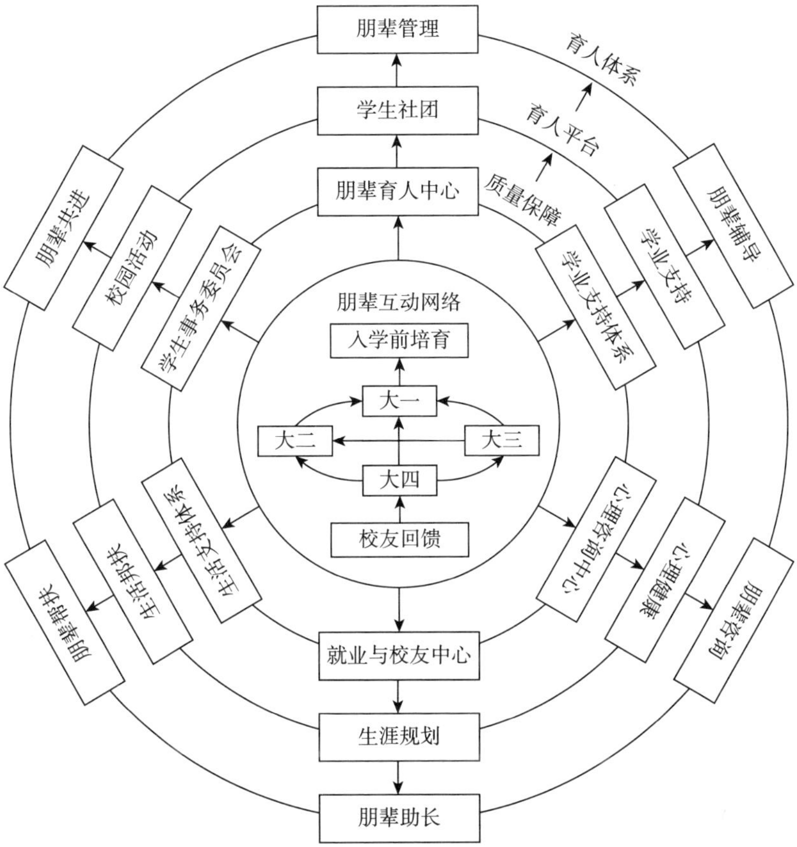

图 2　工商管理类本科素质教育——朋辈互动网络

心理支持及信息沟通的作用。

4. 朋辈助长。以就业与校友中心为依托，通过高年级学生和优秀校友开展生涯规划，以生涯工作坊、校友导师、校友沙龙、校友论坛等活动为载体，从留学指导、考研指导、职业素养培训等各个方面帮助低年级学生增强生涯规划意识，帮助在校本科生有了更为清晰的职业认知和更为直接的职业体验，并据此开展更有效的生涯规划实践。

5. 朋辈帮扶。以生活支持体系为依托，主要服务于贫困学生群体，学生会生活部和勤工助学组织的学生骨干，从校内、校外两个维度开展朋辈帮扶。校内主要协助用人单位和部门做好勤工助学人员的岗前培训和指导；校外主要开发更广泛的勤工助学资源，为贫困学生提供更多的勤工助学岗位。朋辈帮扶过程中，爱与感恩实现了良好的流动。

6. 朋辈共进。以学生事务委员会为依托，在高年级学生中挑选具有专业特长的学生担任朋辈导师，朋辈导师主动将自己在音乐、舞蹈、体育、演讲与辩论、英语等方面的优势发挥出来，以学院为单位，指导本院其他在校生更加顺利地参与到文体活动、各类竞赛、实践活动和志愿服务中，既提升了校园文化品位，朋辈"师生"也通过长效互动实现了共同进步。

（三）"六维"朋辈育人模式的实践

"六维"朋辈育人模式的构建，经过 14 年的探索和实践，是一个内涵不断丰富、体系不断完善的过程。东北财经大学萨里国际学院借鉴和参考了西方大学的学生管理理念和方法，更加注重发挥学生的自我服务、自我管理、自我教育和自我成长的作用。依托东北财经大学优良的办学传统，学院整合利用了国内外的优质教育资源，最终形成了兼具国际化和本土特色的工商管理类本科素质教育新模式——"六维"朋辈育人模式。"六维"朋辈育人模式为学生提供了充满爱与尊重的成长环境，对学生的学业成长、精神发育和人格完善起到了至关重要乃至影响一生的作用，使学生的综合素质在 18～23 岁这个关键的成长期得到全面发展。

（四）"六维"朋辈育人模式主要解决的教育问题

1. 解决了素质教育中"以人为本"的落实问题

"六维"朋辈育人模式的设计，从根本上将学生从教育客体转化为教育主体，真正实现了教育的"以人为本"。整个育人模式以学生自主参与的"自我教育、自我服务、自我管理、自我提升"为主要实现途径，遵循学生身心发展特点和教育规律，让学生在尊重和关爱中健康成长、快乐成才。

2. 突破了素质教育中主体来源单一的问题

"六维"朋辈育人模式充分挖掘育人要素，进一步整合了整个大学阶段中大学生自我教育的潜力和资源，关注学生的自我探究和自我体验，丰富了教育主体的来源，突破了师资不足的瓶颈。通过发挥与大学生有着相近生活经历、价值观念、兴趣爱好的朋辈伙伴的作用，有计划、有目的地组织大学生相互学习、相互帮助、相互促进，实现优势互补、共同成长。

3. 解决了素质教育中教育覆盖面小、辐射力弱的问题

“六维”朋辈育人模式实现了“全员育人、全过程育人、全方位育人”基础上的“个性化育人”和“延伸性育人”。朋辈式教育的开展，加强了大学生教育的针对性，可以满足不同个体不同阶段的需求，增强了教育的有效性。教育过程的“前延后伸”，将大学时期的育人过程扩展到了入学前和毕业后，进一步满足了大学生不同阶段的适应性需求，提升了育人效果。

（五）“六维”朋辈育人模式的创新之处

1. 首次在工商管理类本科素质教育中提出“六维”育人目标

萨里国际学院将明确育人目标作为实施素质教育的基本前提。该模式根据教育发展的基本规律、新时代对大学人才培养的新要求以及工商管理教育自身特色，提出了工商管理类本科素质教育的总体育人目标：培养卓越工商管理类本科人才。根据素质教育的内涵，即以提高受教育者诸方面素质为目标的教育模式，重视人的思想道德素质、能力培养、个性发展、身体健康和心理健康教育，以总体育人目标为核心，以思想、个性发展、能力、知识、审美、身心六个维度为素质教育培养方向，通过质性研究，根据扎根理论，进一步明确了工商管理类本科素质教育的具体育人目标（见表1）。

表1　工商管理类本科素质教育的“六维”育人目标

总育人目标	培养卓越工商管理类本科人才					
素质教育培养方向	思想	个性发展	能力	知识	审美	身心
具体育人目标	国际视野 家国情怀	诚信守善 敬业乐群	敢于创新 笃行不倦	精于管理 擅长沟通	情趣高雅 品位高尚	身强体健 心理健康

2. 立足“朋辈教育”的全新视角，构建“六维”育人模式

立足于工商管理类本科素质教育的育人目标，萨里国际学院通过“朋辈教育”的模式，将高校素质教育与发挥心理学、教育学等学科优势相结合，将激发学生主体性与发挥学生示范性相结合，将个体自我教育与群体自我教育相结合，对工商管理学科的素质教育模式进行了全方位的系统设

计、整体优化，从指导思想、育人目标、育人体系、育人平台、理论基础到质量保障，创新性地构建了完整而系统的工商管理类本科素质教育的“六维”朋辈育人模式，有效地将素质教育落到育人实处。

3. 形成“六段式”育人链条，实现了育人活动的前伸后延

与传统的朋辈教育大多开展于大学生在校期间特别是大一阶段不同，本模式在贯穿学生大学 4 年的基础上扩展到新生入学前和学生毕业后，实现了育人活动的前伸后延。在学生入学前、大一、大二、大三、大四、毕业后的六个阶段形成完整的育人链条，同时在新生适应教育、理想信念教育、学业指导、学生事务管理、生涯规划指导、心理健康教育、就业创业指导六个方面，搭建了既近在大学生身边又超越地域时间限制的教育平台，对学校教育向终身教育的扩展进行了有益的尝试。

（六）“六维”朋辈育人模式的应用价值

“六维”朋辈育人模式经过 14 年的实践检验，成效突出，主要体现在以下三个方面。

1. 为工商管理类本科素质教育模式创新提供了经验与借鉴

经过系统的理论阐发和丰富的教育实践，萨里国际学院在创新高校素质教育模式上，通过构建“六维”朋辈育人模式提高工商管理类本科人才培养质量的做法，得到了上级领导和教育主管部门的高度赞扬。国内大学，特别是中外合作办学机构，经常前来调研和沟通交流，并做出一致好评。此外，在国际影响力上，英国驻华大使吴百纳在访问东北财经大学期间高度评价了萨里国际学院国际化工商管理类本科人才的育人成果。在与外方的交流中，学院的育人理念、朋辈育人模式和育人效果令外方大开眼界、大为赞赏，传播了富有中国特色的素质教育思想，扩大了中国高等教育的国际影响力。

2. 学生综合素质提升，实现了良好的育人效果

“六维”朋辈育人模式适应了学生的成长和发展需求，充分提升了学生的综合素质。通过对在校生及毕业生的跟踪调研，发现：学生适应能力显著提高，心理问题减少，学生学习能力、创新能力和专业素养得到提升，人格更加健全。学生在学研、文体竞赛以及公益行动方面都取得了不俗的成绩。学院罗罡同学囊括了 CCTV 希望之星、21 世纪杯全国大学生英语竞赛等各类国家级大赛奖项；2015 级 3 班团支部被评为 2016 年全国高校“活力团支部”；星海农民工子弟小学支教项目和“小海豚”自闭症儿童关爱行动均荣获国家“芙蓉学子・榜样力量”公益行动奖；2017 年，崔译文等 3 名同学在中国互联网协会第十届全国大学生网络商务创新应用大赛中，荣获国家级特等奖；2018 年，鲍佳彤、刘志凡同学在全国第三届财经院校创新创业大赛中荣获国家级一等奖；2019 年，卢民雨同学在第九届全国大学生电子商务创新创意及创业大赛中荣获国家级一等奖；同年，庞宇婧、兰心仪同学在大学生创新创业训练计划项目中获得国家级一等奖；2020 年，何卓雅同学获得 2020 年全国大学生组织管理能力大赛一等奖，陆曦同学获得全国大学生数学竞赛省一等奖、国家级二等奖；2021 年，学院工商管理专业学生，在收到了哈佛大学、哥伦比亚大学、康奈尔大学等诸多世界顶级名校的录取通知后，最终选择前往哈佛大学进行研究生学业深造；此外，学院的运动队、舞蹈队、篮球队、排球队等多次获得各类校级比赛冠军。

基于“朋辈教育”理念实施的各项活动载体，一方面激励优秀学生提高对自身的要求，不断修正自己的品行，并通过自身的内化提高、向他人传输良好信息促使自身更好地发展；另一方面充分运用优秀学生群体的标杆示范作用，发挥他们的带动和辐射功能，以形成正面的共振和扩散效应，从而给全体大学生树立正面学习榜样。学生们在“朋辈”中学会了爱与感恩，懂得了责任和担当，培养了拼搏精神，激发了个性潜能，健全了学生人格，实现了良好的育人效果。

3. 学生毕业情况优秀，提升了学院的社会声誉

从 14 年的实践来看，萨里国际学院毕业生得到了社会的普遍认可和赞誉。在中央及地方财政、金融及其他经济管理部门、世界 500 强以及国有大中型企业，均有学院毕业生。他们在各个工作领域取得了骄人的成绩，为国家、社会和民族的进步与发展做出了突出的贡献。学院自建院实施“六维”朋辈育人模式 14 年以来，学生以良好的综合素质赢得了世界名校和知名企业的广泛认可。继续深造的学生被牛津大学、耶鲁大学、北京大学、清华大学等国内外知名学府录取，实现了人生质的飞跃。直接就业的学生

被宝洁、汇丰银行、全球四大会计师事务所等世界500强企业聘用。

素质教育的实施任重道远，育人模式的实践重在长期坚持和反复践行。东北财经大学萨里国际学院“六维”朋辈育人模式不仅作用于学生的大学阶段，它所带来的“内化于心、外化于行”的教育效果让学生受益终身，成为学生一生不竭的精神力量。

三　一流专业引领的中外合作办学机构学科建设

在我国目前高等院校旅游管理学科的办学实践中，学科建设与中外合作办学机构全维度、立体化相结合的典型案例还比较少见。有的高校重点突出与国外高校的科研合作，人才培养方面以学生交流交换为主，外方优质教育资源引入不充分，没有建立中外一体的治理结构；有的高校以中外合作办学为重点，注重旅游管理专业人才的培养，但学科点并不归属于中外合作办学机构，导致高水平师资队伍建设和学术研究方面比较薄弱，个别教师单兵作战，游离在主学科之外。

自从国家提出建设“双一流”的目标以来，建设一流专业是旅游管理专业未来发展的方向和必然趋势；而借力于国际化办学，引进优质教育资源，也是教育部门、社会公众均十分关切的重点内容。如果能将中外合作办学与旅游管理一流专业建设互相融合，充分整合中外优秀高校的学术资源，共建互惠互利的学术交流平台，将会极大地推进双方大学合作学科的发展。东北财经大学萨里国际学院对此进行了突破式的创新和探索。

东北财经大学萨里国际学院的两所合作大学——萨里大学和东北财经大学均开展旅游管理学科的建设工作。在长期的办学实践中，两校都取得了良好的办学效果。萨里大学的旅游管理专业世界排名前十、英国及欧洲排名第一。萨里国际学院承担了国家文化和旅游部、辽宁省文旅厅、大连市文旅局的相关研究项目，并与辽宁省文旅厅、大连市文旅局在地方标准制定、文旅宣传等方面开展了大量学术研究和政策咨询，具备了良好的科研基础。萨里国际学院作为中英两校的合作平台，依托中英两校的强势资源，积极促成双方科研领域的合作。通过制度创新，两所学校在价值共创的基础上，对学术研究资源、中外教学资源、行业资源、校友资源等进行深度整合，将全球顶尖与全国领先的旅游管理专业进行对接，最终以中外合作办学机构为平台，以旅游管理学科为依托，将全球化的核心教育资源、本土化的产业资源进行汇集，努力实现一流学科建设与中外合作办学的互恰和共赢。

（一）进行充分沟通，达成旅游管理学科发展共识

在萨里国际学院成立的14 年里，中英双方在人才培养等方面已经取得了很大的成绩。但面对中国致力于发展一流学科的态度，英方因学校体制、沟通机制不同和对中国国情不了解等因素，在协商的过程中对各项议程的反馈周期较长。由于文化背景和教育理念的差异，双方在交流过程中的关注点未能完全吻合。中方高等教育领导者更关注全盘战略思维和前瞻思维，英方更关注于方案涉及的个体和执行的具体细节。当中方建议先从战略层面上讨论一揽子框架协议的时候，英方则希望从单个教师间的科研合作开始，边进行边观察。

英方办学的严谨态度也是对教学质量比较重视、对学术质量和学术声誉要求较高的一种体现。所以，中方反复向英方说明情况，介绍其所面临的巨大的学术资源和学术合作潜力。通过双方在一年间的不断互访、互动，目前中英双方已达成了共识并签署了合作协议：未来双方的合作，除了坚持已有的成功经验外，主要是以“双一流”为目标，全面深入开展学术合作。

东北财经大学已受邀参加了萨里大学酒店与旅游管理学院的全球学术体系构建，并正在开展人工智能和大数据方面的合作研究；在社会服务方面，东北财经大学也邀请了萨里大学的教师作为辽宁省和大连市的智库专家，共同为地方经济建设出谋划策。两校正在积极商讨进一步合作的形式和内容。这种以人才培养为核心、以学科建设为提升、以社会服务为引导的全方面合作正在逐步形成常态。

（二）建立科研沟通机制，打造高端学术平台

就目前中国高校的中外合作办学机构而言，大多数都与母体高校中其他学院的关联度不高。已有合作多因教学实践需要而建立。这种流动是单

向的、不稳定的。为打破这种局面，东北财经大学萨里国际学院主动承担了嫁接英方资源和本国母体资源的责任。学院通过和英方的不断沟通，在充分兼顾中英双方的学术、行业等资源配置要求的前提下，成功地把英国萨里大学的商学院、酒店和旅游管理学院、法学院与本校的工商管理学院、会计学院、旅游与酒店管理学院和法学院进行了全面的对接。两校在学术层面完全打破了院系的边界，每年 9 月在东北财经大学联合举办面向全球学者的中英联合研讨会。2020 年 9 月举办了第三届中英联合研讨会。

东北财经大学原本就拥有完整的本硕博学科体系，在旅游管理学科方面也有大量的学科资源优势，并与一大批国际知名学者保持着长期的学术联系。制度创新之后，东北财经大学发挥了学科网络优势，目前已经将东北财经大学和英国萨里大学的资源相结合，并正在争取与欧洲的旅游数据中心相对接，将旅游管理的学术平台向全球化、高端化拓展。因此，双方的合作极大地推动了专业与学科的结合、国际化与本土化的结合。

东北财经大学旅游学科的国际化平台建设，已经吸引了一大批名校毕业生和加盟学院。学院利用国际化办学的财务优势，制定了师资引进的特殊政策和科研奖励办法。在奖励办法正式发布实施后，学院已经吸引到 10 余名来自全球的海外优秀教师加盟。萨里国际学院正在建立网状的、开放的科研合作团队，从而构建起连接东北财经大学与萨里大学的学术沟通机制，进而充分发挥双方优势，将旅游管理学科建设成为国内一流、国际知名、特色鲜明、理论贡献突出的重点学科，使其在未来的学科评估中，以及在学生国际交流、优秀毕业生、课程教学质量、社会服务特色与贡献等多个方面对旅游管理专业做出更大的贡献。

（三）结合两校特色，提升本硕博全梯次人才培养的质量

东北财经大学和萨里大学在人才培养、学术交流和社会声誉方面都取得了不小的成绩。东北财经大学通过萨里国际学院输送到英国萨里大学的学生，其学业表现优于其他学生，得到了英方的充分肯定。从 2007 年到 2021 年，萨里国际学院已经在人才培养、专业建设、学业支持、就业校友、学生活动等多个方面取得了丰硕的成果，并成为中外合作办学领域里的一个典范和样板。

在本科人才培养方面，萨里国际学院把人才培养方面的国际化经验辐射到东北财经大学旅游学科，为旅游学科增加由外籍教师讲授的英语语言和专业课程，拓展学生的国际化视野；招收高质量的国际学生，并使其融入国内学生的课堂中，真正实现学生来源和课堂教学的国际化。职业发展与就业指导是大学的核心功能之一。萨里国际学院参照西方大学的常用办学组织架构，在学院内增设了“职业发展中心”和“校友中心”，两大中心致力于学生的实习实训、校企合作、职业指导、校友联络等工作，同时也为教师开展学术研究和企业咨询提供服务，从而真正架接起高校与社会对接的桥梁。

在硕士人才培养方面，学院与萨里大学积极磋商，深入研究讨论萨里国际学院对学术型硕士的培养目标、培养定位，探讨如何制定科学合理的培养方案，并希望能在培养中加大政策支持力度，吸引到优秀生源。学院也计划为学生提供学术交流、国际交流等方面的资金支持，以期培养出具有国际视野和跨文化交流能力的旅游管理专业研究生。

在博士人才培养方面，通过与萨里大学的商谈，合作培养旅游管理专业博士研究生；重视优秀博士招聘工作，将其视作引进和培养学术骨干的后备力量、加强学科建设的重要任务和重要路径。

（四）加强国际交流，开展“一带一路”硕士人才培养工作

“丝绸之路”中国政府奖学金项目重点支持高新技术、基础能源、现代服务、政策与金融等四大领域的人才培养。旅游业是这四大领域之一的现代服务业的重要组成部分，在“一带一路”发展中发挥着重要作用。因此，萨里国际学院充分发挥自身优势，主动对接国家“丝绸之路”奖学金项目，并成功获批该项目的支持，以培养共建“一带一路”国家和地区旅游管理硕士专业的留学生。

为了更好地开展此硕士项目，学院采用了如下具体方法。

1. 标杆学习法

标杆学习法指的是通过自查、借鉴对比等发现自己在人才培养过程中的不足，从而及时纠正错误，引导人才培养方法和体系日趋完善的过程。具体包括三项内容：标杆学习内容、标杆学习对象、标杆学习过程和结果。

第一项是学习内容，指的是学校通过内部诊断，发现自身在“一带一路”旅游管理人才培养过程中存在的困难、问题及薄弱环节，然后将国内设有类似为外国留学生开设旅游管理硕士专业的知名院校的整体或部分最佳实践作为学习对象，与学校自身的实际情况进行比较分析，借鉴、学习其他院校的先进经验，改善自身不足，从而推动“一带一路”旅游管理人才培养方法的优化完善。

2. 专家座谈法

旨在解决“一带一路”旅游管理人才培养过程中遇到的重大问题及制定改革措施。在专家座谈过程中，遵循半结构化座谈流程和要求，邀请校内领导、学术界知名专家、业界企业家等召开座谈会，对“一带一路”旅游管理人才培养过程中的方案等提出修正意见，并商讨项目推广的可行性方案。

3. 象限规划法

旨在推进“一带一路”旅游管理人才培养过程中各个项目的实施，使项目开展有规划、有梯度、有统筹地进行。以世界标准和中国特色作为横纵坐标轴，确立四个象限区作为成果递推开展实施的战略导向，在实施过程中，以“一流学科引领”作为内涵式发展目标，逐步推进“一带一路”旅游管理硕士专业人才培养工作。

4. 迭代改进法

旨在修正完善“一带一路”旅游管理人才培养过程中实施的各种方案，并实现成果推广项目的连续性和创新性。教学改革项目不是一蹴而就的，而是需要根据实际情况的变动去不断总结、不断调整与优化，从而逐步完善的。“一带一路”旅游管理硕士专业人才培养方案实施过程中，需要定期或不定期地与学校领导、相关专家等进行座谈，不断修正，使人才培养模式长期处于动态发展和不断更新中，确保人才培养模式的科学性和效用性，从而真正发挥培养效能，实现人才培养目标。

从培养规模来看，本项目在2017～2020年已顺利招生并培养48人。从培养质量来看，项目所培养的留学生高度认同中国“一带一路”发展，尊重和热爱中国文化。他们将广泛地就职于中国及共建“一带一路”国家和地区的旅游及相关行业，将在中国与共建“一带一路”国家和地区的沟通、交流与合作中发挥积极作用。

（五）服务地方经济，发挥咨政议政作用

社会服务是萨里国际学院的另一项重要工作。由萨里国际学院史达教授牵头，与大连市文旅局创建了包括知名学者、旅游企业高管和地方旅游政府部门资深管理者的大连旅游智库。该智库以咨询服务、研究课题为纽带，以成果报告、内参为载体，以任务凝聚专家，发挥人才作为第一资源的支撑和引领作用。经东北财经大学推荐，萨里大学的多名专家成为智库的外国专家。

此外，萨里国际学院还积极与地方文旅部门和文旅企业探索文化遗产活化和代际相传工作。由萨里国际学院与大连市沙河口区文旅局共建的"沙河口区红色文化遗产活化"项目已经完成建设工作。该项工作通过挖掘大连城市内的红色文化遗产，并通过云端在线打卡与实地体验相结合的方式，将党史教育与百姓日常生活相结合、将静态学习与动态体验相结合，是目前城市红色文化遗产活化中的一个亮点。萨里国际学院还将继续受文旅部门委托，开展工业遗产和历史文化遗产的活化工作。学界、政界与产业界的常态性对话和讨论等机制已经建立，智库内政界、学界和产业界成员的战略互动不断加强，促进了智库理论与实践的结合，推动了该机制在全国范围内的形成和发展，深化了其示范效应和引导效应。

B.11 全球传播人才培养：中国传媒大学国际传媒教育学院

唐妮娜　莫尔斯*

摘　要： 中国传媒大学国际传媒教育学院是2014年9月经教育部正式批准成立的非独立法人中外合作办学机构，是中国传媒大学的直属单位。学院基于中国传媒大学新闻传播领域的学科优势，开创了“1+N”的办学模式。本报告旨在回溯国际传媒教育学院的办学历程，结合自身实践探讨中外合作办学未来的更多可能。

关键词： 中国传媒大学　国际传媒教育学院　新闻传播学

一　学院概况

中国传媒大学国际传媒教育学院是2014年9月经教育部正式批准成立的非独立法人中外合作办学机构，是中国传媒大学的直属单位。学院以“汇聚全球精英　传播中国智慧”为办学理念，以培养学生具备“熟知全球传播规则、能够参与全球传播事务竞争与合作，运用先进的、国际通行的传媒信息手段，向世界讲好中国故事，参与或领导国际团队为中国的国际化发展贡献中国价值和中国智慧”的传媒全球胜任力为人才培养定位。学院基于中国传媒大学新闻传播领域的学科优势，开创了“1+N”的办学模

* 唐妮娜，中国传媒大学国际传媒教育学院（境外学生教育中心）副院长，研究方向为高等教育合作与交流；莫尔斯，中国传媒大学国际传媒教育学院（境外学生教育中心）合作办主要负责人，研究方向为高等教育合作与交流。

式，原机构合作方为英国诺丁汉特伦特大学和美国纽约理工学院。由于美国纽约理工学院领导层更替，发展战略调整，与该校合作项目的招生于2018年起停止。中国传媒大学与美国纽约理工学院已对包括2017级在内的所有该项目在读学生做出妥善安排，为在读学生的学业完成提供了全面保障。

目前，中国传媒大学国际传媒教育学院与美国密苏里哥伦比亚大学、英国诺丁汉特伦特大学密切合作，优势互补，开展本、硕层次的办学，现有在校生500余人。2020年，学院顺利通过中外合作办学机构评估，成功申报与英国诺丁汉大学合作广告学本科教育项目，扎实推进国际合作的深化与拓展，促进学院持续、协调、健康发展。

国际传媒教育学院坚持以立德树人为根本任务，以“聚合国际传媒教育资源、服务国家发展战略与产业需求”为导向，以“人才”为重点、“专业”为引领、“教学”为基础、“管理”为支撑、“文化”为纽带，推进国际化传媒人才培养改革创新。

学院形成了外方合作高校师资长期驻校教学机制。外方合作高校直接派该校教师来学院进行教学，保持师资队伍的稳定。外方合作高校派驻的教师中，教授和副教授职称的占比达到了1/3以上。

校内合作学院派出师资均具有海外教育背景，部分具有海外教学经历。其中博士和获得副高及以上职称的占比均超过50%，学院还特别邀请中国传媒大学的教学名师、博士生导师等进行专业教学。

二　融合中外高校优势，构建“1＋N”办学模式

中国传媒大学国际传媒教育学院基于中国传媒大学的传媒多学科交融特色，与多所外方高校的优势学科进行中外合作办学，充分引进外方高校的教育教学资源，真正实现优势互补，开创了“1＋N”学科融合的全新办学模式。

2014年9月25日，传媒高等教育国际论坛暨国际传媒教育学院成立仪式在中国传媒大学举行。来自五大洲17个国家和地区42所盟校的100余位校长、院长，以及传媒高等教育的业界领袖出席活动。这是自联盟

2009 年成立以来参加学校最多、举办规格最高的一次，也是联盟秘书处成立 5 年来各盟校深入落实国际资源互动、联合办学和推动国际化教育改革的成果。

开幕式上，由中国传媒大学国际传媒教育学院（Faculty of International Media，CUC）举行揭牌仪式，正式开启中国传媒大学国际化传媒人才培养的创新实践探索。密苏里大学、芝加哥哥伦比亚学院、诺丁汉特伦特大学等是第一批与中国传媒大学开展中外合作办学的外国高校。

2014 年 9 月，国际传媒教育学院举办国际化迎新教育活动，学院第一批新生——动画与影视特效 MFA 艺术硕士正式入学。9 月 12 日至 30 日，国际传媒教育学院依托传媒高等教育国际联盟的优质国际教育资源，为新生安排了融汇中西方教育创新模式的迎新教育活动。自 9 月 12 日起连续两周，新生分别参加了中国传媒大学研究生的开学典礼和与美方联合举办的开学典礼、国际团队协作拓展训练、动画专业素质摸底测试，以及小班分班、学生自治管理体系建立竞聘会、入学培养目标一对一见面会、学生专业展示及迎新联欢会、国际传媒通识课程培训等。

2015 年 9 月，国际传媒教育学院首批全日制本科生正式入学，开展中国传媒大学与美国纽约理工学院的中外合作办学培养，本科层次分别开设艺术类、普通类共计 6 个专业。

2016 年 9 月，学院首批全日制硕士正式入学，开展中国传媒大学与诺丁汉特伦特大学的中外合作办学传播学专业硕士培养。

2019 年 6 月，国际传媒教育学院迎来首批本科毕业生，共计 140 人。

三　全程贯彻党建工作，把握办学政治方向

国际传媒教育学院党总支自 2016 年 10 月成立以来，始终把握政治方向这个生命线，认真落实“立德树人”根本任务，积极发挥政治核心作用，将党的领导贯穿中外合作办学全过程，发挥党组织在中外合作办学战略规划、人才培养、队伍建设等工作中的领导作用。学院党总支不断加强党的思想建设、组织建设、制度建设和党风廉政建设，着力提高党建工作的规范化、制度化和科学化水平，本着“一坚持、两强化、三聚焦”的总体模

式，开始了富有特色和成效的党建思政工作。

（一）强化制度建设与理论学习齐头并进，坚持两手抓落实

强化制度建设，夯实工作基础。2020年，中国传媒大学国际传媒教育学院党建规章制度进一步完善，新增和修订了《国际传媒教育学院党总支关于贯彻落实“三重一大”决策制度的实施细则》等近10项规章制度，并编撰成册。在工作中加大“三重一大”、党政联席会、党总支委员议事规则等制度的执行力度，班子成员做到一岗双责，一切工作落实落细。

强化理论学习，用先进理论武装头脑、指导实践。学院党总支切实强化师生理论学习，在“不忘初心、牢记使命”主题教育以及“四史”学习教育等专题教育中紧扣主题，坚持用党的创新理论武装头脑，学深悟透习近平新时代中国特色社会主义思想的精神实质和丰富内涵。

（二）聚焦三项工作落实并创新，坚持突出重点

聚焦队伍建设，不断发展壮大学院党员队伍。2020年，国际传媒教育学院结束了与其他学院组建联合党校的历史，首次以学院分党校形式开展党校培训工作，独立完成初级党校课程设置、授课教师邀请等前期工作，自主开展了第60期入党积极分子的培养教育和班级管理。此举对于探索富有学院特色的思政育人路径、掌握入党积极分子的第一手培养资料、实现发展党员的全过程管理，产生了积极的效果。

聚焦基层党组织建设，不断创新党建思政工作模式。目前，学院党总支下设1个教工党支部和2个学生党支部，通过参加各级各类党组织培训，不断规范基层党组织建设，打通党建工作的最后一公里。2020年，学院不断创新党建思政工作模式，通过“校企联合党建1+1”推进师生专业与思政双提升；通过落实学院领导干部育人导师制、组建青年班主任思政教育团队深化学生人生观和价值观教育；通过线上线下相结合的方式构建海外师生党员活动不断线平台；通过召开座谈会等形式，定期与学生进行谈心交流，及时了解学生思想动态，解决学生在学习、生活中的实际问题。

聚焦宣传阵地建设，增强媒体传播力。学院重视宣传阵地建设，2020年完成学院官网内中文网页的升级改版，同时增设英文网页。学院官方微信公众号在原有服务号的基础上，增设订阅号，重在精准服务、扩大学院影响力，学院分团委官微以服务学生群体为目标，重在及时有效地展现学院的办学特色以及育人成果。同年，学院正式成立“融媒体学生实践团”，宣传队伍进一步壮大，与学院分团委宣传中心协同配合，宣传工作整体呈现“一网三号”“两翼协同”的运营模式。2020年，学院发布新闻稿近40篇、推文近150篇，媒体传播力进一步增强。

四　兼顾本科硕士培养，输送全球传播人才

2019年，中国传媒大学国际传媒教育学院迎来首届本科毕业生共140人。出国（境）深造的有57人，占毕业生总人数的40.7%，其中有40人赴QS世界大学排名前100的高校继续深造，包括伦敦大学、约翰斯·霍普金斯大学、伦敦政治经济学院、纽约大学等众多国际一流学府，占本科留学总人数的70%。除此之外，国内升学5人，占毕业生总人数的3.6%。直接工作人数为70人，占毕业生总人数的50%，主要就业方向为国际组织，大型企事业单位，中央广播电视总台、中国外文局《人民中国》杂志社、北京广播电视台等国内大型媒体行业，腾讯视频、爱奇艺等知名新媒体公司等。

2020年，学院共录取本科生62人，硕士生66人。2020年学院本科毕业生共174人。其中，出国（境）深造的有65人，占毕业生总人数的39%，且有45位本科毕业生赴QS世界大学排名前100的高校继续深造，包括伦敦大学、康奈尔大学等众多国际一流学府，占本科留学总人数的68.2%。国内升学15人，占毕业生总人数的9%，其中4人被北京大学等985高校录取、9人被211高校录取、2人被科研单位录取。直接工作人数为38人，占毕业生总人数的22.9%；出境工作学生1人，参军入伍0人，待就业47人①。2020年，学院共有硕士毕业生53人，其中双学位硕士19

① 数据截止到2020年9月10日。

人、外方单位硕士 34 人。

五　融汇中西教学资源，师资队伍稳定优质

（一）师资建设、交流和培训总体情况

国际传媒教育学院以课程创新为依托，积极探索建立融汇中西优质教学资源，高水平、国际化的师资队伍，形成了外方合作院校师资长期驻校教学机制，保证了师资队伍的稳定与教学质量的提升。为确保学科教学的前沿性，国际传媒教育学院和外方合作院校在必要时根据教学和课程的现实需要聘任符合教学资质的教师，学院按照规定对外籍教师进行统一管理。2020 年，受新冠肺炎疫情影响，根据我国防疫工作的具体要求，所有课程均转至线上讲授，共有 12 名外教按本硕教学安排完成授课，海外教师的管理工作也转至线上进行。

目前，为学院授课的 30 余位中方专业课教师大多具有海外教育或访学背景，部分具有海外学位，博士和副高及以上职称的占比均超过 50%。另外，学院还特别邀请了中国传媒大学的教学名师、业界专家等进行教学。外方合作高校的任课教师中，教授和副教授职称的占比达到了 1/3 以上，派驻的高级讲师和助理教授占大部分。

为促进师资能力的提升，发挥中外合作办学的辐射作用，学院定期组织中外方教师交流会，联合备课讨论会，推进教学国际化，更新培养内容。学院还针对教师和管理人员定期开展培训会，综合学习中外合作办学的条例和规章制度、中国教育国际化的最新动态和举措，传达国家和教育部的最新精神和指示，加深教师和管理人员对学院的教学和管理方面的了解。学院通过制度完善和机制创新，搭建外方教育机构与学校合作学院的沟通桥梁，构建了良好的教育平台，实现了中外方教学资源的优势汇聚，为国际化教学奠定了坚实的基础。

（二）师资建设具体情况（以密苏里项目为例）

2020 年，受新冠肺炎疫情影响，根据我国防疫工作的具体要求，密苏

里项目课程均转至线上讲授，海外教师的管理工作也转至线上运行。

目前，在本项目中任课的近 20 位中外专业教师大多具有海外教育或海外访学背景，部分具有海外学位，其中，博士和副高以上职称的占比达到了近 80%。另外，学院还特别邀请到了中国传媒大学的教学名师、业界专家等进行教学。密苏里大学派驻的常驻教师中，教授和副教授职称的占比达到了 2/3 以上。

同时，中国传媒大学传播研究院选派其青年骨干教师参与学院与密苏里哥伦比亚大学合作的传播学（中外合作办学）专业外方专业课程的教学环节，一方面学习外方教育教学中的创新与先进经验，另一方面也是对相关课程进行监督和评估。

六　制定联合培养方案，贯彻质量提升工程

（一）教学组织基本情况

国际传媒教育学院精心组织国际化教学。学院与外方专业负责团队、校内合作专业学部专业负责团队进行密切合作，制定中外联合培养方案，定期进行联合备课，保证教学内容的立场正确及持续更新，加强对教学相关知识与实践的创新探索，提高专业资源使用效率。2020 年，学院实施了中外合作办学质量提升工程，在中外各方密切合作和共同努力下，实现了该年度人才培养提升的既定目标。

学院所有专业严格执行中外联合培养方案，在统招专业中按照国家要求有效落实必修课程，并按照教育部中外合作办学要求引进外方优质教育资源。其中，外方专业课程占全部专业课程的近 1/2。学院遵循“程序合理、运行平稳”的原则，教学管理工作严格遵守教育部和学校的相关管理规定；以创建传媒特色中外合作办学示范机构为宗旨，以国际化创新人才培养为目标，在教学管理中以学生为中心，强化对师资和课程的有序管理，注重引导师生进行双向交流沟通。2020 年，学院积极响应教育部和学校关于“停课不停教，停课不停学”的重要部署，按照学校的防疫安排，着力推进各类线上教学保障措施的运行，快速、稳定地实现全部本硕课程转至

线上讲授、全部管理工作线上开展。学院建立了“研学中心”，为学生提供英语口语、Python 课程、学术写作、方法研讨等第二课堂，融合“学堂在线”等一批优质在线资源，逐步实现互动教学与智能教学目标。在疫情防控常态化条件下，提升教学服务意识，以研学中心带动精细化、全方位育人，认真落实各项教育教学任务和特色培养项目。

（二）具体教学组织情况（以密苏里项目为例）

该项目的教学组织工作由中外双方教学管理专业团队共同协调完成，充分利用中美双方大学的优质教育资源，设计和创新人才培养模式，通过组建高素质的管理队伍、积极有效的教学质量监督体系、国际化师资队伍等，保证教学组织工作的有序、高效运行。2020 年，依托国际传媒教育学院，该项目实施了中外合作办学质量提升工程，在中外双方的通力合作之下实质性提高了教学质量。

1. 进一步引进外方专业课程，提高理论教学品质

按照教育部对中外合作办学的要求，国际传媒教育学院与合作外方密苏里新闻学院多次协商，对本专业 2020 级培养方案进行了调整。从 2020 级开始，进一步增加外方专业课程。目前，外方专业课程共计 16 门。整体而言，引进的外方课程数量和学时数占到了本项目总课程数量和总学时数的 1/3 以上，引进的外方专业课程数量和学时数也占到了本项目总专业课程数量和总学时数的 1/3 以上。

2. 开展特色实践教学，丰富实践教学平台

自学院 2019 年与北京凯声文化传媒有限责任公司（凯叔讲故事）、环球网签署了战略合作协议，并确定安吉新闻集团作为学院实习实践教学基地之后，2020 年，学院积极与合作伙伴、业内知名企业进行沟通联络，与中央人民广播电视总台下属新媒体平台央广“云听”达成了初步战略合作意向，为学院学生提供实习岗位，搭建实践教学基地；与国家外文局主办的“第三只眼看中国”国际短视频大赛达成了合作意向；与法国即将在中国落地的政府间项目——杭州惠普赋主题公园达成了合作意向，为学院学生提供了实习实践岗位。

密苏里新闻学院为本项目提供了实践特色突出的专项课程。“顶石课

程”根据英文“Capstone Courses”翻译而来，意指本科生教育最后阶段所开设的课程，能够进一步增强学生在本科期间所学知识的“整体结构力”。美国学者罗伯特·杜勒尔将“顶石课程”称为美国大学本科毕业生的“成人礼”。该课程教学基于媒体融合报道、媒体融合编辑、数据新闻、移动设备报道和无人机新闻报道等课程设计。此课程中，学生将通过案例分析学会如何将创意想法转化为产品，同时融合市场营销，围绕现实客户的真实需求，综合运用前期所学的融媒体制作技能，围绕真实客户进行研发与创新。

密苏里新闻学院为本项目开设的无人机新闻报道课程立足于无人机新闻生产、无人机商业运用以及无人机在政府应急事件、自然灾害与重大节日报道中的应用；探讨无人机使用的安全问题以及隐私伦理问题。学院通过中外教学合作、学届与业界合作等形式打造具有学院特色的无人机新闻报道课程，通过前期策划、实地素材采集、后期成果制作及展示等环节全方位锻炼学生动手能力。

为了适应智能媒体和大数据发展的需要，中外师资还联合为本专业开设人工智能与新闻传播课程。为帮助学生在课堂中顺利创建人工智能新闻项目，学院提供了前导课程“Python 语言与编程环境”，为学生掌握大数据分析工具夯实基础；外方负责在人工智能环境下对新闻传播的采编写传等内容的讲授，提供丰富的实战案例。

3. 多元教学模式融合，创新疫情下中外联合育人机制

在常规教学管理方面，细化线上教学执行方案，从“日报”到“周报”，持续关注教师任教和学生学习进展情况。在协调海外学习方面，2020年秋季学期开学之际，密苏里新闻学院进行了在线定位活动，由密苏里大学新闻学院副院长弗里兹·克罗普（Friz Cropp）、中国项目主任章于炎博士、Amy Simons 教授三位分别做讲座，帮助学生明确学业发展规划。

为了进一步提升学生的专业兴趣和专业认识，学院还为本项目建立了专业指导小组制度，聘请校内青年教师担任本科生的专业小组指导教师，通过定期开展小组讲座、主题讨论、读书会等形式，帮助本科生更好地规划四年的学习生活，为他们走入工作岗位打下基础，是学院国际化人才培养工作的另一首创举措。

七　项目管理体制完善，反馈评价体系健全

学院严格按照教育部合作办学相关政策和工作要求，理顺内部管理体制机制。学院设立联合管理委员会，让其负责学院的发展规划和重大事项，由中外方选派委员，每年召开1～2次会议。此外，中国传媒大学与英国诺丁汉大学成立教学管理委员会，由该居委会负责教学事务管理并提供质量保证。2020年，学院以申报广告学本科专业为契机，修订了《中国传媒大学国际传媒教育学院章程》。

学院各项工作严格按照教育部中外合作办学政策法规开展，逐步建立健全教学管理、教学质量监控、学生管理及财务制度等，体制机制不断完善，学院办学进展顺利。

学院建立了较为全面的学生反馈评价体系，为学生参与学院管理提供了多种渠道。学院通过院长信箱、教学部公共邮箱、师生见面会、学生代表座谈会、问卷调查等形式，从教学质量、学生管理、学院建设等各方面收集学生的建议意见。多渠道的反馈方式保障了与学生交流通道的通畅，也为学院的中外合作办学质量提升工程提供了参考。

八　全方位育人

（一）育人成果凸显，创新创业屡获佳绩

2020年“互联网+”比赛中，学院有1个团队荣获北京市级二等奖、校级一等奖，3个团队荣获校级二等奖，7个团队荣获校级三等奖。学院实践团队的《我来自苗》荣获2020年中国大学生计算机设计大赛一等奖，《因地制宜扶贫发展——新疆薰衣草产业调研》荣获思政课实践教学精准扶贫专项全国一等奖。2017级戏剧影视导演专业团队作品荣获“挑战杯”北京市银奖。2020年大学生创新创业计划中，5个学生团队批准立项（1个国家级、4个北京市级）。“读懂中国”活动微视频作品被学校关工委评为特等奖并报送教育部关工委参评。

此外，2020 年度毕业生就业情况良好，获得用人单位深度认可，就业领域涉及传媒领域各行各业，包括国家广播电视总局机关服务中心、广东广播电视台、广州宝洁有限公司、腾讯科技（深圳）有限公司等多家知名企业和单位。

（二）发挥专业优势，持续推进学生志愿服务工作

学院高度重视培养学生的志愿服务精神，鼓励团员青年参与志愿服务工作。同时，以专业特色为依托，结合重大节日、活动等，积极发起志愿服务活动。2020 年，学院 17 人次进行义务献血活动；14 人加入本、硕迎新志愿者队伍；疫情防控常态化时期，10 名同学在全国各地参加了疫情防控志愿活动，其中有 2 名身在武汉的同学积极加入社区疫情防控第一线；毕业季期间，超过 60% 的在京同学加入毕业打包志愿者行列，这些同学用实际行动传承和践行五四精神，勇担时代责任，向社会全方位展示了学院学生良好的精神风貌，受到社会的广泛赞誉。

（三）加强学生人文关怀，解决疫情下学生的实际问题

学院高度重视在海外交流学习学生的疫情防控工作，建立“点对点”联络机制，落实“一人一案”工作方案。因海外疫情的蔓延，学生很难买到防护物资。经学校大力支持，学院向学校防疫保障小组申请医用口罩 1760 只并第一时间分发到海外学生手中。2020 年 7 月，在全院老师和学生志愿者的努力下，完成了学院 241 名学生、62 间宿舍毕业学生个人物品的打包和寄送工作。学院开展的一系列针对学生的疫情防控工作，在确保精准、有序、稳妥执行的同时，体现了学院关怀，得到了学生和家长的一致认可，社会反响热烈。

学院依托中国传媒大学的教育、管理资源开展合作办学，持续完善项目培养模式，加强教育教学建设，提高学生培养质量，进而切实提升中外合作办学质量和水平。

2020 年，在教育部和中国教育国际交流协会指导下，学院承办了中外合作办学机构现场评估工作会议，来自 15 家高校的中外合作办学机构负责人及教师代表针对中外合作办学机构的人才培养、中外协同管理以及评估

工作相关内容进行了交流及专题研讨。本次会议聚焦中外合作办学高质量发展，分析形势，明确任务，对开展中外合作办学有重要的指导作用。国际传媒教育学院圆满完成各项评估任务，顺利通过2020年中外合作办学机构评估。学院将以此为契机，以评促建，进一步深化中外教学资源融合、优化联合培养方案、强化全英文课程建设与中外联合实践，持续提升学生的专业获得感及中外合作办学的水平。

B.12
多元合作模式创新：吉林大学莱姆顿学院

何　曜*

摘　要： 吉林大学莱姆顿学院成立于1999年，是教育部批准的、国内最早的“4+0”和“不出国留学”中外合作办学本科教育机构，也是国内第一所以“一对多”模式完整引进北美高等教育体系的本科院校。作为中外合作办学的先行者、实践者、创新者、改革者，学院坚持扎根中国、融通中外，胸怀天下、与时俱进，引进国际先进的办学治学经验、教育体系、教育模式、教育理念，遵循教育教学规律，坚持高端国际化应用型办学定位，创造了国外优质教育资源融合创新与发展的“吉大莱院”模式，走出了一条具有中国特色、中国智慧和中国气质的合作办学之路，打造了独特的“不出国留学”品牌。本报告着重从学院简介、办学特色、机遇挑战、未来展望四个方面对吉林大学莱姆顿学院进行介绍，并着重探讨学院办学20余年来形成的特色、经验，以及学院如何把握战略机遇实现长足发展。

关键词： 中外合作办学　应用型人才　不出国留学　教育国际化

中外合作办学诞生于20世纪80年代，经过不断探索和规范发展，业已成为我国教育对外开放、高等教育国际化的重要表现形式。位于吉林省长春市的吉林大学莱姆顿学院（以下简称“吉大莱院”），作为中外合作办学

---

* 何曜，吉林大学莱姆顿学院副院长，研究方向为中外合作办学管理。

的先行者、探索者、实践者，建院 20 余年来不忘初心、不辱使命，始终坚持面向国际、面向未来、开放办学，积极借鉴、引进国际先进教育体系、理念，走出了一条独具特色的高等教育国际化之路，打造了高水平中外合作办学知名品牌。

一　吉林大学莱姆顿学院简介

（一）学院创办发展历程

吉大莱院创建于 1999 年，是教育部批准的、国内最早的“4 + 0”和“不出国留学”中外合作办学本科教育机构，是国内第一所以“一对多”模式完整引进北美高等教育体系的本科院校，也是第一所中加美高等教育本科学士学位合作办学机构。1999 年 4 月，吉林省教委、原长春邮电学院对加拿大莱姆顿学院、美国诺斯伍德大学等院校进行深入考察，引进外方资源合作办学，成立了吉大莱院前身——长春邮电学院莱姆顿学院，并将其作为吉林省中外合作办学试点单位。同年，学院从全国 15 个省（自治区、直辖市）招收 200 余名本科生、预科生，进入通信工程、计算机工程、商业管理、酒店与旅游管理等 4 个专业，实行中英双语教学。2000 年后，吉大莱院先后与加拿大北大西洋学院、纽芬兰纪念大学和新布伦瑞克大学签署合作办学协议，进一步丰富了办学兴教资源。随着高校“合并潮”的到来，长春邮电学院并入新组建的吉林大学，合作办学协议由吉林大学继续执行。2001 年 11 月，长春邮电学院莱姆顿学院更名为“吉林大学莱姆顿学院”。

经过 20 多年开拓创新，学院以高远的历史站位、宽广的国际视野、深邃的战略眼光，系统引进、融合创新加拿大和美国等世界一流高等教育资源，完成了从中国高等教育国际化的追随者到引领者的身份转变。2001 年，吉大莱院通过了全国学位与研究生教育发展中心专家组的评估，成为国家首批核准公布的 4 个（全国仅有 4 个）本科中外合作办学项目之一。2001 年 6 月和 2003 年 6 月，国务院学位办两次发文批准吉大莱院扩大招生期数和规模。2012 年，吉大莱院当选中国教育国际交流协会中外合作办学专业委员会首批 6 个本科理事单位之一。时至今日，吉大莱院共有毕业校友逾万人、在校生2200多人，合作对象由创立之初的北美4所高校扩展到加拿大、美国、德国、澳大利亚共10所高校。学院设置的“4+0”本科专业逐步拓展至通信工程、计算机工程技术、计算机信息系统、酒店与旅游管理、工商管理、银行与金融、国际会计、汽车行业管理、国际商务、市场营销等10多个专业；“2+2”“3+1”本科专业拓展至人力资源管理、电子工程、物联网、交互设计与人工智能、数据科学与大数据技术、数据科学应用等50多个本科专业。此外，学院积极与北美和大洋洲知名高校展开研究生教育项目合作，现有“1+1”硕士专业包括信息系统、健康管理，以及金融、数据科学应用等30多个可扩展硕士专业及方向。

20多年来，吉大莱院的创新实践与成功经验，可谓全面深入贯彻落实习近平总书记关于教育对外开放和中外合作办学的重要讲话重要指示批示精神的生动实践与生动范例。如今，学院不仅吸引众多境内学生申请就读，实现“不出国留学”，也逐渐成为国际学生尤其是东盟国家学生来华留学深造、交流访问的青睐之地。

（二）学院基本办学理念

吉大莱院坚持教育家办学，其创办人、执行院长田珂系加拿大籍华人、加拿大捷诚集团总裁，本、硕、博均就读于吉林大学，先后于法国萨克莱原子核研究中心（CEA Saclay）担任访问学者，在加拿大魁北克大学三河分校做博士后，是一个有情怀、有理想的国际教育者。1999年，田珂携加美优质高等教育资源，与吉林大学合作创办吉大莱院，并邀请其在吉林大学求学时的老师、资深教育专家、原吉林大学常务副校长、原国家教委理科教学指导委员会委员、原全国理科教育研究会常务副理事长李树家教授担任首任院长，自己出任副院长，主司与外方高校协调沟通联络及教育教学质量和学术监督等职责。深谙办学之道的李树家教授，始终将“把90度的水烧开”挂在嘴边，他参与创办这所中外合作办学院校，目的就是让国内学子有机会享受到国际一流的高等教育资源。出任首任院长后，李树家教授多次到外方合作高校考察，确立了吉大莱院的发展方向、办学目标和基本框架，为吉大莱院的品牌塑造奠定了良好基础。

学院坚持诚信办学，将质量作为学院生存之根、发展之本、立校之魂，以培养合格的、社会主义建设急需的人才为己任，引进世界高等教育第一、二梯队发达国家的优质高等教育资源，秉持“五负责”精神办学兴教——对社会负责、对学生质量负责、对各学科权威性负责、对合作外方负责、对吉林大学负责，并将其贯穿于教育教学全过程。学院坚持以学生为中心，充分遵循教育规律，因材施教开展个性化培养，营造了人人皆可成才、人人尽展其才的优质教学环境。在课程安排上坚持“不缩水”，确保本科期间各专业课时数保持在 3400 ~ 3600 学时；学术考核坚持“不放水”，没有“清课制”，不设“水课”，以质量和实力获得了国际的高度认可。

学院坚持公益性办学方向，恪守教育公平，不要国家一分钱投入，不办贵族学校，不办出国预备校，不以营利为目的，不变相高价卖学历，充分考虑工薪阶层家庭的经济承受能力，收取费用低于政府批准的收费标准，学院完成学业的全部费用仅相当于去加拿大留学的 1/4、去美国留学的 1/5。除外方每年每生收取 300 美元或 500 ~ 1000 美元注册费外，吉大莱院学生所缴纳的学费，主要作为学院办学经费使用，用于教育教学活动和办学条件的改善。

（三）学院主要办学模式

吉大莱院校址毗邻吉林大学中心校区，教室、学生宿舍、食堂、实验室、图书馆、体育馆等教学设施齐备，充分吸收并继承了吉林大学优良的办学传统，能够共享吉林大学图书馆、学术报告、学生活动等雄厚的教育资源，既相对独立，又能充分融入吉林大学的校园文化，既有中国大学特有的严谨教学环境，也有西式自由轻松的交流模式。

学院完整地引进北美高校的课程体系、教学大纲和英文教材，采用全新的教学理念、教学模式和教学方法，学生通过高考成绩申请或参加学院自主招生选拔考试，招生对象覆盖国内普通高中、国际学校、国际部（国际班）学生以及国外高中毕业生、国外高校在读学生等。入学新生不仅在中国教育部教育涉外监管信息网备案注册，而且在外方合作院校同时注册学籍，享受外方合作院校的网络教学课程资源、电子图书资源及其他可用的综合资源。教学使用英文教材，从双语教学逐步过渡到全英文教学，执行外国大学学术标准及要求，修满规定学分，毕业颁发国外大学本科学士学位。学院使用的外教师资由外方合作院校直接派遣或全球公开招聘，每学期常驻外籍教师 50～60 人，与在校生比例为 1∶40。在国家批准的 2300 多个中外合作办学机构和项目中，仅与宁波诺丁汉大学（2005）、西交利物浦大学（2006）、北京师范大学—香港浸会大学联合国际学院（2005），上海纽约大学（2012）、昆山杜克大学（2013）、温州肯恩大学（2014）、香港中文大学（深圳）（2014）、广东以色列理工学院（2016）及深圳北理莫斯科大学（2016）等独立法人中外合作大学同类。

（四）学院性质定位

习近平总书记在全国教育大会上强调，高校要“着重培养创新型、复合型、应用型人才”①。

吉大莱院在成立时就明确提出以国家建设和市场发展需求为导向，主动服务中国经济建设和社会发展需要，培养国际化应用型高级人才，努力建设应用型高水平中外合作办学高校。在学院成立后的第一次师生员工大会上，李树家院长提出了“品牌”概念，意图打造中外合作办学领域的“牛津”“剑桥”和“清华”“北大”，并将应用型人才培养作为学院品牌塑造的主要方式。在以李树家、田珂等为主要代表的吉大莱院人的努力下，吉大莱院坚持面向国家战略、面向世界、面向未来、面向现代化，坚持理论与实践紧密结合的应用型培养体系，实现了北美本科教育体系及应用型人才培养体系的本土化，从最初完全引进的 1.0 时代，进入了富涵中国特色、中国智慧的 2.0 时代；培育了大批具有本土情怀、国际视野、创新能力，具备跨文化沟通交流和国际合作能力的应用型高端人才。至今，已有 19 届本科毕业生、万余名校友遍布中国及全球五大洲、20 多个发达国家和地区。

二　主要办学特色

（一）中方主导下的强强联合

早在 1999 年建院时，吉大莱院就明确提出要坚持社会主义办学方向，

① 《习近平在全国教育大会上强调 坚持中国特色社会主义教育发展道路 培养德智体美劳全面发展的社会主义建设者和接班人》，《人民日报》2018 年 9 月 11 日，第 1 版。

扎根中国、融通中外，胸怀天下、与时俱进，打造高水平、高质量的“不出国留学”和“中外合作办学”品牌。20余年实践探索，吉大莱院以其独立自主的体制机制、以我为主的资源吸收、特色鲜明的思政教育，充分保障了中方兴办教育的主导权、自主权和独立权，实现了中外双方教学资源的强强联合。

1. 独立自主的体制机制

中方主导权关系着党和国家教育方针能否在合作办学领域得到贯彻，中国教育主权能否得到充分保障。吉大莱院在合作机制上始终坚持中方主导，学院实行学分制，学生以灵活的就读方式完成学业，可以选择“4+0”模式获得本科学位，也可以在适当时间申请转入外方合作高校就读，转修过程中，中外双方实现学分互认。随着办学水平和认可度的不断攀升，学院拓展了“2+2”、“3+1”和“4+1”本硕连读形式与美国纽约州立大学石溪分校、佛罗里达国际大学、中央密歇根大学、美国国王学院及澳大利亚悉尼科技大学的合作，在强强联合的过程中，形成了创新自主的办学体制。吉大莱院始终坚持中外双方平等合作、平等交流，成立以吉林大学为主导的联合管委会，由吉林大学现任领导兼任管委会主任、有关职能部门负责人出任委员，保证管委会成员中方占比为2/3，确立绝对主导地位。实行管委会领导下的院长负责制，外方机构负责人通过教学质量监督检查、教学水平评估等方式行使合作权利，在树立管委会权威的同时，保障外方对教学的独立质量检查和学术质量否决。

2. 优质教育资源的中国化

优质教育资源的引进，是中外合作办学的生命力所在；教育资源的本土化、中国化，则是中外合作办学的关键。吉大莱院凭借“以我为主、洋为中用”的合作宗旨，“立足本土、走向国际”的办学理念，走出了一条适合中国国情、独具中国特色的国内外优质教育资源融合创新发展之路。在中国境内完整实施境外高等学历教育，颁发境外合作大学学位证书，依靠的是国外先进教育资源的系统引入，包括教学大纲、英文教材、课程体系，教育模式、管理经验、教育理念，以及优质师资、课件资源、电子图书资源、网络电子资源。此外，引进国外优质教育资源，绝不照单全收、囫囵吞枣，引进外籍优秀教授的同时，多渠道培养本土师资，选派青年骨干到合作院校进修、深造；引进合作方教学资源，中外共同制定课程体系、教学大纲、教学计划，结合中国国情和企业案例制定专业课讲义；根据社会需求和毕业学生反馈，及时对课程进行修订、补充，并经外方学术委员会讨论、认证，纳入课程体系和培养方案，真正做到优势互补、深度融合。

3. 学院特色的思想政治教育

吉大莱院作为国内最早建立党组织的中外合作办学机构，从成立之初便将党建工作作为办学兴教的重要抓手，强调中方意志影响下的思政工作的重要性，切实做到合作办学过程中党的建设同步谋划、党的组织同步设置、党的工作同步开展。吉大莱院章程中明确了设立党支部、群团组织等规定和要求，支部直属于吉林大学党委，以支部书记、组织委员、宣传委员等组成党支部委员会，委员会下设综合党小组、教务党小组、学生党小组，从组织架构上保证了党和国家教育方针的贯彻。学院依据办学实际，创新性开展课程思政设计，将文化教育、法治教育、政治教育、形势政策教育融入外方课程，贯穿教育教学全过程。例如，大四专业课“人类文化学”要求学生必须以梁祝、汉服等中华传统历史文化内容完成课堂作业、演讲展示。此外，在校园文化活动、外籍教师管理、师生公益活动等方面，处处透露着中国元素和中国精神。

（二）前瞻应用型人才培养

“培养什么人、为谁培养人、怎样培养人”涉及高等教育之根本，也是中外合作办学不可规避的话题。正如前文所言，坚持应用型办学定位、创新人才培养体系，是吉大莱院办学20余年始终坚持的方向。中国不缺应用型本科院校，也有诸多中外合作办学的佼佼者，但将两者完美融合、创新发展的院校，吉大莱院可谓国内第一所。

1. 高质量北美教育体系

作为中国第一所完整引进北美优质高等教育资源的中外合作办学机构，吉大莱院自成立起，就为自己量身定制了一条国际化应用型高等教育发展之路。学院执行外方教学计划和教学大纲，从双语教学逐步过渡到全英文教学，投入大量资金，高薪聘请外籍教师，打造全英文教学环境。为培养学生扎实的英语基础知识和良好的英语交流与应用能力，学院各专业还开设大量英语课程（总课时量达 1200 学时以上），包括基础英语课和学术英语学分课。一是基础英语课，由 EFL（English as Foreign Language）和大学英语课程组成。基础英语包括 1 级到 5 级课程，每个级别 180 学时，共计 900 学时。基础英语课程分为读、写课，听、说课，语法课、大学英语课，由中教和外教同时授课。二是学术英语学分课（300 学时以上），全部由外教授课。文科类专业有言语交际、批判性思维与写作、商务沟通、英语讨论、创新学；理科类专业有交际英语、写作交往、技术报告写作、技术阅读、批判性阅读与写作、高级技术交往等交际、写作和学术类英语学分课程。为适应高等教育国际化发展要求，学院优先从北美高校中引进学科先进、特色鲜明、应用性广、实用性强的优质教育资源，形成 3 年应用性课程、1 年理论学术性课程的 4 年一贯制“专业 + 外语”“理论 + 应用”“创新创业 + 行业协会”的高质量北美教育体系（见图 1），真正实现了学在中国、留学北美、走向国际。

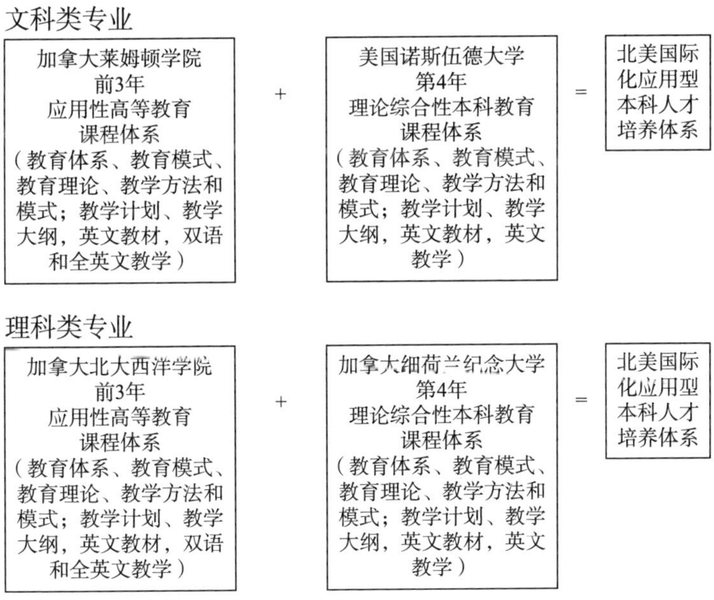

图 1　4 年一贯制创新性北美国际化应用型高水平本科人才培养体系

2. 高水平人才培养体系

不同于普通高校的灌输式、流水线培养模式，吉大莱院按照应用型人才的培养定位，主动适应社会发展需求，构建了“中式＋西式/美式”人才培养模式，建立了包含教育理念、培养方案、课程组织与实施、评价反馈等在内的全方位的人才培养体系。以能力培养为中心，全方位开展能力本位教育（Competency Based Education，CBE）培养模式，将国外先进的教学理念、教学模式和教学方法融合在4年的教学中，要求学生完成演讲（Speech）、报告（Presentation）、小组讨论（Panel Discussion）、写作（Report）、小组作业（Group Work）、调查报告（Investigation Report）、商业计划（Business Plan）、商业报告（Business Report）、项目计划书（Project Proposal）等，培养和提高学生的英语演讲和表达能力，查阅资料、综合分析、解决问题的能力，项目规划和项目管理能力，培养学生创新意识、创新思维和能力，培养学生批判性思维，培养学生树立自信和具备良好的团队合作能力。学院每年举行“管理与领导学实践”商业案例英语辩论赛、人力资源管理课程调查研究报告竞赛公开展示课、市场学课程营销实战比赛等。结合长春汽车产业实际，学院从美国专门引进汽车行业管理专业，并借鉴诺斯伍德大学先进经验，在校园举办大学生校园车展；车展整体流程完全由学生自主设计、主持，极大提高了学生的社会活动能力。与此呼应，吉大莱院也是享誉全球的NUCARS大学生汽车模拟营销大赛的轮回赛区，并于2017年4月承办第20届赛事，为来自中国、美国、德国、丹麦、法国、荷兰6个国家7所大学的近80名大学生举办了一场以汽车行业为主题背景，结合商业运营、财务管理、市场营销等内容的模拟汽车产业链商业大赛。

3. 高增益人才培养质量

教育增益率代表了学生从入学到毕业的增值情况，是衡量中外合作办学成效的重要指标。中国教育学会原会长钟秉林教授来校调研时，曾对吉大莱院做出“教育增益率高”的肯定评价。“人人皆可成才”“天生我材必有用”“聚天下有抱负者而育之”，吉大莱院始终坚持自主招生，突破高考制度的限制，以综合评价、多元录取、宽进严出的方式，实现了生源多样化、生源层次宽口径、生源对象全覆盖。经过4年培养，有无数在高考“独木桥”上被挤到“三本”线上下的学生，于吉大莱院毕业后进入世界一流学府和全球知名企业发展，与“双一流”建设高校及世界名校毕业生同台竞争、同窗竞技。学院毕业生30%以上继续攻读硕士学位，而其中进入世界大学排名前500的占比7成，进入前200的占比6成，进入前100的占比一半；毕业生在境外就业的城市包括多伦多、温哥华、蒙特利尔、纽约、波士顿、洛杉矶、旧金山、西雅图等20余个国际知名城市。

（三）国际认可度高的合作办学品牌

质量是中外合作办学的生命线。吉大莱院办学20余年，始终坚持对标国际标准、国际质量，从严从实抓好内部质量管理，打造具有国际认可度、国际竞争力和国际影响力的中外合作办学品牌。

1. 内部质量管理严格

吉大莱院全面实行严格的内部质量保障与监控体系，通过缜密的教学管理和严格的学生管理，高标准执行外方所制定的教育教学计划、培养方案、课程设置、教学大纲、教材使用、教学要求、考试考核标准、学术标准和毕业标准，切实保障了中外合作办学的质量和严谨性、专业的权威性、课程的学术性。学院实行严格的“三制”① 学生管理措施，注重学生的学习和行为习惯养成；设立专业学术委员会和英语教学指导委员会，指导教师科研授课；定期开展课程评估、教师评估，外方合作高校每年两次到校（新冠肺炎疫情发生后改为在线检查交流会谈）进行教学检查和教学工作会谈，真正做到了对学院各学科权威性负责、对合作外方院校负责、对学术负责。

2. 外部质量评估监控

办学20余年来，吉大莱院历经中外权威机构10次专业评估，在学生管理、教育教学、人才培养、毕业生质量等方面获得广泛好评。2001年至2016年，先后5次通过国务院学位办、教育部、吉林省教育厅等单位的中外合作办学评估。2002年9月和2016年11月，两次高质量通过美国中北部院校协会高等教育认证委员会（HLC-NCA）委派专家组的评估。2014年，先后协助美国诺斯伍德大学高质量通过美国商学院和商科课程认证委员会

---

① “三制”，即辅导员从早操早读、上课到晚自习及查寝的全天候管理的辅导员制；聘请具有丰富教学和管理经验的老教授为督学员的督学制；定期发信和网上交流，与学生家长保持热线，及时反馈学生在校情况，求得社会与家长的监督、支持与帮助的家长沟通制。

（ACBSP）评估认证，协助加拿大莱姆顿学院高质量通过安大略省大学质量保证服务评估（OCQAS）。2016 年 11 月 23 日，作为美国诺斯伍德大学在全球多个国家的海外学位项目中的唯一优秀案例项目推荐给 HLC-NCA 检查评估。

3. 国际认可度高

在与众多国际一流高校合作交流的过程中，吉大莱院的教育质量、教学质量、课程及学分获得了世界范围的广泛认可。美国纽约州立大学石溪分校、佛罗里达国际大学、费尔菲尔德大学，加拿大约克大学，澳大利亚悉尼科技大学等高校与学院签署学分互认或共建合作项目，其中包括本科“2 +2”“3 +1”以及研究生“1 +1”联合培养协议。澳大利亚所有高校包括国立大学、悉尼大学、新南威尔士大学、昆士兰大学、莫纳什大学等录取学院毕业生读研时，不仅按照北美大学毕业生学业成绩考量，且免除雅思、托福成绩要求，豁免部分研究生课程和学分。2008 年，吉大莱院荣获加拿大安大略省国际教育合作卓越奖，成为中国唯一获此殊荣的中加高等教育合作项目。

（四）服务经济社会发展

服务地方经济社会发展，既是中外合作办学必须承担的社会责任，也是衡量高校办学质量的重要指标。吉大莱院自创办以来，始终以高度的责任担当，发挥合作办学的资源优势、平台优势、智力优势、人才优势，服务国家、地方经济建设和社会发展。

1. 经济社会效益显著

随着教育国际化的步伐加快，因教育服务贸易需求而生的留学服务业，成为澳大利亚、美国、英国等留学大国的重要经济产业。教育部发布数据显示，2019 年我国出国留学人员总数达 70. 35 万人，境内学生国际教育消费意愿强烈，经济效益十分可观。吉大莱院通过引进优质教育资源合作办学，开辟“不出国留学”途径，为国家节约大量教育支出，实现教育消费回流。学院主要与加拿大、美国、德国、澳大利亚等高校合作办学，以现有在校生 2200 人计算，若直接到加、美、英、澳等国留学就读本科，平均学费为每生 30 万 ~40 万元/年，则在国内接受国际教育每年可节约 6. 6 亿

~8.8亿元。目前，吉大莱院收费标准为每生4.5万元/年，按生活费和日常相关开销月均4000元、全年10个月计，每年可为吉林省地区生产总值贡献1.7亿元。经估算，办学20余年来，累计为国家节约教育支出150多亿元，为吉林省地区生产总值贡献20多亿元。2020年以来，面对新冠肺炎疫情带来的国际学生流动受阻、国内升学压力骤大，吉大莱院积极承担社会责任，增补自主招生名额，及时纾解因学生流动受阻产生的升学压力，近两年累计为600余名拟出国留学学生提供在国内就读全英文教学、北美大学本科教育机会。

2. 国际化高素质人才支撑

吉大莱院创办20余年来，始终坚持高质量、精品型、应用型人才培养导向，为国家现代化建设、吉林经济社会发展培养出数以万计的优秀人才。在吉林省长春市，吉大莱院的毕业生广泛分布于经济金融、教育、酒店、旅游、汽车、信息技术等领域，在东北亚博览会、长春亚冬会、国际汽车展（汽博会）等舞台上发光发热。毕业后出国留学深造的学生，大部分在完成学业后回国发展，部分回到吉林、服务吉林，分布在高校、政府、开发区、招商局以及部分国企和央企等。置身于全国闻名的汽车城中，吉大莱院能够充分发挥自身优势，引进汽车行业管理专业，助力吉林省汽车产业发展和长春建设中国汽车名城，大批国际化、复合型汽车行业（产业）管理高素质人才从学院走出后，走进长春汽车行业、走向全国、走向世界。

3. 反哺中方高校发展

中外合作办学的目的之一就是促进中方合作者（中方高校）的教育教学改革、学科建设和人才培养，在中方高校内起到辐射和反哺作用，形成"鲶鱼效应"。作为吉林大学所属的中加美合作办学机构，吉大莱院在成立时便做出九字承诺：不要钱、不添乱、做贡献。20余年的合作发展，溢出效应明显，反哺着吉林大学的学科建设和教育教学。在办学理念方面，美、加、德、澳等国际一流经验涌入，促进了吉林大学教学实践、双语教学、师资培训、教学管理等发展。在师资培育方面，吉大莱院为大批海归教师提供了双语或英语授课的实践场所，搭建了出国进修、培训和任教的平台，促进了中方教师教学理念、教学模式、教学方法的创新，为吉林大学在教学质量评价、教师评价上提供了有益借鉴。在学生培养方面，为吉林大学研究生、留学生提供了优质的英文教学环境和丰富的外教资源，促进了吉林大学在通信、化学、医学等领域与加美高校在研究生互派及科研项目上进行深入合作。

4. 搭建中外交流平台

吉大莱院致力于培养服务中国的“世界公民”和世界舞台的“中国公民”。建院以来，从吉大莱院走出了万余名毕业生，面向世界讲述中国故事、传播中国文化，展示中国气质和中国智慧。历经20余年中外合作办学历程，吉大莱院已成为国际多元文化沟通、交流的平台，吸引了近2000人次的外籍教师到校教学访问，数千人次中美加高校师生到校学习交流，数百人次中加美政府、教育主管部门及驻华使馆官员到校访问交流。2009年9月建院十周年和2019年9月建院二十周年庆祝大会上，加拿大政府两任总理哈珀和特鲁多分别专程发来贺信以表彰学院为中加高等教育合作和人文交流做出的卓越贡献。

三　机遇挑战

（一）疫情防控——困境和机会共存

2020年以来，百年变局和疫情防控相互交织、相互激荡、相互影响，逆全球化思潮涌动，人员流动受阻，金融市场震荡，旧的国际秩序受到严重冲击。中外合作办学立足其中，也难以独善其身。在此特殊背景下，教育部门发出“停课不停学”的办学号召，《教育部等八部门关于加快和扩大新时代教育对外开放的意见》印发实施，进一步彰显教育对外开放的坚定决心。

可以说，中外合作办学正处于发展的十字路口，危险与机遇并存，危中有机，危可转机。从危险的角度看，一是招生管理的不确定性显著增加，优质教育资源共享链条受阻，影响着学生与家长的报考意愿。此外，世界范围内学生流动受阻，既影响外国学生来华留学，也增加了中国学生学者外出学习交流访问的成本与风险。二是传统教育教学方式面临冲击，根据国家相关防疫政策，外籍教师入境签证等难度骤增，优质教育资源引进随之受阻，在线教育、5G课堂等教学科研新形态新产品正加快重塑着合作办学的具体实现方式。三是中外合作办学业务面临挑战和考验，在全球疫情和国际关系与形势复杂多变的双重因素叠加影响下，部分正在开展或计划开展的中外合作办学均面临困难和压力，无法顺畅进行线下实地考察面对面交流研讨，虽可线上交流，但不够深入、全面，一定程度上影响了中外高校进行更加积极、更加深入、更加全面的合作与交流。各国出入境政策的调整，也对于中外师生的良好双向流动形成制约，中方师生出国学习、交流、访问受限，出国学习和交流往返成本也大大增加。从机遇的角度看，新冠肺炎疫情的发生，极大影响了中国学生出国留学的意愿，国内升学压力随之增加。为缓解出国留学受阻的困境，教育部于2020年内推动94个中外合作举办的大学、机构和项目临时扩招，2021年4月又批准增设51个本科以上中外合作办学项目。这无疑给合作办学打了一支"强心剂"。以吉大莱院为代表的中外合作办学项目（机构），以"4+0"等方式实现"不出国留学"，行业竞争力正逐步提升。在疫情防控常态化时期如何抓住机遇、转危为机，是吉大莱院实现高质量发展必须面对的首要问题。

（二）国家政策——利好信息充分释放

党的十八大以来，我国教育对外开放步入了以提质增效为基本特征的历史时期，形成了全方位、多层次、宽领域的对外开放新局面。在培养高层次人才、推动中外人文交流、引进优质教育资源、服务"一带一路"建设等方面取得了新成就。近年来，《教育部等八部门关于加快和扩大新时代教育对外开放的意见》《中国教育现代化2035》等政策文件陆续出台，中国教育对外开放的蓝图更清晰、布局更宽广、影响更深远。作为教育对外开放的重要组成部分、教育国际化的重要表现形式，中外合作办学受益于国家利好政策，保持了高水平、高质量的发展势头，实现了内涵式发展、提质增效和蓬勃发展。在把握新发展阶段、贯彻新发展理念、构建新发展格局的呼声越发响亮的今天，以吉大莱院为代表的中外合作办学机构和项目正主动融入其中，成为推动高等教育国际化、促进中外合作交流的新动力、新引擎。

（三）人才需求——前进路上的必修课

教育之所以成为国之大计，最根本就在于人才的培养与输出。2021 年 9 月 27 日，习近平总书记在中央人才工作会议上发表重要讲话时指出，“综合国力竞争说到底是人才竞争。人才是衡量一个国家综合国力的重要指标”①。在踏上实现第二个百年奋斗目标新的赶考路，开启全面建设社会主义现代化国家新征程的今天，各类人才需求不断扩大，聚才、用才、育才的社会氛围日益浓厚。以吉大莱院为代表的中外合作办学机构和项目，作为国际化人才培养的重要平台，其人才培养目标、培养质量和培养过程也在时刻经受考验。在科学技术领域，西方国家利用其先进的科学技术，一再发动“卡脖子”攻势，限制中国的崛起与发展，部分高校关键技术尤其是信息技术对华限制较多，影响合作办学的质效提升。在公共卫生领域，新冠肺炎疫情席卷全球，公共卫生管理、传染病防治、流行病调查、疫苗研发等各方面人才紧缺，中外合作办学需要积极面对此类人才需求挑战，主动服务全球抗疫大局，迎接新时代的抗疫大考。在教育文化领域，东西方意识形态争锋愈演愈烈，文化战、舆论战成为国际博弈的主题。中外合作办学既要服务于国家战略，培养大批高素质国际化人才，积极弘扬中国价值、中国精神，又要继续发挥中外交流互鉴平台作用，增进交流理解，促进民心相通。战略机遇大有可为，人才培养也须爬坡过坎，吉大莱院能否啃下这块“硬骨头”，决定着办学的成败。

（四）社会评价——亟待扭转的刻板印象

《中外合作办学条例》对中外合作办学机构的性质功能等曾做出明确定义，其中强调了“中外合作办学属于公益性事业”。吉大莱院自创办以来，始终坚持这一原则，严格按照国家标准招生收费，积极履行公益责任。但长期以来，围绕中外合作办学的各种议论层出不穷，社会民众仍然缺乏对中外合作办学的正确认识。一是对合作办学名称的误解，在中国地名、高校名称后

① 《习近平在中央人才工作会议上强调 深入实施新时代人才强国战略 加快建设世界重要人才中心和创新高地》，《人民日报》2021 年 9 月 29 日，第 1 版。

冠以国外高校名称。例如，“吉林大学莱姆顿学院”“昆山杜克大学”等，被视为不规范。二是对合作办学收费的质疑，因不了解合作办学带来的优质教育资源及“不出国留学”的新颖方式，不了解直接出国的1/4或1/5的费用比例，不了解质量高、竞争力强的学生培养成果，只是片面认为中外合作办学收费过高，而（自主招生）不通过高考统招招生入学的门槛较低，从而质疑合作办学的含金量。三是对国家政策的误读，从2018年到2021年8月，教育部中外合作办学监管工作信息平台先后对外发布累计共终止286个本科及以上层次中外合作办学机构和项目。此举旨在推动中外合作办学提质增效、规范健康发展，然而却被少数人误读为政策收紧，加深了社会对中外合作办学的误解。如今，进一步发挥中外合作办学品牌效应，消除社会民众对中外合作办学的误解，吉大莱院责无旁贷、任重道远。

四　未来展望

（一）加强党建工作，确保正确办学方向

坚持党的全面领导、坚持党管办学基本原则，是促进合作办学健康发展的根本政治保证。党的十九届四中全会后，教育部党组印发专门通知，要求坚持和完善党对教育工作全面领导的制度体系，加强高校院系、民办学校、中外合作办学和中小学党建工作，实现“纵到底、横到边”全覆盖。[①] 吉大莱院作为中外合作办学机构中的佼佼者、先行者，在中外合作办学党建工作方面经验丰富、底蕴深厚，仍须进一步弘扬优良传统，适应新时代、新阶段、新要求。

1. 抓好组织建设保障

一是锻造过硬工作队伍。加强学院党组织与吉林大学党委的沟通联络，进一步明确党支部书记、支部委员、各党小组的工作责任，严格执行党的各项规章制度，组织开展好“三会一课”，锻造一支信念坚定、政治过硬、

① 《中共教育部党组关于教育系统学习贯彻党的十九届四中全会精神的通知》，中华人民共和国教育部网站，2019年11月7日，http://www.moe.gov.cn/srcsite/A12/s7060/201911/t20191129_410201.html。

本领高超的党建工作队伍。二是党建业务融合发展。用好综合党小组、教务党小组、学生党小组，依据自身特点，制定专门措施，促进党的建设与合作办学业务融合发展；既要避免走向党的领导弱化、党组织软弱涣散的歧途，又要避免意识形态痕迹过重，引发师生尤其是外籍师生的逆反抵触心理。三是创新党员教育方式，发挥互联网平台作用，建设中外合作智慧党建平台，在不违背合作办学各项规章制度的前提下，定期对党员开展理论教育，防止因师生出境学习交流、疫情影响等与党组织联系减少或放松学习。四是发挥群团组织作用，加强党组织对群团组织的领导、指导和监督，充分发挥学院学生会、社团等桥梁和纽带作用，将党的主张意识融入学生会、社团活动和公益活动中。

2. 增强思想政治教育亲和力

习近平总书记强调，高校思想政治工作关系高校培养什么样的人、如何培养人以及为谁培养人这个根本问题。① 如何开展好思想政治教育工作，促进学生德智体美劳全面发展，时刻考验着吉大莱院的育人能力和水平。要坚守中国立场，做好理想信念教育，以爱国主义为核心内容，精心研制形势政策课和国情课程，突出中国特色社会主义伟大成就，引导学生进一步坚定做中国人的信心、骨气，防止其成为“颜色渗透”的对象。要传播中国价值，做好“三观”教育，以社会主义核心价值体系为引领，将主要内容融入学校感恩活动、汉语课程等，引领学生树立正确的世界观、人生观、价值观。要坚守中国情怀，做好实践教育，充分发挥实习见习作用，定期开展义工、志愿者活动，组织学生深入中国企业一线、深入基层，引导学生正确认识中国社会，树立积极向上的劳动观。

3. 守住底线防范风险

吉大莱院是中外合作交流的平台，不能忽视当前世界范围内东西方不同文明、不同色彩的碰撞交锋。要坚持底线思维，严守意识形态工作责任，防范各类“黑天鹅”“灰犀牛”事件的发生。要建立预警处置机制，要完善预警处置机制，继续进一步完善每学期既有的外籍教师工作会议机制和内

---

① 《习近平在全国高校思想政治工作会议上强调 把思想政治工作贯穿教育教学全过程 开创我国高等教育事业发展新局面》，《人民日报》2016 年 12 月 9 日，第 1 版。

容，进一步细化完善在外籍教师的日常管理、教育教学、课堂教学以及师生交流中的相关要求和准则，要立足于教育教学本身、立足于教书育人、立德树人，不能出现与中国法律法规和政治相违背的行为言语和教学内容；在师生管理上，严格遵守各项法律法规，防止师生通过网络发表质疑党的领导、否定党的路线等错误言论，从而引发恶性舆论事件；在师生流动上，严格遵守国家常态化疫情防控政策，做实做细校园疫情防控措施，防止因疫情扩散而给教学工作带来不必要的影响。

（二）凸显自身特色，探索高质量发展路径

近年来，面临国际国内的复杂形势，国家出台各项政策，不断完善顶层设计，引导中外合作办学机构规范发展，推动中外合作办学提质增效，释放了高质量发展、内涵发展的强烈信号。站在新的历史起点上，吉大莱院要在全国 2300 多个合作办学机构（项目）中脱颖而出，必须牢牢扣住高质量发展主题，突出自身特色，以高水平办学回应国家需求、社会关切。

1. 协调中外双方资源

吉大莱院作为吉林大学所属的合作办学机构，既完整引进北美优质教育资源、教育理念、教育方法，又受益于吉林大学悠久的历史、深厚的底蕴和一流的学科实力，可持续发展的后劲足、动力强。要做好谋篇布局，结合吉林大学一流高校、一流学科建设目标，充分调研了解中外双方既有优势和发展趋势，有计划、有针对性地引进优质师资力量，防止出现简单的“复制”“粘贴”，真正实现教育资源强强联合。要做好融合发展文章，继续探索“工科 + 商科”融合发展路径，注重各学科特色与差异，构建莱院特色优质学科群，提升教学科研综合实力。要做好中外合作交流，发挥平台载体作用，推动吉林大学与外方在科学研究、人才培养、文化交流等方面深入合作，真正做到对中外双方负责。

2. 积极拥抱数字技术

面对疫情传播造成的人员流动阻隔，传统的合作办学方式已显得捉襟见肘，网课、5G 课堂、交互课堂等教育教学新模式已成为热门话题。疫情发生后，吉大莱院充分利用国外合作院校优质的教学系统平台 Blackboard（Bb）和 D2L Brightspace，教师通过以上平台提供结构化的线上课程资源、

上传教学资料、组织线上教学与指导、开展在线教学活动，学生通过 Bb 和 D2L 平台与教师和同学小组交流讨论，在教师指导下开展自主学习和线上线下混合式学习，完成线上提交作业、线上测试等学习任务，保证了在线教育教学的正常开展。这一基于新兴技术，体现交互性、可实现性和易于操作性的混合式学习创新发展模式，是吉大莱院 20 多年中外合作办学教育教学生态理念、模式探索与创新的最好实践，将成为吉大莱院新的增长极。未来，仍需要充分发挥网络平台快速、便捷的优势，拓展业务合作伙伴，借助网络开展考察交流、科研合作等，推动教育教学模式和生态变革，培养出更多样化的高端复合型、应用型人才。

3. 提升人才培养质量

中外合作办学是重要的人才培养途径，人才培养质量同时也像一张“晴雨表”，反映着合作办学的成败得失。吉大莱院以应用型人才培养为本，着眼于长远发展与进步，首先是要进一步明确人才培养目标，以高质量国际化应用型本科人才培养为中心，根据社会发展需求、就业市场、升学深造重点难点等，做好教育资源引进、课程大纲设计和教育教学规划，不断提升学生的综合竞争力。其次是大局观念要强，聚焦国家大政方针，主动融入新发展格局，紧贴“一带一路”、碳中和、传染病防控等重大决策部署，以高质量应用型国际化人才输出满足国家和社会需求。同时，积极构建学校与地方、企业的协调互动关系，围绕吉林省冰雪经济、汽车经济、生物制药、农业发展等重点，搭建好校企、校地合作平台，将外方优质资源充分注入，最大限度地激发合作办学潜在优势。最后是质量评估要规范，对照国家教育部门相关标准，严格执行外方要求，健全完善学院教育质量评估体系、课程质量评估体系、学生培养质量评估体系等，严格规范招生录取、课程教学、学生社团、实习见习、科研创新、毕业答辩等各个环节，以刚性约束保障人才培养质量。

（三）做好经验推广，打造留学中国品牌

信息革命浪潮之下，5G 通信、大数据、云计算等技术手段为信息交换、社会交往带来了极大便利，也为身处其中的大众构建了无数“信息茧房”。在“酒香也怕巷子深”的时代，吉大莱院的品牌要打得更响亮、更持久，

离不开强有力的宣传引导和交流推介。

1. 加强宣传舆论引导

创新是引领发展的第一动力，也是宣传舆论能否落地见效的关键一招。要积极转变招生宣传理念，创新学院宣传内容，主动适应信息传播市场，围绕吉大莱院20余年来办学特色，找准切入点，制作一批为广大学生、家长刷屏热传的宣传产品，打造强势热门网络IP。要善用主流媒体，构建良好校媒关系，充分挖掘办学特色、新闻线索，主动喂料、加强供给，以权威媒体、专业媒体引领社会舆论走向。要用好新媒体技术，准确把握“00后”“10后”网络原住民的人群特征，充分把资源投入向新媒体倾斜，鼓励学校师生、管理人员开设个人自媒体账号，不断增强宣传舆论声势。

2. 搭建研究交流平台

近年来，中外合作办学相关理论研究的热度不断攀升，甚至催生了中国高等教育学会中外合作办学研究分会、厦门大学中外合作办学研究中心等专门机构。各类专家、智库对中外合作办学机构的评价，极大影响着社会舆论。吉大莱院的招牌要打得更响，就需要主动与各类智库、研究机构展开深入合作交流，在各类交流会、研究会上宣传莱院特色、推介莱院经验；充分尊重专家学者意见、评价，提升合作办学水平。此外，要发挥自身资源优势，继续高水平办好全国中外合作办学校长论坛（2018年、2019年已成功举办两届）和中外合作办学公共信息服务平台（中外合作办学教育网，网址：www.cfce.cn，创建于2001年），创建中外合作办学可持续发展论坛、国际化应用型高等教育创新发展研究院等研究机构，增强理论供给，不断提升自身话语权，营造良好的社会舆论氛围。

3. 积极推广成功经验

随着教育对外开放、教育国际化的步伐加快，海南自由贸易港、粤港澳大湾区、长江三角洲地区、中部和西部地区等积极引进世界优质高等教育资源、举办高水平中外合作办学，创建国际教育示范区，吸引着国内外众多高校前去办学兴教。要以先行者的闯劲儿、探索者的拼劲儿，充分调研各地政府、社会、市场发展需求，积极展开谈判交流，发挥自身独特优势，强势入驻新兴重点国际教育创新区、示范区。此外，科学评估国内东部、中部、西部等不同区域中外合作办学机构布局，针对基础薄弱的中西部地区，寻求合作发展伙伴，通过成立分院、教学基地、研究中心、共建学科点等，积极推广合作办学成功经验，有效扩大吉大莱院品牌的覆盖面。

进入“十四五”新阶段，吉大莱院将致力于携22年中加美合作办学国际化应用型高等本科教育创新实践与成功经验、优渥的全球优质高等教育资源及丰富的国际教育办学与管理经验，坚守教育初心、情怀和理想，追求卓越、坚持特色、发挥优势、面向国际、创新机制、分立转设成为一所独立设置、独立法人、新型、民办、国际化、高水平、应用型本科大学，培养适应未来社会需求和未来发展需求、具有中国情怀、国际视野、全球竞争力的国际化、创新型、复合型、应用型高素质人才，为服务国家战略和地方经济社会发展提供人才支撑和智力支撑，努力将自身打造成一所汇聚全球优质教育资源和先进办学治学经验，扎根中国、融通中外、中国特色、面向未来、国内知名、国际认可、具有国际影响力的新型、国际化、高水平、应用型本科大学，打造具有示范引领作用的国际化应用型高等教育创新发展“样板”与“品牌”。

参考文献

《中外合作 强强办学——吉林大学莱姆顿学院李树家院长谈教育模式的探索》，《人民日报海外版》2001年10月10日，第12版。

《打造中外合作办学的知名品牌——按国际教育模式培养复合型人才的吉林大学莱姆顿学院》，《人民日报》2002年7月27日，第11版。

《追风赶月向未来 凤舞九天写辉煌——吉林大学莱姆顿学院走向国际》，《中国青年报》2011年7月1日，第8版。

《打造独具特色的中外合作办学模式——来自吉林大学莱姆顿学院的调查之一》，《中国教育报》2019年5月22日，第7版。

《打造独具特色的中外合作办学模式——来自吉林大学莱姆顿学院的调查之二》，《中国教育报》2019年5月28日，第8版。

《打造独具特色的中外合作办学模式——来自吉林大学莱姆顿学院的调查之三》，《中国教育报》2019年6月4日，第12版。

《打造独具特色的中外合作办学模式——来自吉林大学莱姆顿学院的调查之四》，

《中国教育报》2019 年 6 月 11 日，第 8 版。

《十载春秋育人路 一曲桃李争艳歌——写在吉林大学莱姆顿学院十年华诞之际》，《中国青年报》2009 年 7 月 1 日，第 4 版。

何曜：《让“外”融通于“中”——吉林大学莱姆顿学院的中外合作办学之路》，《神州学人》2019 年第 12 期。

未来篇

Future Development Reports

B.13 中外合作办学的现代化与国际化未来

何 曜 王晨晨*

摘 要： 教育是国之大计，党之大计。党的十八大以来，以习近平同志为核心的党中央坚定不移实施科教兴国、人才强国和教育强国战略，坚持优先发展教育，深入推进教育领域全方位改革，不断加大教育投入力度，教育现代化加速推进，我国教育总体水平进入世界中上行列，取得了全方位、开创性的历史性成就。中外合作办学作为我国教育事业的有机组成部分和对外开放的重要形式，服务国家发展战略、国内国际发展大局，在国家外交战略、中外民间人文交流中发挥着巨大的作用；在引进国外优质教育资源的同时，促进教育教学改革和学科专业建设，扩大教育消费，满足人民群众多样化的教育需求，拓宽人才培养途径，培养了大批国际化创新人才，为国家和地方的经济社会发展做出了突出贡献。

关键词： 中外合作办学 教育现代化 教育国际化

---

* 何曜，吉林大学莱姆顿学院副院长，研究方向为中外合作办学管理；王晨晨，吉林大学新闻与传播学院本科生，研究方向为新闻实践。

一　中外合作办学的历史回顾

中外合作办学作为我国教育事业的有机组成部分和对外开放的重要形式，经历了开基创业的艰辛和转型升级的探索。在我国教育全方位、多层次、宽领域对外开放的新时期，中外合作办学实现了内涵式发展，对推进我国教育体制机制改革，合理引进、有效利用国外高质量教育资源，加快学科建设进程，培养具有综合素质的国际化人才，服务国家和地方经济社会发展，促进教育对外开放向更高水平发展，推进中外人文交流，具有显著的积极意义。同时，在一定程度上满足了人民群众在国际教育方面的不同需求，满足了中国学生不出国门享受高质量国际化教育资源的需求，已成为我国教育体制机制改革的“新引擎”。

（一）开创先河：萌芽发展阶段（晚清—民国时期）

中国教育国际化的历程，最早起源于对清政府对外翻译和外交人才的迫切需求，至今已经有一百多年的历史。

清末民初以来，各种形式的中外合作办学活动给中国的教育变革带来了不少进步的影响。1862 年，清政府开办了同文馆，除聘请外籍教师教授英、法、俄、德、日五国语言外，还开设了天文、数学、物理、化学、地理和医学等科日。1872 年，中国第一批公派小留学生远渡重洋前往美国，后来多人进入哈佛、麻省理工等顶级名校，培养出詹天佑、唐绍仪、蔡绍基、吴仰曾等一系列国人耳熟能详的优秀人物，推动了我国现代化发展的进程。

1876 年，英国驻沪领事麦华佗与沪上士绅合作创立了上海格致书院，该书院采取中外合作办学的形式，在诸多方面均以“西学”作为参考，如办学模式、教学内容及方法等，开创了中国近代新式高等教育之先河。此外，在晚清时期，中外合作办学的著名机构还有圣约翰书院、广州格致书院、德文医学堂、青岛特别高等专门学堂等。

“中华民国”成立后，中外合作办学以三种形式持续向前推动：第一种是将已经存在的书院或学堂发展为相关高校，如圣约翰书院发展成圣约翰大学、德文医学堂发展为同济大学等；第二种是成立一批教会高校，如1919年成立的燕京大学、1927年升格的辅仁大学等；第三种是新建一批中外合作高校，如1915年成立的河南福中矿务学校、1920年成立的中法大学等。这一时期，虽然中外合作办学在稳步持续发展中，但仍存在数量和规模不成体系的问题，此外，教育主权也不在中方管辖范围内，而是由外方把持。

（二）步履维艰：探索发展阶段（1949～1977年）

新中国成立初期，受国际形势和社会制度等因素的影响，我国建设的主旋律是全面向苏联学习，文化交流和友好往来也主要在苏联及其他社会主义国家之间进行。

在此背景下，中外合作办学最先开始于1949年苏联援建的中国航校；同年10月，苏联派出了以巴季茨基为首的974名航空专家，参与我国最初6所航校的建设。综合来看，苏联援建的中国航校在真正意义上体现了中外合作办学。在办学主体上，苏联茹科夫斯基空军工程学院、红旗空军学院等与我国6所航校开展合作办学；在办学地域上，苏联专家参与6所航校的选址，实现了在我国境内创立航校；在教学过程上，专家不仅参与了教学计划的制订及教材的编写、还亲自授课，并对学生进行实习指导乃至空战指导等系列活动；在人才培养上，致力于各种专业技术人才的引进和培养，如对空军的发展；在办学效果上，不仅引入了我国在当时急需的空军先进器材及空战技术，而且为我国培养了一大批空军及相关专业技术人才，并直接投入抗美援朝“实战”中，为我国快速跨入世界空军强国之列发挥了重要作用。

中苏合作办学还包括1950年6月7日新中国接管的哈尔滨工业大学（前身为创建于1920年的哈尔滨中俄工业学校）、1950年10月3日正式开学的中国人民大学、1950年底由华东海校改建的中国人民解放军海军联合学校等。苏联援建的中国航校和其他高校是典型的中外合作办学案例，带来的重大启示在于：应基于国家需求和现实情况来推动发展中外合作办学，合作办学的项目应符合我国的历史背景和现实需求，同时对所涉及的行业、产业具有重大意义。

（三）万象更新：恢复发展阶段（1978 ~2000年）

1. 恢复起步（1978 ~ 1994年）

随着20世纪60年代末至70年代初以来的中国外交政策的强力调整，中国共产党于1978年召开了开启改革开放历史新时期的党的十一届三中全会，推动建设中国特色社会主义进入新阶段，中国的面貌发生了历史性的变化，一个面向现代化、面向世界、面向未来的中国傲然屹立在东方。在万象更新的大背景下，我国重新恢复了中外合作办学的工作。

1979 ~ 1980年，我国政府与联合国开发计划署先后签订了“加强部分重点大学的人才培养和科学研究”等项目，这是改革开放后我国政府与国际组织之间开展的第一批中外合作办学项目。我国的中外合作办学工作体现在合作办学机构和合作办学项目两个方面。在合作办学机构方面，南京大学与美国约翰斯·霍普金斯大学合作共建了“中美文化研究中心”，这是改革开放后我国高校与国外高校共建的第一个合作办学机构。在合作办学项目方面，天津财经学院与美国俄克拉荷马大学合作举办中国MBA培训班（1987年），成为改革开放后我国高校与国外高校共建的第一个合作办学项目。

1993年6月30日，国家教委发布了《关于境外机构和个人来华合作办学问题的通知》，内容强调了对中外合作办学的积极态度，提出了“积极慎重、以我为主、加强管理、依法办学”的原则。在我国改革开放政策中，多种形式的对外交流教育和国际合作扮演着重要角色，到1994年底，据对20个省、自治区、直辖市的不完全统计，已设立中外合作办学机构70个，其中实施学历教育的机构有20个、非学历教育的机构有23个。①

2. 经济转型期间的快速发展（1995 ~ 2000年）

20世纪90年代，我国教育立法工作取得重大进展，合作办学在教育立法的快车上迎来重要的发展机遇期。这一时期，合作办学规模迅速扩大，逐渐覆盖整个教育体系。

1995年，国家教委发布《中外合作办学暂行规定》，这是改革开放以来

① 中国教育和科研计算机网，https://www.cernet.edu.cn。

我国在中外合作办学领域的第一部规章。该规定指出，“中外合作办学是中国教育对外交流与合作的重要形式，是对中国教育事业的补充”，并对中外合作办学的概念、设立、运行与监督等进行了明确界定；就中外合作办学的意义、性质、应遵循的原则、审批标准及流程、办学主体及领导体制机制、证书发放及文凭学位授予、监督体制及原则等进行了全方位的详细规定，为合作办学提供了直接可遵循的政策依据。

为了明确中外合作办学活动中境外学位授予管理的有关政策，1996年1月22日，国务院学位委员会办公室颁布了《关于加强中外合作办学活动中学位授予管理的通知》；1999年，中共中央、国务院在北京召开了改革开放以来的第三次全国教育工作会议，印发了《中共中央国务院关于深化教育改革全面推进素质教育的决定》，提出要“进一步解放思想，转变观念，积极鼓励和支持社会力量以多种形式办学，满足人民群众日益增长的教育需求”。

（四）步入正轨：规范发展阶段（2001~2017年）

1. 加入WTO后的调适发展（2001~2002年）

2001年，我国加入世界贸易组织（WTO）。此后，中国就积极践行加入时的承诺，并将其作为国内立法的重要依据，通过制定出台《中华人民共和国中外合作办学条例》（以下简称《中外合作办学条例》）及其实施办法、《中华人民共和国民办教育促进法实施条例》等法规，在履行“入世”承诺下最大限度地确保国家教育主权，对因外方机构急剧涌入中国教育市场可能带来的无序竞争进行规范与引导；通过机构跨境、人员跨境、项目跨境等多种交流方式，尽可能引进国外高水平的教育资源，丰富国内教育的选择性，为办学模式的创新发展、师资水平的显著提升、人才培养途径的拓宽带来了积极意义与影响。

为适应我国加入世界贸易组织的新形势，引导中外合作办学良性有序发展，2003年3月1日，国务院正式颁布《中华人民共和国中外合作办学条例》，进一步明确中外合作办学属于公益性事业，是中国教育事业的重要组成部分。国家对中外合作办学实行“扩大开放、规范办学、依法管理、促进发展”的方针，鼓励引进优质教育资源。《中外合作办学条例》是我国改革开放以来中外合作办学领域的第一部行政法规，其颁布标志着中外合作办学政策步入规范建设时期。

2. 法制化发展（2003~2012年）

为保障中外教育服务提供者和出国留学者的合法权益，强化对各类教育涉外活动的监督管理工作，逐步建立健康有序的教育涉外秩序，2003年年初，教育部在国际合作与交流司增设教育涉外监管处，陶洪建任处长并创造性地提出了建设“两个平台”和“两个机制”的监管设想。其工作范围主要包括中外合作办学、自费出国留学中介服务、外籍人员子女学校，以及中外合作举办教育考试、举办国际教育展览等。同时建立并开通了教育部教育涉外监管信息网站。

2004年是我国中外合作办学的“整顿年”。根据教育部发布的《中华人民共和国中外合作办学条例实施办法》（2004年6月2日，以下简称《中外合作办学条例实施办法》）、《关于做好中外合作办学机构和项目复核工作的通知》（2004年8月12日），由教育部牵头对我国各地的中外合作办学进行整顿和“复核”工作，依法取消了包括美国夏威夷大学等在内的多个非法合作项目；批准成立了第一所独立法人中外合作办学机构——宁波诺丁汉大学。《中外合作办学条例》和《中外合作办学条例实施办法》这两部法规为中外合作办学提供了法律保障，使其走向新阶段。

此后，《教育部关于当前中外合作办学若干问题的意见》（2006年2月）出台，强调了中外合作办学要坚持公益性原则，坚持依法办学、规范管理，坚持引进高质量教育资源，加大对质量的管理力度和监管力度。第一次明确提出引进优质教育资源的“四个三分之一”量化要求。

以教育部出台《关于进一步规范中外合作办学秩序的通知》（2007年4月）为标志，我国中外合作办学进入信息化管理时代。2008年4月，依托教育部教育涉外监管信息网设立的教育部中外合作办学监管工作信息平台正式开通，包括机构及项目审批名单、颁发境外证书注册及认证、监督举报渠道、国外教育资源、政策法规等10个方面信息。2009年7月，《教育部办公厅关于开展中外合作办学评估工作的通知》出台，教育部正式开展对中外合作办学质量的评估工作。2010年2月，首批选择天津、辽宁、江苏、河南4省（市）的中外合作办学机构和项目开展“试评估”工作。

至此，教育部对中外合作办学行政监管的“两个平台”和“两个机制”建设基本完成，即建立中外合作办学监管工作信息平台、建立中外合作办学颁发证书认证工作平台、建立中外合作办学质量评估机制、建立中外合作办学执法和处罚机制。

为落实《国家中长期教育改革和发展规划纲要（2010—2020 年）》，加强中外教育交流与合作，促进来华留学事业持续健康发展，提高我国教育国际化水平，2010 年 9 月，教育部制定并印发《留学中国计划》，主要目标是：到 2020 年，全年在内地高校及中小学校就读的外国留学人员达到 50 万人，其中接受高等学历教育的留学生达到 15 万人，使我国成为亚洲最大的留学目的地国家。

《国家中长期教育改革和发展规划纲要（2010—2020 年）》（2010 年 5 月）的颁布，明确提出要加强国际教育交流与合作，取长补短，不断提高我国教育国际化水平；要适应国家经济社会对外开放的要求，培养大批具有国际视野、通晓国际规则、能够参与国际事务和国际竞争的专业人才；鼓励各级各类学校开展多种形式的国际交流与合作，办好若干示范性中外合作学校和一批中外合作办学项目。

教育部办公厅出台的《关于加强涉外办学规范管理的通知》（2012 年 3 月），要求各高校要准确把握中外合作办学的政策界限，不得以中外合作办学名义举办专升本项目以及留学预科班等涉外办学项目，并严格对境外学位证书的认证程序和认证标准进行把关。

中美合作、具有独立法人资格的研究型大学——上海纽约大学，于 2012 年 10 月正式成立。截至 2012 年 10 月，国家中外合作办学机构和项目已达到 1765 个，但地区分布呈不均衡状态，主要集中在经济文化较发达的东部沿海省（市）及大中城市。

3. 提质增效（2013 ~ 2017年）

党的十八大以来，我国的教育对外开放进入了新阶段，形成了全方位、多层次、宽领域的对外开放新局面。

教育部为完善涉外办学的工作机制，提升行政管理水平，于 2013 年年初在国际合作与交流司设立了涉外办学管理处，闫炳辰先生任处长。这也代表我国将进一步加强中外合作办学管理，推进中外合作办学向高水平、示范性的方向持续发展。

除此之外，教育部于2013年4月11日出台《关于印发〈中外合作办学本科专业整理审核汇总表〉的通知》，对照《普通高等学校本科专业目录（2012年）》等，教育部对中外合作办学本科专业的专业代码、专业名称、修业年限、学位授予门类进行了调整。

为提高高等学校中外合作办学工作质量，引导其科学发展，教育部国际合作与交流司于2013年7月31日发布《关于近期高等学校中外合作办学有关情况的通报》，通报了存在的三方面突出问题：一是外国高校“连锁店”办学，二是中介机构参与包办中外合作办学，三是个别中方高校办学目的不端正、动机不纯。2013年9月5日，教育部召开新闻发布会，介绍中外合作办学发展的相关情况。

改革开放以来，我国教育国际合作与交流快速发展，教育对外开放初步形成了全方位、多层次、宽领域的格局。自2010年《国家中长期教育改革和发展规划纲要（2010—2020年）》实施以来，中外合作办学发展情况总体较好，保持了高水平、示范性中外合作办学的势头，社会关注度、信誉度、品牌度均有所提升，社会影响力扩大，进一步促进了教育改革发展，推动了教育对外开放向更高水平迈进。

教育部出台的《关于进一步加强高等学校中外合作办学质量保障工作的意见》（2013年12月），要求加强新时期中外合作办学质量保障工作，提升办学质量，建设高水平、示范性的中外合作办学。文件强调，明确质量保障建设总体目标；加强全面统筹，优化布局结构；完善优质教育资源引进机制；规范办学过程管埋；完善质量评价体系；加强质量监管和行业自律；推动改革创新，加大示范性中外合作办学支持力度；强化分级管理。对建立独立法人中外合作大学，重点强调要真正引进强校、名校。2013~2016年，昆山杜克大学、温州肯恩大学、香港中文大学（深圳）、广东以色列理工学院、深圳北理莫斯科大学等本科以上独立法人中外合作办学机构相继成立。

党的十八大以来，党中央高度重视新时代的教育对外开放，习近平总书记做出一系列重要指示批示，并多次向世界宣示中国将扩大教育开放。2014年5月2日，《国务院关十加快发展现代职业教育的决定》指出，要加强国际交流与合作。完善中外合作机制，支持职业院校引进国（境）外高水平专家和优质教育资源，鼓励中外职业院校教师互派、学生互换。实施中外职业院校合作办学项目，探索和规范职业院校到国（境）外办学。

为全面深化教育领域综合改革，实现简政放权、放管结合、优化服务，2015 年 6 月，教育部把国际合作与交流司教育涉外监管处并入涉外办学管理处，成立新的职能处——教育部涉外办学和监管处。

作为新中国成立以来第一个全面指导我国新时期教育对外开放的纲领性文件，中共中央办公厅、国务院办公厅于 2016 年 4 月印发的《关于做好新时期教育对外开放工作的若干意见》明确提出，要引进国外优质资源，全面提升合作办学质量。

（五）新的时代：高质量发展阶段（2017年至今）

习近平总书记在党的十九大报告中提出，“中国特色社会主义进入了新时代”。在承前启后、继往开来的新时代，党和国家领导人从坚持和发展中国特色社会主义的战略高度，做出了优先发展教育事业、加快教育现代化、建设教育强国的重大部署。

新时代首次全国教育大会于 2018 年 9 月 10 日在北京召开，习近平总书记在会上做重要讲话，系统回答了关于教育现代化的重大理论和实践问题，对加快推进教育现代化进程、建设教育强国、办好人民满意的教育做出了全面部署，向全党全国全社会发出了加快教育现代化的动员令，为新时代教育提供了根本遵循。①

习近平总书记在全国教育大会上强调，坚持扎根中国大地办教育；要扩大教育开放，同世界一流资源开展高水平合作办学。这为新时代中外合作办学的发展指明了方向。

遵循党的十九大战略部署和贯彻落实习近平总书记关于教育的重要论述，2019 年 2 月，中共中央、国务院印发《中国教育现代化 2035》，中共中央办公厅、国务院办公厅印发《加快推进教育现代化实施方案（2018—

① 《深入学习贯彻习近平总书记关于教育的重要论述 奋力开创新时代教育工作新局面》，求是网，2018 年 9 月 30 日，http://www.qstheory.cn/dukan/qs/2018-09/30/c_1123498429.htm。

2022年)》。

《中国教育现代化2035》是我国第一个以教育现代化为主题的中长期战略规划，是新时代推进教育现代化、建设教育强国的纲领性文件，具有全局性、战略性、指导性的特质，与以往的规划相比，有更大的时间跨度和更明显的目标导向，系统勾画了我国教育现代化的战略愿景，明确提出了教育现代化的战略目标、战略任务和实施路径。

2018年7月，教育部印发《关于批准部分中外合作办学机构和项目终止的通知》，公布了依法终止的234个本科以上中外合作办学机构和项目。标志着我国中外合作办学至此进入由规模发展向内涵建设的淘汰更新、优化升级转型阶段。2018～2019年，教育部根据《中外合作办学条例》及其实施办法，不断完善中外合作办学退出机制，共依法批准286个中外合作办学机构和项目终止办学。退出机制将有利于中外合作办学更高质量发展，是新时代中外合作办学回应社会主要矛盾转化、满足人民群众更高质量教育需求的必然要求。

为深入贯彻习近平总书记在庆祝海南建省办经济特区30周年大会上的重要讲话精神，全面落实《中共中央国务院关于支持海南全面深化改革开放的指导意见》要求，支持海南建设国际教育创新岛，推动教育持续扩大开放、全面深化改革、释放发展活力、提升服务能力。2019年6月20日，教育部、海南省人民政府联合印发《关于支持海南深化教育改革开放实施方案》。

《中共教育部党组关于教育系统学习贯彻党的十九届四中全会精神的通知》（2019年11月7日）指出："加强高校院系、民办学校、中外合作办学和中小学党建工作。支持和规范民办教育、合作办学。出台《关于加快和扩大新时代教育对外开放的意见》，进一步完善教育对外开放体制机制，提高中外合作办学、来华留学质量，打造新时代教育对外开放新高地。"

为贯彻落实习近平总书记关于教育对外开放重要指示批示精神，全面总结党的十八大以来教育外事工作成绩，深入分析教育外事工作面临的新形势、新任务。2019年12月12～13日，教育部在京召开全国教育外事工作会议，对加快和扩大新时代教育对外开放工作进行动员部署。2020年6月发布的《教育部等八部门关于加快和扩大新时代教育对外开放的意见》

指出，教育对外开放是教育现代化的重要组成部分，也是显著有效的推动力，要以习近平新时代中国特色社会主义思想为指导，坚持教育对外开放不动摇，主动加强同世界各国的互鉴、互容、互通，形成更全方位、更宽领域、更多层次、更加主动的教育对外开放局面。

党的十九届五中全会提出，加快构建以国内大循环为主体、国内国际双循环相互促进的新发展格局；构建高质量教育体系。对新时代、新阶段的教育对外开放和中外合作办学提出了新的更高要求：坚持教育开放，扩大国内大循环，促进内外双循环，推动高质量发展。

在教育部于2020年12月22日召开的新闻发布会上，教育部国际合作与交流司司长、港澳台办公室主任刘锦介绍，“十三五”时期，改革中外合作办学准入审批制度，在上海试行理工农医类学科专业“双一流”建设高校中外合作办学项目备案制，在海南、福建、广东、浙江、重庆、河南等六省（市）试点实施部省联合审批制。“十三五”时期，教育部共审批和备案中外合作办学机构和项目580个（独立法人机构7个、非独立法人机构84个、项目489个），其中本科以上356个。截至2020年底，现有中外合作办学机构和项目2332个，其中本科以上1230个。

二　我国教育的现代化与国际化发展之路

“教育是国之大计、党之大计。”[①] 习近平总书记曾在全国教育大会上对新时代我国教育事业基本方位做出最新的战略性、全局性判断。为此，从现在起加快教育现代化、建设教育强国，就是深入落实以习近平同志为核心的党中央宏观战略部署的重要环节。

（一）现代化与国际化是我国教育发展的坚定选择

百年来，中国共产党始终高度重视教育事业，将建设教育强国作为中华民族伟大复兴的基础工程，走出了一条中国特色社会主义的教育现代化

① 《教育是国之大计党之大计》，人民网，2018年9月12日，theory. people. coom. cn/n1/2018/0912/c40531 - 30288768. html。

之路。

新中国成立之初，以毛泽东同志为代表的中国共产党人便带领全党全国各族人民共同探索建设社会主义教育制度，迅速完成了对旧中国教育制度的“坚决改造”。党的八大以后，新民主主义教育方针转变为社会主义教育方针，新中国开始走上社会主义教育事业发展道路。

改革开放以来，以邓小平同志为代表的中国共产党人团结带领全党全国各族人民，以“教育要面向现代化，面向世界，面向未来”为指针，探索开辟了中国特色社会主义教育发展道路。以江泽民同志、胡锦涛同志为代表的中国共产党人团结带领全党全国各族人民，推动实施科教兴国战略和人才强国战略，为加快社会主义现代化建设和促进人的全面发展提供了有力支持。

在中国特色社会主义的新时期，以习近平同志为核心的党中央团结带领全党全国各族人民，更加重视教育事业，坚持以人民为中心的发展思想，加强党对教育工作的全面领导，面对实现“两个一百年”奋斗目标和中华民族伟大复兴中国梦，做出优先发展教育事业、加快教育现代化、建设教育强国的战略部署，推动中国特色社会主义新时代的教育现代化迈入新征程。

从党中央、国务院于 1985 年 5 月在北京召开了改革开放以来的第一次全国教育工作会议开始，到 2018 年，我国已经召开了五次全国教育工作会议，每一次全国教育大会的召开，都为我国教育的现代化和国际化发展提出新的要求、指明新的路线。

第一次全国教育工作会议的中心议题就是中共中央《关于教育体制改革的决定（草案）》，并研究贯彻执行的步骤和措施。邓小平出席了会议闭幕式，做了题为《把教育工作认真抓起来》的重要讲话，要求各级领导要像抓好经济工作那样抓好教育工作。1985 年 5 月 27 日，《中共中央关于教育体制改革的决定》拉开了中国教育体制改革的序幕。1994 年 6 月，中共中央、国务院在北京召开了改革开放以来的第二次全国教育工作会议，进一步动员全党全社会认真落实《中国教育改革和发展纲要》，确立教育优先发展的地位。

江泽民在 1999 年召开的第三次全国教育工作会议上，再次向全党和全社会发出了深化教育改革、全面推进素质教育、振兴教育事业、实施科教兴国战略、为实现社会主义现代化建设的宏伟目标而奋斗的号召。同时，印发了《中共中央国务院关于深化教育改革全面推进素质教育的决定》。

2010年7月，第四次全国教育工作会议在北京举行。胡锦涛在会议上发表重要讲话，强调大力发展教育事业，是全面建设小康社会、加快推进社会主义现代化、实现中华民族伟大复兴的必由之路。全党全国要积极行动起来，坚持育人为本，以改革创新为动力，以促进公平为重点，以提高质量为核心，推动教育事业在新的历史起点上科学发展，加快从教育大国向教育强国、从人力资源大国向人力资源强国迈进，为中华民族伟大复兴和人类文明进步做出更大贡献。会后，印发了《国家中长期教育改革和发展规划纲要（2010—2020年）》，标志着中外合作办学站在了新的历史起点，进入全新发展时期。

习近平总书记在2018年9月10日于北京召开的第五次全国教育大会上，强调了在党的坚强领导下，全面贯彻党的教育方针，坚持马克思主义指导地位，坚持中国特色社会主义教育发展道路，坚持社会主义办学方向，立足基本国情，遵循教育规律，坚持改革创新，加快推进教育现代化、建设教育强国、办好人民满意的教育。①

党的十九大明确提出，建设教育强国是中华民族伟大复兴的基础工程，必须把教育事业放在优先位置，深化教育改革，加快教育现代化，办好人民满意的教育。中共中央、国务院印发《中国教育现代化2035》，提出推进教育现代化的总体目标是：到2035年，总体实现教育现代化，迈入教育强国行列，推动我国成为学习大国、人力资源强国和人才强国，为到本世纪中叶建成富强民主文明和谐美丽的社会主义现代化强国奠定坚实基础。

（二）教育现代化在党和国家的领导下稳步发展

中外合作办学古来有之，至少可溯源至隋唐时期。但是，清末民初以来，在“弱国无平等”的历史背景下，尚处于半殖民地半封建社会的旧中国，教育主权残缺不全，唯有新中国建立之后，在中国共产党的领导下开

① 《总书记关切开放事丨开放，开启中国教育新篇章》，“新华网”百家号，2019年11月20日，https://baijiahao.baidu.com/s?id=1650721735780868442&wfr=spider&for=pc。

展的中外合作办学活动，实现了教育主权的掌控，进而为中外合作办学的建设夯实根基、笃定乾坤。

党的十二大第一次把教育提高到现代化建设战略重点之一的地位，把教育作为实现20年国民经济翻两番的重要保证和重要推动力。党的十二大上通过的具有划时代意义的《全面开创社会主义现代化建设的新局面》中明确提出：发展教育事业和科学技术是我国经济发展的一个战略重点。为此，要大力推动初等教育普及，加大各级各类教育事业发展力度，培养多学科的专业人才，提高全民族的科学文化素养和教育水平。

党的十三大提出，坚持发展教育事业有重要的战略意义，需要把科学技术和教育事业的发展摆在第一位，使经济建设的依靠重点转向科技进步和劳动者素质的提高。为了贯彻执行党的十三大有关教育工作的指示，我国的教育事业进行了一系列的改革，向着教育现代发展的道路不断前进。

党的十四大第一次提出“必须把教育摆在优先发展的战略地位”。“我们必须把教育摆在优先发展的战略地位，努力提高全民族的思想道德和科学文化水平，这是实现我国现代化的根本大计。”[①] 从党的十二大提出把教育作为经济发展的战略重点之一，到党的十三大提出把发展教育事业放在突出的战略位置，再到十四大在中国共产党的执政历史上第一次明确提出把教育摆在优先发展的战略地位，这体现了中国共产党在建设富强、民主、文明的社会主义国家的历史进程中对发展教育事业的高度重视，是我们党代表广大人民群众愿望的生动体现，也是我们党顺应时代潮流做出的战略抉择。

党的十五大报告指出：发展教育和科学，是文化建设的基础工程，培养同现代化要求相适应的数以亿计的高素质劳动者和数以千万计的专门人才，发挥我国巨大人力资源的优势，对21世纪社会主义事业全局有重要意义；要突出教育的重要战略意义，把科技水平的提高放在经济社会发展的关键地位，使经济建设的依靠重点转向科技进步和劳动者素质的提高。

党的十六大指出，教育在科学技术的持续发展和人才培养进程中具有

① 《探索跨世纪教育改革发展新路径》，“中国教育报”百家号，2022年6月23日，https://baijiahao.baidu.com/s?id=1736406891029705427&wfr=spider&for=pc。

关键性的基础意义，在现代化建设中起到了先导性、全局性的作用，重视优先发展教育的战略意义，建设富强、民主、文明的社会主义国家，是我们党的一贯追求，也是我们党顺应人民群众的愿望和时代发展趋势的体现。要坚持教育为社会主义现代化建设服务，为人民服务，与生产劳动和社会实践相结合，培养德智体美全面发展的社会主义建设者和接班人。

党的十七大指出，优先发展教育，建设人力资源强国。教育是民族振兴的基石，教育公平是社会公平的重要基础。要全面贯彻党的教育方针，坚持育人为本、德育为先，实施素质教育，推动教育现代化水平不断提高，培养德智体美全面发展的社会主义建设者和接班人，办好人民满意的教育。

党的十八大指出，教育是民族振兴和社会进步的基石。优先发展教育事业、加快教育发展现代化、建设教育强国、办好人民满意的教育。“百年大计，教育为本”。习近平总书记指出，培养什么人，是教育的首要问题。教育必须把培养社会主义建设者和接班人作为根本任务，培养一代又一代拥护中国共产党领导和我国社会主义制度、立志为中国特色社会主义奋斗终身的有用人才。这是教育工作的根本任务，也是教育现代化的方向目标。[①]

中外合作办学作为党和国家教育事业的重要组成部分，正在习近平新时代中国特色社会主义思想指引下蓬勃发展。

党的十九大报告明确指出，“中国开放的大门不会关闭，只会越开越大”。这一鲜明的立场为新时代中外合作办学发展奠定了坚实的基调。

实现中华民族伟大复兴的中国梦，必须优先发展教育，将建设教育强国作为基础工程。习近平同志指出，“两个一百年”奋斗目标的实现、中华民族伟大复兴中国梦的实现，归根到底靠人才、靠教育。源源不断的人才资源是我国在激烈国际竞争中的重要潜在力量和后发优势。

全球范围内的科技革命和产业革命正在兴起，新一轮的重大科技创新正在引领社会生产领域的创新与变革，互联网、人工智能等新技术的不断发展与完善使教育形态发生了新的变化，学习知识和教育方式、教和学的

① 《教育的首要问题是什么？习近平给出了这个答案》，“新华网”百家号，2018 年 9 月 10 日，https://baijiahao.baidu.com/s? id = 1611220124187243481&wfr = spider&for = pc。

关系正在发生深刻转变。必须抓住机遇，超前布局，以更高远的历史站位、更宽广的国际视野、更深邃的战略眼光对加快推进教育现代化、建设教育强国做出统筹性的部署和设计，推动我国教育质量不断优化、教育效率不断提高，以更公平、更可持续化的方式发展。

“教育是国之大计、党之大计”，必须始终坚持党对教育事业的全面领导。改革开放以来，我们党相继在国家层面实施科教兴国、人才强国、创新驱动发展、教育强国等战略，适度超前部署教育现代化，用教育现代化支撑国家现代化，并逐渐形成长效机制。

科技进步日新月异、国际竞争日趋激烈。当今世界的综合国力竞争，说到底是人才竞争，人才越来越成为推动经济社会发展的战略性资源，教育的基础性、先导性、全局性地位和作用更加突显。

为确保教育现代化目标任务的实现，《中国教育现代化2035》明确了三个方面的保障措施：一是加强党在教育工作中的全方位领导角色，二是完善教育现代化投入支撑体制，三是完善落实机制。各主体全面推进教育现代化，形成全社会关心、支持和积极参与教育现代化建设的良好氛围。

党的十八大以来，教育对外开放的蓝图更加清晰，开放布局更全面宽广，得到了更显著的助力，同时塑造了良好鲜明的品牌形象，产生了更加深刻的影响。中国在全球范围的国际学生流动中占据了举足轻重的地位，是世界最大的国际学生生源国和亚洲最大的留学目的地国。中外合作办学作为教育对外开放的重要载体实现了蓬勃发展。

（三）教育现代化与国际化的探索与国际关系相辅相成

国际化既是国家现代化和教育现代化的手段，也是其中的重要内容。而教育的国际化作为经济全球化、贸易自由化的社会现象是一个客观形成、发展和进化的过程。对于我国来说，高等教育国际化不仅与国际关系密切相关，发展轨迹也十分同步。

新中国成立以来，党和国家领导人不断探索和平开放的国际关系，为国家繁荣和现代化赢得了良好的国际环境。我国高等教育的国际化也随着国际关系的变化而不断发展。

中华人民共和国成立时，世界正处于“冷战”时期。这一阶段，我国教育国际化主要面向苏联、越南、朝鲜等社会主义国家。大量外国留学生被派往中国学习和引进苏联高等教育体制和课程体系，是典型的“进口”型国际化模式。

1957年后，我国高等教育国际化工作开始调整方向，转为面向欧洲、非洲、亚洲的非社会主义国家及周边国家。在继续向社会主义国家派遣留学生的同时，加大向资本主义国家派遣留学生的力度，不断吸收外国先进科学技术。

改革开放后，我国社会主义现代化建设步入正轨，对外关系也进入了最佳的长期发展阶段，以此为背景，我国的高等教育开启了国际化的黄金时代。经过40多年的发展，我国高等教育已经由边缘走向中心，成为世界高等教育的重要组成部分，不仅是世界公认的最大留学生输出国和几大重要输入国之一，而且是高校国际合作办学的最重要国家，SCI论文发表数量也位列世界第二，世界上几乎所有国家都有中国学生，中国已成为高等教育全球化的重要一员。

新时代有新使命、新任务和新要求。2013年9月和10月，习近平总书记分别提出建设“新丝绸之路经济带”和“21世纪海上丝绸之路”的合作倡议。“一带一路”旨在借助古代丝绸之路的历史意义，秉持和平发展的理念，积极发展与沿线国家的经济合作伙伴关系，共同打造政治互信、经济融合、文化包容的利益共同体、命运共同体和责任共同体。在“一带一路”背景下，教育部2016年8月印发《推进共建“一带一路”教育行动》，提出教育交流连通了沿线各国民心民意，人才培养为沿线各国政策沟通、设施联通、贸易畅通、资金融通提供了强有力的人才资源支撑。

在第二届“一带一路”国际合作高峰论坛开幕式上的主旨演讲中，习近平总书记提出：“我们要积极架设不同文明互学互鉴的桥梁，深入开展教育、科学、文化、体育、旅游、卫生、考古等各领域人文合作，加强议会、政党、民间组织往来，密切妇女、青年、残疾人等群体交流，形成多元互动的人文交流格局。我们将持续实施‘丝绸之路’中国政府奖学金项目，举办‘一带一路’青年创意与遗产论坛、青年学生‘汉语桥’夏令营等活动。我们还将设立共建‘一带一路’国际智库合作委员会、新闻合作联盟等机制，汇聚各方智慧和力量。”①

2018 年 11 月，习近平总书记出席首届中国国际进口博览会开幕式并发表主旨演讲，指出：“各国应该坚持包容普惠，推动各国共同发展。‘一花独放不是春，百花齐放春满园。’追求幸福生活是各国人民共同愿望。人类社会要持续进步，各国就应该坚持要开放不要封闭，要合作不要对抗，要共赢不要独占。”②

在博鳌亚洲论坛 2021 年年会开幕式上，习近平总书记强调：“‘一带一路’是大家携手前进的阳光大道，不是某一方的私家小路，追求的是发展，崇尚的是共赢，传递的是希望。我们将同各方继续高质量共建‘一带一路’，践行共商共建共享原则，弘扬开放、绿色、廉洁理念，努力实现高标准、惠民生、可持续目标。”③

当下，国际关系正在发生深刻的变化，影响着全球化的现状与未来的进程。在这样的大背景下，中国教育的现代化进程，尤其是国际教育方面，将面临重大的机遇和挑战，转型与创新发展是未来之路。教育特别是学校教育，需要对各方面的具体内容做出积极调整，如办学理念的完善、管理模式的更新、课程体系的升级以及师资队伍力量的壮大等，同时承担起历史与现实带来的新任务，为我国未来发展和社会进步培养大批不同类别、不同专业、不同领域的具有全球视野和战略眼光的人才。

（四）从仰视到平视，我国教育现代化与国际化发展成果显著

回望过去，我们可以看到教育现代化和国际化发展的筚路蓝缕。从新中国成立之初的规模较小、发展较落后、起步苦难，到改革开放后作为国家现代化建设的优先战略和对外开放事业的重要组成部分，经历了 20 世纪七八十年代停滞、重建并开始从国家战略高度进行开放，到 21 世纪以来在国内外良好环境下的迅速发展，再到如今全方位、多层次、宽领域的发展态势，可以说，我国高等教育在开放中诞生、在开放中发展壮大、在开放

① 习近平总书记在第二届“一带一路”国际合作高峰论坛开幕式上的主旨演讲。

② 习近平总书记在首届中国国际进口博览会开幕式上的主旨演讲。

③ 习近平总书记在博鳌亚洲论坛 2021 年年会开幕式上的讲话。

中逐步走向世界舞台的中央。

党的十八大以来，以习近平同志为核心的党中央坚定不移实施科教兴国、人才强国和教育强国战略，坚持优先发展教育，大力推进教育领域综合改革，持续加大教育投入，教育现代化加速推进，教育总体发展水平进入世界中上行列，取得了全方位、开创性的历史性成就。

中国教育的现代化与国际化已经走过了40余年，目前正处在一个重要的时间节点上，我们对于西方发达国家的教育正由“仰视”转为“平视”，这是百年未有之大变局非常重要的组成部分，也关系着未来我国教育现代化和国际化发展道路的选择。

著名教育社会学家谢维和表示，首先，我们仍然要向外国学习，要坚持改革开放与国际化。“平视”并不意味着可以骄傲自大，也不意味着可以不向国外学习，我们要用新方式、新思路、新机制来调节弘扬中华民族优秀传统文化与对外开放之间的关系。

其次，在中国教育走向国际化的过程中，要做好自己的事情，真正培养出高质量的人。社会主义建设者和接班人的质量水平对国际教育领域的话语权有着重要意义。把高水平人才培养与高质量教育的主动权抓在自己手中，并以此为基础，积极开展广泛的国际交流与合作，这是“平视”的基本特征。

世界教育的发展道路既需要“交叉”，也需要“共轨”，我国的教育既要吸收国际化的优势，更需要突出中国化的亮点，“并轨”的前提其实是教育品质和互补的教育价值。时过境迁，教育国际化再也不能停留在表面，无论是课程、项目还是院校合作，寻找到“请进来”与“走出去”之间的平衡才能在新形势下平等互利，对接“有轨”，达到共荣的境界。

最后，要在教育国际化的实践基础上，认真总结出高质量的、具有参考意义和价值的教育实践经验与成果，推动高水平、深层次的互动交流与合作，从而对人类文化水平提高和教育事业发展做出贡献，这是“平视”的主要机制。在平视中，能不能与别人以一种平等的地位和格局进行对话与交流，关键在于是否有高水平的成果。①

① 谢维和：《从“仰视”到“平视”：浅谈中国教育国际化的取向变化》，跨界视野 铿锵同行——国际化教育校长先锋论坛，北京，2021年4月18日。

正如习近平总书记在庆祝中国共产党成立一百周年大会上的讲话中指出的，“中华民族拥有在5000多年历史演进中形成的灿烂文明，中国共产党拥有百年奋斗实践和70多年执政兴国经验，我们积极学习借鉴人类文明的一切有益成果，欢迎一切有益的建议和善意的批评，但我们绝不接受‘教师爷’般颐指气使的说教！中国共产党和中国人民将在自己选择的道路上昂首阔步走下去，把中国发展进步的命运牢牢掌握在自己手中！”①

推进中国教育现代化，既要扎根中国大地，坚持走中国特色社会主义教育发展道路，不断增强教育自信，也要积极学习借鉴，以更加开放的胸襟、更加包容的心态、更加宽广的视野，学习借鉴全人类文明成果和世界各国先进的办学治校经验。

从“仰视”到“平视”，意味着中国教育国际化战略的深刻变化，这不是对过去的全盘推翻，而是对过去的一种延续，但是这种延续需要深化改革教育体系，总结已经取得的成绩，并在此基础上，一步一步走得更好，为我国乃至世界的教育发展做出贡献。

参考文献

陈昌贵、谢练高：《走进国际化——中外教育交流与合作研究》，广东教育出版社，2010。

李滔：《中华留学教育史录：1949年以后》，高等教育出版社，2000。

谭贞、刘海峰：《我国本科高校中外合作办学的历史、现状与展望》，《中国高等教育》2019年第12期。

于增富、江波、朱小玉：《教育国际交流与合作史》，海南出版社，2001。

《中华人民共和国中外合作办学条例》，中华人民共和国教育部网站，2003年3月1日，http://www.moe.gov.cn/jyb_xxgk/gk_gbgg/moe_0/moe_9/moe_35/tnull_96.html。

《中华人民共和国中外合作办学条例实施办法》，中华人民共和国教育部网站，2004年6月2日，http://www.moe.gov.cn/srcsite/A02/s5911/moe_621/200406/t20040602_180471.html。

① 《习近平：把本国发展进步的前途命运牢牢掌握在自己手中》，中华人民共和国中央人民政府网站，2021年9月17日，http://www.gov.cn/xinwen/2021-09/17/content_5638033.htm。

《教育部关于做好中外合作办学机构和项目复核工作的通知》，中华人民共和国教育部网站，2004 年 8 月 12 日，http://www.moe.gov.cn/s78/A20/s7068/201006/t20100601_88564.html。

《教育部关于当前中外合作办学若干问题的意见》，中华人民共和国教育部网站，2006 年 2 月 7 日，http://www.moe.gov.cn/s78/A20/s7068/201006/t20100610_89021.html。

《教育部办公厅关于开展中外合作办学评估工作的通知》，中华人民共和国教育部网站，2009 年 7 月 15 日，http://www.moe.gov.cn/srcsite/A20/moe_862/200907/t20090715_77977.html。

《国家中长期教育改革和发展规划纲要（2010—2020 年）》，中华人民共和国教育部网站，2010 年 7 月 29 日，http://www.moe.gov.cn/srcsite/A01/s7048/201007/t20100729_171904.html。

《教育部办公厅关于批准部分中外合作办学机构和项目终止的通知》，中华人民共和国教育部网站，2018 年 6 月 21 日，http://www.moe.gov.cn/srcsite/A20/moe_862/201807/t20180705_342056.html。

《中共中央办公厅、国务院办公厅印发〈关于做好新时期教育对外开放工作的若干意见〉》，中华人民共和国中央人民政府网站，2016 年 4 月 29 日，http://www.gov.cn/xinwen/2016-04/29/content_5069311.htm。

《中共中央、国务院印发〈中国教育现代化 2035〉》，中华人民共和国中央人民政府网站，2019 年 2 月 23 日，http://www.gov.cn/xinwen/2019-02/23/content_5367987.htm。

《中共中央办公厅、国务院办公厅印发〈加快推进教育现代化实施方案（2018—2022 年）〉》，中华人民共和国中央人民政府网站，2019 年 2 月 23 日，http://www.gov.cn/zhengce/2019-02/23/content_5367988.htm。

《加快和扩大教育对外开放 大力提升我国教育的国际影响力——教育部国际司（港澳台办）负责人就〈关于加快和扩大新时代教育对外开放的意见〉答记者问》，中华人民共和国教育部网站，2020 年 6 月 18 日，http://www.moe.gov.cn/jyb_xwfb/moe_2082/zl_2020n/2020_zl33/202006/t20200617_466545.html。

B.14
中外合作办学存在的主要问题和机遇[*]

李灿美　李延龄[**]

摘　要： 历经40年的发展，中外合作办学在我国高等教育中扮演着极其重要的角色，不仅推动了我国高等教育对外交流工作，使其在国际领域更具竞争力，还切实满足了人民群众对多样化高等教育资源的需求。随着中外合作办学的快速发展，在办学实践过程中仍存在一系列问题，如政策的工具性特征明显；长远发展规划不够；质量监管乏力；对中外合作办学出现问题的应对有效性不强；地域分布失衡，东西部空间分布上不均衡现象明显；课程与教学体系呈现“拼盘”现象，缺乏相互的适切性；等等。建议健全中外合作办学政策体系，持续完善中外合作办学的结构布局，引进外方优质资源，优化合作课程体系，全面推进中外合作办学质量提升，增强其服务大局的能力。

关键词： 中外合作办学　空间分布　课程建设

在我国高等教育事业的高速发展及其国际化交流持续推进的背景下，中外合作办学在社会上引发了广泛关注。从20世纪80年代至今，中共中央、国务院以及教育行政部门都非常重视中外合作办学的发展，明确提出了发展中外合作办学的意见，相关政策和办学法规的出台，进一步加快了中外合作办学的步伐。作为高等教育对外开放的重要举措，中外合作办学在国家政策推

* 本报告系2020年度江苏省社科基金基目“江苏高等教育中外合作办学规模的空间分布规律、影响机制及优化调控研究”（批准号：20JYD003）的研究成果之一。

** 李灿美，江苏师范大学圣理工学院办公室主任，副研究员，研究方向为高等教育管理；李延龄，江苏师范大学圣理工学院院长，教授，研究方向为凝聚态物理。

动下，呈现快速发展的势头，在加快中国高等教育的对外交流节奏，推进高等教育办学质量不断提升，使我国高等教育在国际环境中更具竞争力，满足社会发展及国际化人才需求方面起到了重要的作用。到2020年12月16日，全国经审批机关批准且在办的中外合作办学机构和项目共有2332个。其中本科以上层次，具有法人资格的机构有10个、不具有法人资格的机构有125个、项目1096个。总体上，高等教育中外合作办学机构和项目（含专科）占办学机构和项目总数的90%左右；中外合作办学在校生规模大约60万人，其中高等教育在校生规模大约55万人，已经毕业的学生超过200万人。高等教育中外合作办学涉及经济学、法学、教育学、文学、历史学、理学、工学、农学、医学、管理学、艺术学等11个学科门类200多个专业。合作对象涉及36个国家和地区，包括800多所外方高校、700多所中方高校。①

面对办学规模的日益扩大与办学长远规划不足的矛盾，中外合作办学在发展过程中出现了很多急需解决的问题。例如，在全球化日益深入的背景下，中外合作办学存在对开放格局和发展格局的规划不够，同时又受地方经济与文化的影响，其空间布局和发展的非均衡问题逐渐暴露，部分中外合作办学机构在双方合作方面缺乏实质性的沟通，人才培养质量不达标，办学条件不成熟，质量主体作用发挥不够。这也充分说明，在当下，中外合作办学的现实情况与规划中的理想发展前景仍存在明显差距，需要我们在这一过程中不断积累经验，探讨存在的问题，寻找发展机遇，推动中外合作办学事业健康持续发展。

一　中外合作办学过程中存在的问题

（一）中外合作办学政策变迁及存在的问题

1. 政策的变迁逻辑

从历史角度进行探究可以发现，中外合作办学的政策变迁是随着社会

① 《聚焦高质量发展！第十一届全国中外合作办学年会12月16日隆重举行》，厦门大学中外合作办学研究中心网站，2020年12月20日，https://cfcrs.xmu.edu.cn/2020/1219/c4031a424199/page.htm。

的变迁与发展、全球与国际环境的变化以及国家法规政策的规范引导等因素而进行发展和变化的。1993 年 6 月 30 日，国家教委发布《关于境外机构和个人来华合作办学问题的通知》。该通知首次对中外合作办学的范围、类别、主体等做出相应规定，这也是我国第一个比较全面对中外合作办学进行规范的相关政策文件。1995 年 1 月 26 日，国家教委正式颁布实施《中外合作办学暂行规定》。该规定具有明显的法规性质，从法律层面对中外合作办学的重要意义、办学应遵循的原则、办学的范围、主体及审批权限与程序、办学机构的领导体制、发放证书及外国文凭、学位授予等问题都做了明确规定。① 基于推动中外合作办学高质高效发展的现实需求，2003 年 3 月 1 日，国务院出台《中华人民共和国中外合作办学条例》（以下简称《条例》）。《条例》的颁布推动我国在中外合作办学的规则条例和政策方面向更加规范、透明的方向迈进。同时也表明国家对中外合作办学所秉持的积极态度，这标志着中外合作办学的规范管理迈上了新台阶。为了落实推动中外合作办学的法制化进程，2004 年 6 月 2 日，教育部发布《中华人民共和国中外合作办学条例实施办法》，用于规范中外合作办学者在中国境内合作举办以中国公民为主要招生对象的教育机构的活动，内容包括中外合作办学的设立、组织与管理、教育教学、资产与财务、变更与终止、法律责任、审批、管理与监督等方面。②

同时，中外合作办学过程中也存在诸多问题，如重复引进低质量办学项目，在招生、收费、证书颁发等方面运行不规范等，针对以上问题，教育部出台了一系列规范性文件：《教育部关于做好中外合作办学机构和项目复核工作的通知》（2004 年）、《教育部关于当前中外合作办学若干问题的意见》（2006 年）、《教育部关于进一步规范中外合作办学秩序的通知》（2007 年）、《教育部办公厅关于开展中外合作办学评估工作的通知》（2009 年）等。相关文件的出台，引导中外合作办学向规范化、有序化转变与发展，提高了中外合作办学的管理能力和水平，也使中外合作办学实现了高质高效的发展。

---

① 田正平、周谷平、徐小洲：《教育交流与教育现代化》，浙江大学出版社，2005，第 377 页。

② 《中华人民共和国中外合作办学条例实施办法》，中华人民共和国教育部网站，2004 年 6 月 2 日，http://www.moe.gov.cn/srcsite/A02/s5911/moe_621/200406/t20040602_180471.html。

基于时代发展带来的新挑战，2010 年 7 月，国家层面出台了《国家中长期教育改革和发展规划纲要（2010—2020 年）》（以下简称《规划纲要》），同年 10 月发布《国务院办公厅关于开展国家教育体制改革试点的通知》，2012 年 3 月出台《教育部办公厅关于加强涉外办学规范管理的通知》，2013 年 12 月出台《教育部关于进一步加强高等学校中外合作办学质量保障工作的意见》，2014 年 7 月出台《国家教育体制改革领导小组办公室关于进一步扩大省级政府教育统筹权的意见》等。在这一时期，国家密集颁布了中外合作办学领域的相关政策条例，这也释放出国家对扩大中外合作办学的强烈支持和积极态度。日益完善与成熟的中外合作办学政策，有助于推动其实现由量变到质变的发展。

在教育对外开放工作逐步深入推进的背景下，2016 年 4 月，中共中央办公厅、国务院办公厅印发《关于做好新时期教育对外开放工作的若干意见》，这是新中国成立以来关于“教育对外开放”的最高纲领性指导文件，对新时期教育对外开放工作进行了重点部署和全局规划，实施“一带一路”教育行动，推动沿线国家开展教育合作。[①] 同年 7 月 13 日，教育部印发《推进共建“一带一路”教育行动》，倡导沿线各国突破教育合作的政策性瓶颈，推进教育共同体建设。2017 年 9 月，中共中央办公厅、国务院办公厅印发《关于深化教育体制机制改革的意见》，指出“坚持扎根中国与融通中外相结合，遵循教育规律，吸收世界先进办学治学经验”[②]。同时将研究修订《中外合作办学条例》及实施办法列入《教育部 2018 年工作要点》。

2. 政策存在的问题

实践层面上，我国中外合作办学过程以一种渐进性的节奏推动相关措施与政策的出台。改革开放以来，教育主管部门也是通过办学过程中持续累积的经验来实现对中外合作办学的逐步完善与管理，中外合作办学政策

---

① 《中共中央办公厅、国务院办公厅印发〈关于做好新时期教育对外开放工作的若干意见〉》，中华人民共和国中央人民政府网站，2016 年 4 月 29 日，http://www. gov. cn/xinwen/2016 - 04/29/content_5069311. htm。

② 《中共中央办公厅 国务院办公厅印发〈关于深化教育体制机制改革的意见〉》，中华人民共和国中央人民政府网站，2017 年 9 月 24 日，http://www. gov. cn/xinwen/2017 - 09/24/content_5227267. htm。

的形成与国家发展及国家高等教育体制改革密切关联，同时也反映出中外合作办学政策从最初的作为高等教育补充到引进外方优质资源、促进我国高等教育国际化，发展到增强我国高等教育国际竞争力的历程。然而，由于中外双方学校存在不同的办学理念和办学目标，中外合作办学这一新的尝试也缺少可参考的、成熟的现实经验。近 40 年来，中外合作办学的相关政策更多是出于补救性目的，其改革主要针对的是当时中外合作办学过程中急需解决的问题，因此政策功能具有一定的滞后性，存在很难与办学主体同步互动的现象。

成熟的政策体系往往需要一系列政策来配合。但在中外合作办学的相关政策形成过程中，往往是先出台一个单一政策，再陆续出台其他配套政策，才能逐渐形成较为成熟的政策体系。《条例》第二章第八条明确提出，“引进外国优质教育资源的，中外合作办学者一方可以与其他社会组织或者个人签订协议，引入办学资金”[①]，明确了在高质量教育资源引入及推进中外合作办学进一步发展进程中的基本原则。但在解决中外合作办学过程中关于高质量资源引入的具体问题时，这一政策还难以达到要求。其后发布的《教育部关于当前中外合作办学若干问题的意见》，对引进优质教育资源的服务方向进一步具体化，其第三、第四条规定：“坚持引进优质教育资源，要密切结合国家、地方和区域经济发展对各类人才的需求以及学校学科建设的需要，鼓励在国内急需、薄弱和空白的学科领域与外国高水平大学以及具有优势学科的大学开展合作办学，加强中外合作办学的质量管理。”[②]《国家中长期教育改革和发展规划纲要（2010—2020 年）》第十六章第四十九条明确指出，“引进优质教育资源，吸引境外知名学校、教育和科研机构以及企业，合作设立教育教学、实训、研究机构或项目”[③]，对外方优质资源的来源进行了明确；在《关于进一步做好 2014 年下半年本科以上

---

① 《中华人民共和国中外合作办学条例》，中华人民共和国教育部网站，2003 年 3 月 1 日，http://www.gov.cn/gongbao/content/2003/content_62030.htm。

② 《教育部关于当前中外合作办学若干问题的意见》，中华人民共和国教育部网站，2006 年 2 月 7 日，http://www.moe.gov.cn/s78/A20/s7068/201006/t20100610_89021.html。

③ 《国家中长期教育改革和发展规划纲要（2010—2020 年）》，中华人民共和国教育部网站，2011 年 10 月 29 日，http://www.moe.gov.cn/srcsite/A01/s7048/201007/t20100729_171904.html。

层次中外合作办学项目申报工作的通知》（以下简称《通知》）中，教育部国际司对“严把资源引进关”做了重要说明：“外方合作者需提供所在国权威质量保障部门最近一次的教学质量认证报告或对其在海外办学的质量认证书等相关证明材料。”① 同时，《通知》对引进外方优质教育资源做了明确的量化规定。四项相关政策的相继出台，反映了我国中外合作办学政策的形成是一个不断改进、持续完善的渐进过程。

提高办学质量和水平一直是中外合作办学的重点。在中外合作办学质量的评估中，最早的《中外合作办学暂行规定》只说明合作办学机构应接受教育行政部门的指导、管理、监督、评估和检查，但缺少了对评估路径的深入说明；到 2004 年，《中华人民共和国中外合作办学条例实施办法》对质量评估操作规范作了具体的要求：“中外合作办学机构和举办中外合作办学项目的中国教育机构应当于每年 3 月底前向审批机关提交办学报告，内容应当包括中外合作办学机构和项目的招收学生、课程设置、师资配备、教学质量、财务状况等基本情况”，“审批机关应当组织或者委托社会中介组织本着公开、公正、公平的原则，对实施学历教育的中外合作办学项目进行办学质量评估，并将评估结果向社会公布。”② 在合作办学高速发展的进程中也出现了新的问题。2009 年 7 月，教育部办公厅发布《关于开展中外合作办学评估工作的通知》，“对依法批准设立和举办的实施本科以上高等学历教育的中外合作办学机构和项目，以及实施境外学士学位以上教育的中外合作办学机构和项目进行合格性评估”③。这项政策对评估结果进行了定性说明，也进一步反映出我国中外合作办学政策对于质量评估的规范和原则处于逐步完善的过程中。

40 年来，中外合作办学政策的发展是一个渐进式的上升过程。最初政策的出现往往源于办学的现实需要，在快速发展过程中逐渐出现了一些问

① 《转发教育部国际合作与交流司关于进一步做好 2014 年下半年本科以上层次中外合作办学项目申报工作的通知》，中共湖南省委教育工作委员会湖南省教育厅网站，2014 年 9 月 25 日，http://jyt.hunan.gov.cn/sjyt/xxgk/tzgg/201701/t20170121_3952138.html。

② 《中华人民共和国中外合作办学条例实施办法》，中华人民共和国教育部网站，2004 年 6 月 2 日，http://www.moe.gov.cn/srcsite/A02/s5911/moe_621/200406/t20040602_180471.html。

③ 《教育部办公厅关于开展中外合作办学评估工作的通知》，厦门大学中外合作办学研究中心网站，2013 年 7 月 24 日，https://cfcrs.xmu.edu.cn/2013/0724/c4033a74704/page.htm。

题，这时候政策的推动更倾向于调整、补救和完善，随着实践经验的不断积累，相关政策也迈向了更成熟的发展阶段。但是，相关政策主要体现的是国家意志，是教育主管部门对各类办学机构的规范与管理，缺乏办学机构对政策的实践反馈。这就导致两者之间无法产生共振效应，不能及时沟通调整，政策的工具性特征明显，在出现问题时，应对的有效性较弱，陷入“一管就死、一放就乱”的困境。此外，中外合作办学政策的评估与监督体系、法律体系建设方面较为欠缺，导致办学过程中容易出现“上有政策，下有对策”的现象。在法律体系方面，针对中外合作办学的最高法规是《中华人民共和国中外合作办学条例》，而随后出台的《中华人民共和国中外合作办学条例实施办法》仅属于教育部制定的部门规章，对于合作办学过程中的理念、争议、法律解决机制等方面还没有成熟的政策文件。

（二）中外合作办学空间分布现状及存在的问题

1. 空间分布现状

出于深入研究的目的，本研究从教育部中外合作办学监管工作信息平台中收集了我国 28 个省（区、市）121 座城市的高等教育中外合作办学相关数据，以城市作为具体评价单元来分析我国中外合作办学空间分布。具体分别应用 SPSS 统计分析平台实现相关数据统计分析工作，ArcGIS 平台实现办学规模空间分布分析与制图表达工作。

2002 年度与 2020 年度我国中外合作办学规模的反距离加权插值空间分布情况如图 1、图 2 所示。分别来看，2002 年度在国务院出台《中华人民共和国中外合作办学条例》之前，很多中外合作办学刚刚起步，在全国范围内，仅有北京、上海、江苏等经济条件优越的省（市）拥有中外合作办学项目，中部与西部地区还没实现零的突破。这个时期的中外合作办学还处于起步阶段。

2003 年后，国家开始持续推进扩大高等教育中外合作办学的进程，使中外合作办学进入高速发展期。中外合作办学规模在 18 年间急剧扩张，但随之而来的是地区间的空间分布和发展日益失衡。至 2020 年度，中外合作办学规模在东部地区具有绝对优势，较大规模的合作办学在东部沿海地区密集存在。相对来看，西部地区城市的中外合作办学规模较小，分布比较稀疏，大致呈现“东部—中部—西部”规模依次递减的分布格局。从具体的区域分布情况来看，中外合作办学规模的空间分布与城市发展水平相互“匹配”，较大规模的合作办学主要集中在直辖市和发达的省会城市，随着直辖市、省会城市、中心城市、一般城市层级依次递减，合作办学规模的空间密集性也随之减弱。由于北京与上海分别是我国的政治、经济、文化中心，历史文化悠久，公办高校云集，其中外合作办学具有先天优势，是目前中外合作办学规模第一层级城市；第二层级城市包括天津、重庆、南京、郑州、武汉、哈尔滨；第三层级城市包括长春、杭州、大连、青岛、苏州、成都。西部地区中外合作办学规模较小，西藏、青海和宁夏西部 3 个省（区）至 2020 年度依然没有实现零的突破。

总体来看，我国的中外合作办学在空间布局上形成东部、中部、西部三条大地带，与我国三大地区的经济发展水平相呼应，由此办学空间布局呈现在经济发达和高密度人口地区集聚的现象。这一现象具有历史必然性，中外合作办学大部分都是由原有的公办高等院校申报，这些公办高等院校多集中于政治、经济、文化中心，说明空间布局与中外合作办学的模式具有较强的关联性。

2020 年度的中外合作办学规模对比 2002 年度呈现高密度核心逐渐扩大，其他核心密度区以板块规模迅速发展，整体上密度增大，每个核心点之间的距离减少，形成连片状的分布特征。中外办学规模形成了以东部沿海为主，东北部、中西部逐渐崛起的分布趋势。从具体分布格局看，东部沿海区域形成长三角和京津冀核心区，东北地区也有哈尔滨、大连、长春等城市，西部有重庆、成都等核心节点，说明我国中外合作办学规模高密度区域的空间影响作用明显。相应地，中外合作办学的低密度区域主要集中在西藏、青海、宁夏、甘肃、新疆等地理环境复杂、交通不便、经济落后的西部省（区），呈星点状布局，并且发生明显的空间近邻效应，即中外合作办学规模在低值区也存在集聚现象。

2. 空间分布存在的问题

首先，东部地区以其良好的交流条件与先进的经济发展态势，在办学数量和办学质量上都明显优于中西部地区的现实情况。虽然国家在《关于做好新时期教育对外开放工作的若干意见》中明确提出，“支持中西部地区不断扩大教育对外开放的广度和深度”①，但是中外合作办学区域发展失衡的问题仍缺少合理有效的解决路径，西部地区受地理环境及经济发展水平等条件的限制，使国外高校合作办学的积极性不高，减慢了该地区中外合作办学发展的步伐，从而东西部中外合作办学发展出现了明显的差距。

其次，我国中外合作办学规模高值区主要集中于上海、北京、天津、江苏、浙江等经济发达的直辖市和省会城市，且省会城市集中了大部分的中外合作办学资源；中部地区发展缓慢，西部地区发展相对落后，中外合作办学的规模也较小，西部地区中外合作办学规模仍然是全国中外合作办学整体发展的瓶颈。全国范围内，从 2002 年到 2020 年的 18 年发展，也并未实现区域协调推进，中外合作办学规模的空间分布仍存在失衡现象，未来还需改善。

最后，2002—2020 年中外合作办学规模从零星团簇状向板块模式发展，虽然核心面积不断增大，但其由省会城市到其他城市的递减式核心集聚特点仍然没有太大改善。基本上还是形成沿海地区、东北地区、中部地区、西部边疆地区四大层次，且出现明显的空间近邻效应，即中外合作办学规模在高值区与低值区分别发生集聚。总体上，中外合作办学规模存在空间依赖性，但东西部地区空间分布的不均衡现象明显，形成沿海地区、东北地区、中部内陆地区、西部边疆地区四大层次，且出现局部集聚特征。西部省（市）由于自然环境恶劣，经济基础薄弱，原有公办高校数量较少，近年来中外合作办学规模在空间结构上没有实质性改善。中外合作办学规模空间分布差异显著，西部地区的中外合作办学发展形势严峻。

（三）中外合作办学的课程建设现状及问题

1. 课程建设现状

“由于中外双方在课程体系、教学组织形式、专业方向等方面存在较大差异，因此，中外合作办学者在课程体系构建，尤其在引进外方课程过程

---

① 《中共中央办公厅、国务院办公厅印发〈关于做好新时期教育对外开放工作的若干意见〉》，中华人民共和国中央人民政府网站，2016 年 4 月 29 日，http://www.gov.cn/xinwen/2016-04/29/content_5069311.htm。

中，普遍存在‘三重三轻’现象，即重数量轻质量、重引进轻消化融合、重理论轻实践；缺乏真正引进外方的优质资源、对引进课程内容的选择、对课程体系的融合再创新，导致课程体系整体结构失衡。”① 加之外语水平参差不齐及文化背景具有差异等因素，中方教师很难完全、深入理解外方原版教材内容，这在一定程度上使国外高质量课程资源未被合理利用，仅处于一种被动的全盘接收状态，缺乏本土化的过程与实践。当前，在很多中外合作办学机构的课程建设中，拼盘现象严重，对于规定引进的课程，基本上采取全盘照搬，而针对本土课程则直接保留，生硬的“外加中”课程体系与中外合作办学的融合理念相差甚远。同时，由于文化差异的影响，外籍教师对中国现行的教育体制和教学要求同样存在理解不到位的问题。显然，课程建设与教学体系完善过程中呈现出的“拼盘”现象，在理念上不符合中外合作办学的融合观，在实践上也没有达到中外合作办学引进优质课程的理想目标。

2. 课程建设存在的问题

首先是在中外办学各自的课程体系之中，无法体现合作的价值。合作的核心要义是互补性，课程之间建设中的互补性比互替性更接近中外合作办学的本质，互补性的课程建设才能实现整体大于局部之和的效果。在课程设置上，“‘中外’有余，而‘合作’不足，未能很好整合国际与本土，呈现出比较严重的‘中外’拼凑现象，而罔顾了‘合作’之内涵与要义”②。

其次是合作办学文化虽然得到关注，但在实践中仍缺乏真正的文化渗入。当下，中外合作办学项目多以理工科专业为主，科学技术知识在中外合作办学的课程建设中占据主导地位。中外合作办学的国际化课程建设通常被贯之以“科学”的头衔，其设计呈现明显的工学模式特征，往往忽略课程实施过程中的合作文化渗入，这就使中外合作办学的学生虽然置身于合作办学的教室之中，却缺乏真实的合作文化滋养。

最后是“共通”培养没有真实落地。培养学生的国际视野与识别多元

① 程良龙、邵晓琰：《系统论视角下高等教育中外合作办学课程体系的构建》，《黑龙江高教研究》2017 年第 7 期，第 164 页。

② 曾健坤：《中外合作办学大学本科课程研究——基于几所大学的案例分析》，博士学位论文，湖南师范大学，2016，第 1 页。

文化的能力是中外合作办学国际化课程建设的重要主题，课程建设出于学生个体发展具有差异性的考量，必须兼顾两种情况：一是学生已有的个人成长环境和将来要面对的中外共有的精神文化世界，二是课程建设的作用是他们在学习过程中将两者融合。这就意味着合作办学的课程设计要能体现多样文化和丰富的世界观，以国际化课程作为相遇的场所，中外文化得到了表达自己的机会，并且通过彼此交流与碰撞，发挥出多样化和个性化的优势。目前，课程体系引进的功利性使其并没有真正满足学生的整体发展需要，在国际化课程推进实施过程中，充分践行了中外合作办学价值的实用性，但对其价值的观念性目的凸显不足。

二　中外合作办学发展机遇

中外合作办学是我国的一种特殊的教育形式。在《规划纲要》第十六章中，以“扩大教育开放”为主题，用整整一章的篇幅对教育国际化提出了纲领性指导方针，并明确要求推动国际合作教育进一步发展，促进更深入的跨文化交流，从而增进学生对不同国家、不同文化的认识和理解；而“一带一路”倡议也为我国高等教育国际化提供了百年难遇的机遇，同时为我国中外合作办学开拓了新的发展方向。中外合作办学由仅注重内向发展向开拓境外市场转变，由“引进”走向“输出”，从而为新时代我国高校探索新型国际化道路提供了广阔路径。[①] 因此，应该从多元视角出发，做出全局涉及和统筹考虑，推动中外合作办学朝更加科学高效的方向发展。

（一）建全中外合作办学政策体系

政策的制定与现实环境密切相关，从我国中外合作办学政策的历史演进来看，政策发布要把握时代风向。首先，从具体实践出发，依托中外合作办学过程中积累的实践经验，总结出现实可行的政策，从而推动中外合

① 郭强：《“一带一路”视阈下的高等教育中外合作办学思考》，《高校教育管理》2017 年第 6 期，第 85 页。

作办学政策不断完善。政策制订与完善的最终目的是服务于合作办学，通过对中外合作办学机构共性问题的探究，有助于从新视角来推进中外合作办学相关政策的改革创新。例如，针对学校办学过程进行调查和政策研究，推动国家对中外合作办学的审批机制、办学秩序及评估认证等政策的完善；依据合作办学学校在引进外方资源、师资队伍及合作课程建设的具体情况，推出提高办学质量、强化保障措施、开展过程监督与评估的相关政策；并借助已发展成熟的中外合作办学智慧解决中外合作办学空间发展失衡问题，使东西部地区的空间分布得到调整，从而提升高等教育国际化水平。

其次，扩大政策实例收集分析，强化政策的最佳建构基础。“政策本质上具有前期运行的继承性记忆，新兴政策对于前摄政策具有极强的附着功能，不可避免地具有政策特质自身留存的惯性。”① 因此，在新政策的制定中，可以进一步收集教育部及地方政府教育部门的决策案例，通过大量案例分析政策形成时的决策情境，展示政策形成的动态过程，分析政策执行中的问题，拓展现有政策体系的解释力范围，归纳现有政策尚不能够予以解决的办学突出问题；通达分析中外合作办学的相关成功案例和经验，尤其是“一带一路”倡议下，我国 14 个省（市）的 87 所高校与新加坡、俄罗斯等 8 个共建“一带一路”国家高校开展的中外合作办学的新动向，对地方政府有效的支持政策进行提炼参考，从而进一步提升中外合作办学的决策能力。“纸上得来终觉浅，绝知此事要躬行。”中外合作办学的政策建构在参考案例的基础上，同样需要依托实践再出发，从办学过程中找出政策指导方向，让政策更好地解决办学过程中产生的问题，除了能提升中外合作办学质量，还能使中外合作办学政策体系建构向科学化、合理化方向转变。

再次，完善社会参与的政策评估体系，形成政策的长效监督机制。“公共政策评估是指公共政策评估主体根据一定的政策评估标准和程序，对政策系统、政策过程和政策结果的质量、效益、效果等方面进行评价或判断的一系列活动，其目的是改善公共政策系统，提高公共政策决策质量，保

① 张睦楚：《我国中外合作办学政策的难为之境及其理性选择》，《当代教育科学》2017 年第 3 期，第 28 页。

证政策目标实现。”[①] 基于此，中外合作办学评估政策可以理解为，基于政策评估标准对中外合作办学执行过程及结果进行评价。这里强调的是对合作办学过程的监管，其目的在于总结经验，找出问题并实施具体的解决方法，从而使中外合作办学效果和质量得到保障。在具体的评估实践中，既要发挥政府职能，也要兼具社会化机构的重要角色，将内部约束与外部监督有机结合起来，建立丰富的评估目标与评估主体，让评估指标、过程、结果相吻合，系统建构科学化、规范化和专业化的评估政策体系，发挥其预测功能和导向功能，为形成政策的长效监督机制提供合理依据。

最后，建全中外合作办学区域政策体系，促进国家与地方政策的有机结合。受地理条件、经济发展水平及文化差异的影响，我国中外合作办学空间布局和发展极呈现失衡态势，东部地区以其良好的交流条件与先进的经济发展态势，在办学数量和办学质量上都明显优于中西部地区。虽然国家在《关于做好新时期教育对外开放工作的若干意见》中明确提出，支持中西部地区不断扩大教育对外开放的广度和深度，但是中外合作办学区域发展失衡的问题仍缺少合理有效的解决路径，中西部地区尤其是西部地区是我国中外合作办学发展的“软肋”。政策的制定应具有较高的针对性，对不同区域办学中的不同问题，制定差异化、个性化的区域发展政策和应对措施，发挥区域政策的作用，使中外合作办学政策在整体上呈现出国家与地区互相补充的态势，进一步促进区域间的协调发展。

当前，中外合作办学进入新的历史发展阶段，政策需要适应当下快速发展的新定位和新要求。怎样更加清楚详尽地了解并呈现不同的决策情景，深入探讨在不同决策情境下所采用的决策模式以及各种决策模式优先顺序，以期从不同决策情境中，找出更多元、弹性的最适决策模式，使政策得到进一步完善。

（二）优化中外合作办学规模的空间布局

中外合作办学布局反映了不同区域分布的办学资源的规模与结构，本质上是现实中的国际化教育资源在空间层面的反映和配置。探究总结中外

① 高兴武：《公共政策评估：体系与过程》，《中国行政管理》2008 年第 2 期，第 58 页。

合作办学的空间布局特征，并在此基础上通过持续对中外合作办学布局结构的完善，推动其向更加科学化与合理化的方向发展，从而实现中外合作办学布局与地区经济发展相互协调、相互促进，对适应“中国智造”经济新常态、提升地区经济发展水平具有关键的现实推动意义。

首先，在协同发展视角下，推动中西部地区的中外合作办学规模向均衡发展迈进。针对中西部地区办学数量和办学规模失衡问题，应秉持协同发展的关键理念，在此基础上对整体布局发挥空间规划的调节作用，改变西部地区仅在少数重点高校开展中外合作办学的现状，丰富办学主体，提高地方高校开展中外合作办学的积极性。同时，在遵循中外合作办学相关原则下，大力推进“东部—中部—西部”联合培养或异地办学，发挥中东部地区的优质高等教育资源的辐射能力，进一步扩大中西部地区的中外合作办学规模，从而逐步解决中外合作办学空间分布失衡的问题。

其次，以可持续发展理念优化中外合作办学规模的合理空间结构。可持续发展理念的提出，目的在于使社会、经济、人口、资源、环境等相互协调，即实现自然、社会和人之间的和谐发展。[①] 中外合作办学的空间是社会性的、是动态的，从空间布局的动态发展视角来看，中外合作办学规模的空间布局会随着经济、政治、人口与环境等因素的变化而调整，其各个发展阶段互相制约与依赖。中外合作办学未来的发展趋势受到当下情况的影响，从源头找出现存问题，在政策方面和环境条件方面及时采取相关措施，推动中外合作办学的空间布局向更加合理化的方向迈进。

最后，依托“一带一路”机遇，推进共建“一带一路”国家和地区中外合作办学的繁荣。“一带一路”倡议开创了21世纪地区合作新思路。借助“一带一路”带来的发展机遇，我国中西部共建“一带一路”国家和地区的中外合作办学空间布局逐步由省会城市的“点”向重要城市的“面”扩展，正如“点—轴系统”理论所指出的，“随着区域社会经济的进一步发展，‘点—轴’必然发展到‘点—轴—集聚区’”[②]。中西部地区因受到地理

① 范国睿：《可持续发展战略与教育改革》，《华东师范大学学报》（教育科学版）1998年第1期，第3页。

② 陆大道：《关于“点—轴”空间结构系统的形成机理分析》，《地理科学》2002年第1期，第2页。

位置因素和经济发展水平的制约，其中外合作办学存在明显的不足，通过将原有的集中“点”向外扩展为规模和对外作用更大的扩散“点”，不仅能在一定程度上改善中外合作办学现存的“东强西弱”的格局，还能推动中外合作办学空间布局水平提升，使其实现全方位、高起点的优化与转变。

（三）从课程建设入手，夯实质量发展

首先，把握并顺应当下发展趋势，推动课程建设的创新性转变。随着中外合作办学规模的不断扩大，该领域迎来快速发展的新时代。国家相继出台了《关于做好新时期教育对外开放工作的若干意见》《国家中长期教育改革和发展规划纲要（2010—2020年）》《国家创新驱动发展战略纲要》《中国教育现代化2035》等规范与指导性文件，尤其是《规划纲要》颁布实施以来，质量建设成为中外合作办学发展的关注重点。中外合作办学的发展战略正在发生质变，从最初重视规模扩张的粗放发展转向以提升质量水平为核心要义的发展态势。同时，全面开展质量建设的发展理念改变了传统的中外合作办学模式，这种模式在倡导优质教育资源引入的基础上，更加重视其在课堂上的适应与吸收，强调办学质量的提升是推进教育深度合作的重要力量。这种新的办学理念是中外合作课程建设中强有力的支撑点，也将在很大程度上决定对合作办学存在的课程建设问题的反思路径。因此，新时代的新要求为中外合作办学国际化课程的建设，包括课程建设的内容、引进优质资源的加工改造及授课方式等提供了一个实践平台。中外合作办学应把握现实带来的时代机遇，不断加大课程体系的建设力度，探索合作办学在新时代呈现的新内涵，推动我国高等教育更具国际化视野，扩大我国高等教育的国际声誉和影响力，从而提升其在全球教育领域的话语权。

其次，构建大数据信息平台，拓展国际化课程建设的广度和深度。完善数字化教学环境，为课程建设提供丰富的数字资源。信息技术的发展推动教育向数字化、多元化的方向转变，使中外合作办学的课程建设能够在充分的资源共享和多重交互下实现新发展。通过分析大数据技术挖掘到的课程建设中与双方相关的信息，能够突破以往课程建设所固有的局限性。将信息技术应用到课程资源建设中，推动其向数字化方向转变，从而改变

原来课程设计主要依据经验判断的现象。丰富课程资源，使课程设计与实施以真实、多元的数据作为基础。同时，在依据学生需求的基础上，借助信息化手段完善课程设计，建构课程的知识结构与教学愿望，把协作育人、活动育人、文化育人、创新育人的理念贯穿其中，做到让课程能真正读懂学生，真正满足学生的知识需求①，保障并提升课程实施的精准性和有效性。同时，要注重提高互动质量，提升两校教师间的协同合作水平，优化教学效果与学习效果，拓宽学生对合作办学多元知识掌握的覆盖面，最大限度地发挥出引进的优质教育资源的价值，推动课程建设向更具广度和深度、更具数字化特性的方向转变。

最后，转变教师的角色定位。教师是合作办学课程的核心，教师的国际化是课程国际化转变的重要前提，在合作办学课程的实施推行中有重要作用。在课程建设中需要转变教师角色定位，激发教师的合作办学课程意识和行为自觉性。对于中外合作办学的教师来说，课程建设除了其理论属性，更多体现的是教师扎根于国际化课堂的实践属性。教师必须转变业已形成的思维定式和行为惯性，将课程的理念、规划等理论通过课堂实践转为现实。教师只有充分理解中外合作办学课程生成的意蕴，才能不局限于原有课程的束缚，而是基于“培养学生的全球化能力”这一需求进行思考、产生意愿，进而有效地开展教学。教育是为了人的教育，也是人为的教育。教师对中外合作办学理念的理解和态度直接影响到课程的效果甚至是中外合作办学教育的成效。教师需整体把握中外合作办学独特的课程建设以及课程知识，正确处理中外课程资源的丰富性与适切性问题，促成思维方式的深层转换。当然，这种角色的转变不单纯是教师对课程的内省，也含涉教师对外在教学实务的一种涉入，包含了教师处理双方课程设计、教学大纲、教学内容、所说的语言以及接触对方教师与学生的多元方式。教师角色的转变与国际化课程意识的觉醒必须与其教学行动结合起来。如果仅有意识层面的觉醒而缺乏现实的课程实践，就无法推动其角色发生转化；同样，如果仅有行动而缺乏思考与觉醒，就会使教学逐渐失去正确方向。只有将国际化课程意识的觉醒与现实的教学

① 赵兴龙：《核心素养视角下的智慧教育体系构建》，《现代远程教育研究》2017 年第 3 期，第 34 ~43 页。

行动连接起来，才能真正推动课程合作稳步前进。

中外合作办学是一项系统性工程，从中外合作办学的发展历史及学院10多年的办学现状分析中外合作办学存在的问题，并探讨未来发展的机遇。但中外合作办学发展是政治、经济以及自身等多种因素的相互作用下发生的，其发展过程还会存在很多问题，还有许多方面有待深入探讨。[①]

① 李灿美：《我国中外合作办学政策的变迁及其优化策略》，《湖南社会科学》2019年第1期；李灿美：《基于GIS的高等教育中外合作办学规模的空间分布及其影响因素分析》，《江苏高教》2020年第11期；李灿美：《国际化课程建设：高等教育中外合作办学质量保障的基点》，《江苏师范大学学报》（哲学社会科学版）2020年第3期。

B.15
中外合作办学的政策建议

赵新利　谢斯予*

摘　要： 近年来，中外合作办学已经从引进和运用迈入消化和吸收的发展阶段，新时代下还将进一步融合和创新。面对当今国内和国际形势的双重影响，中外合作办学应加强顶层设计，强化政策监管与制度建设；服务国家大局，增强社会效益；融合创新国外优质教育资源，反哺中国高等教育；着力提高中外合作办学的国际知名度和能见度。重新审视百年未有之大变局和疫情防控常态化对中外合作办学的影响，把握“一带一路”倡议和教育对外开放的新机遇，继续深化高水平中外合作办学的理念和实践，努力成为引领中国高等教育国际化发展的先驱者。

关键词： 高等教育　中外合作办学　教育国际化

近年来，我国中外合作办学已经从初期的引进和运用迈入消化和吸收的发展新阶段。在百年未有之大变局和疫情防控常态化的双重影响下，在“一带一路”倡议和教育对外开放的新机遇下，中外合作办学应深化融合和创新举措，推动落实与发展高水平中外合作办学的理念和实践，努力成为引领中国高等教育国际化发展的先驱者。

一　加强顶层设计，强化政策监管与制度建设

科学有效的政策体系是发展中国高等教育“引进来”和“走出去”的

---

* 赵新利，中国传媒大学广告学院院长，教授，研究方向为公共关系、传播史等；谢斯予，中国传媒大学广告学院教师，研究方向为公共关系、品牌传播。

重要推动力量。为了实现新阶段中外合作办学的融合与发展，须加强顶层设计，进一步构建相关法律体系，加强政策监管、完善制度建设、优化管理机制。

（一）构建系统的法律法规和政策制度体系

1. 修订条例、制定法律，提高适用性与合法性

现行的《中华人民共和国中外合作办学条例》

《中华人民共和国中外合作办学条例》① （以下简称《条例》）和《中华人民共和国中外合作办学条例实施办法》② （以下简称《实施办法》）颁布实施已有10余年，在这期间随着时代的发展和形势的变动，部分条款已难以满足新阶段中外合作办学的发展需要，具有一定的局限性和滞后性。

新形势下，中外合作办学应尽快破解政策法规不适宜和管理不统一的局面，在《教育部等八部门关于加快和扩大新时代教育对外开放的意见》的指导下，“完善法律制度，推进《中外合作办学条例》及其实施办法修订工作，为开放办学、规范办学、高水平办学提供制度保障”，“创新工作机制，通过项目备案制、部省联合审批等改进审批方式，完善评估和退出机制”，“适当放宽合作办学主体和办学模式的限制，给予相应的鼓励引导政策或实行准入特别管理措施”等。

此外，应在现行《条例》和《实施办法》等行政规章的基础上，制定一部适用于中外合作办学领域的全局性、高层次的法律，并以此为依据推进顶层设计工作，统筹规划中外合作办学过程中发生的法律关系，进一步明确各办学主体之间的权利和义务，预防中方与外方因合作办学引起的冲突和争端，规避外方合作院校单方面导致办学不利而需中方承担的风险，切实保障中方院校与学生的权益。通过实施刚性法律和柔性条例相结合的举措，引导中外合作办学高水平、可持续发展。

---

① 《中华人民共和国中外合作办学条例》，中华人民共和国中央人民政府网站，2003年3月1日，http://www.gov.cn/gongbao/content/2003/content_62030.htm。

② 《中华人民共和国中外合作办学条例实施办法》，中华人民共和国教育部网站，2004年6月2日，http://www.moe.gov.cn/srcsite/A02/s5911/moe_621/200406/t20040602_180471.html。

2. 多方参与，完善中外合作办学的制度体系和法律体系

中国作为开展合作办学、跨境教育的后发国家，在制度体系和管理机制上仍存在较大进步空间。从英、美、澳的国际经验来看，中外合作办学的法律法规和配套政策不仅需由教育部承担，还需财政部、外交部、文化和旅游部等多方参与实施。

因此，中外合作办学领域需创建多部门协调的管理体系，打破各政府部门之间的行政壁垒，但也要明确各部门责任边界和职责划分，形成以国家教育行政部门管理为主、其他行政部门为辅的中外合作办学管理体系。同时，多部门应协同制定针对中外合作办学的，包括资产管理、税收与外汇管理、出入境管理、外籍教师管理等在内的政策体系，营造中外合作办学规范化、科学化的制度和法律环境。管理体系和政策体系的构建，使中外合作办学工作更高效、有序地开展，让政策的便利化服务于办学的质量化。

（二）严格加强外部和内部的质量监管

质量建设一直是中外合作办学发展的重点目标，具有战略价值。但随着中外合作办学机构和项目数量的快速增长，在监管不到位的情况下，导致中外合作办学市场质量参差不齐。对照教育对外开放的新时代、新形势、新要求，中外合作办学有待进一步“提质”和“增效”，将顶层设计指向质量建设，严格加强外部和内部的质量监管，推动中外合作办学高质量、内涵式发展。

1. 完善外部质量评估体系，实现从准入到退出的全流程质量监管

尽管自《中外合作办学评估方案》[①]《教育部关于进一步加强高等学校中外合作办学质量保障工作的意见》[②] 等管理办法颁布以来，中外合作办学的质量监管已得到高度重视，但当前中外合作办学的质量监管工作在一定程度上仍存在重准入、轻过程，重审批、轻管理，重外在保障、轻内在评

① 《中外合作办学评估方案》（教外司监〔2013〕124 号），2013 年 1 月 28 日。

② 《教育部关于进一步加强高等学校中外合作办学质量保障工作的意见》（教外办学〔2013〕91 号），2013 年 12 月 10 日。

估等问题。当前，应加快完善中外合作办学外部质量评估体系，实现从准入到退出的全流程质量监管。

第一，提高对中外合作办学机构和项目准入审批的门槛和质量把关力度。应进一步明确中外合作办学的准入标准，合理设定准入门槛，除现有的对拟设立或举办的中外合作办学机构和项目的重要性与适用性的评估外，还应重视对地域分布、教育资源输出国的选择、学科布局、办学特色、资源优势、社会效益等方面的质量监管。第二，增强对办学过程中的评估认证与质量监管的把关能力。应在已有的中外合作办学质量评估与认证标准上，研制出细化的、特色的、具有明显区分度的多元质量监管指标体系；在已有的“合格性评估”上增设“优秀性评估”，对建设优秀的中外合作办学机构和项目起到示范作用；在已有的依据办学年限和培养周期的定期评估机制上增设抽查评估机制，并适当减少“报告评估”、增设“实地评估”，以杜绝形式主义、隐瞒掩盖、突击迎评等现象；应建立惩罚机制，对在质量监管中发现的违规办学、损害教师和学生合法权益的中外合作办学机构和项目依法予以严惩或责令退出。[①] 第三，引入第三方质量评估机构，发挥社会监管力量。参考西方国家教育认证的先进做法，逐渐建立多元化、中介化、社会化的第三方质量监管体系，提升质量监管过程中信息披露和监督反馈的高效性、专业性、准确性、客观性与公正性。

2. 建立内部质量监管机制，实现外部强制性约束向自我规范约束的转变

国家相关部门应提倡中外合作办学机构和项目依据自身特点建立健全个性化、针对性的质量自评体系，推动建立国家强制监管、社会监管和自我监管的中外合作办学监管综合主体矩阵，使建立健全内部教育教学质量保障机制成为各高校普遍的自律行为，不断提高中外合作办学的规范性和教育质量。

第一，组建由机构或项目领导者、授课教师、学生代表等利益相关者组成的，具有互补性和多样性的质量监管委员会，多元主体共同治理，确保内部质量自评的全面性、真实性、有效性。第二，设立包括生源质量、

① 《教育部关于进一步加强高等学校中外合作办学质量保障工作的意见》（教外办学〔2013〕91号），2013年12月10日。

教学质量、教学管理、师资队伍、科研成果、社会效益等在内的自我评估体系，通过期初定标准期末对照评估、匿名满意度调查等方式，周期性自我评测教育教学质量。第三，设立校外监察员，将校外监察员制度纳入内部质量自评体系，让课程设置、教学大纲、考评标准等定期接受客观专业的检验、评定、调整、适应，促进中外合作办学机构和项目教育质量水平的提高，保障师生利益。最终，让中外合作办学质量监管实现由外部强制性约束向自我规范性约束转变。

二　服务国家大局，增强社会效益

新时代，中外合作办学必须全面贯彻党的教育方针，以服务党和国家工作大局为宗旨，主动服务“一带一路”建设，主动服务国家和地区发展建设需求，主动服务国家对外传播的需要，提高中外合作办学的社会效益。

（一）服务“一带一路”倡议，促进民心相通

随着“一带一路”倡议的不断深化，近年来“一带一路”教育行动也不断走深、走实。《关于做好新时期教育对外开放工作的若干意见》强调要“充分发挥教育在‘一带一路’建设中的重要作用”①，《推进共建“一带一路”教育行动》倡导要“构建‘一带一路’教育共同体”②。中外合作办学作为教育对外开放的中坚力量之一，应服务国家发展战略，为实施“一带一路”教育行动提供强有力的支撑，推动中外人文交流，促进民心相通。

1. 着力引进共建“一带一路”国家和地区优质教育资源

第一，增加与沿线国家和地区合作办学的机构和项目数量，扩大合作办学规模。共建“一带一路”国家和地区有近200所高校进入QS世界大学

① 《中共中央办公厅、国务院办公厅印发〈关于做好新时期教育对外开放工作的若干意见〉》，中华人民共和国中央人民政府网站，2016年4月29日，http://www.gov.cn/xinwen/2016-04/29/content_5069311.htm。

② 《教育部关于印发〈推进共建“一带一路”教育行动〉的通知》，中华人民共和国教育部网站，2016年8月11日，http://www.moe.gov.cn/srcsite/A20/s7068/201608/t20160811_274679.html。

综合排行榜，约占全球上榜高校总数的1/5。① 中外合作办学要摒弃唯欧美发达国家而优的思维，继续与新加坡和俄罗斯两个高等教育发展水平较为发达的国家加强合作，并主动改变与马来西亚、捷克、匈牙利、希腊等同样拥有先进教育资源的国家开展合作办学的空白状态，“质”“量”并进地合理拓宽中外合作办学空间。

第二，加强与沿线国家和地区的优势学科和特色专业开展合作办学。共建“一带一路”国家和地区的国际一流大学和学科数量虽不比欧美强国，却汇集了众多历史悠久的高等学府和极具区域特色的教育资源。我国应鼓励国内高校与沿线国家和地区开展多元化、特色化、差异化的中外合作办学，选择与交通运输、基础设施、贸易与文化旅游、新能源开发、非通用语言应用等与自身发展相契合的优势学科和特色专业进行深度合作，在实现优势互补和特色办学的基础上，服务“一带一路”发展需要。

2.“走出去”服务“一带一路”建设

第一，借助中外合作办学，培养知华、友华、亲华的高层次、综合性、具有国际视野的人才。中外合作办学应承担为“一带一路”提供人脉和人才支持的历史使命，借助中外合作办学项目吸引沿线各国留学生，通过教育传播中国文化思想，促进中外民众的文化认同，培养具有一定中国情怀、符合“一带一路”倡议的国际化高端人才，让其投入“互联互通”迫切需要的沟通交流当中。

第二，对接“一带一路”倡议，使中外合作办学由“引进”转向“输出”。通过中外合作打造科研平台和决策智库、开展双向海外学堂、共创实践基地、开设特色化高端培训项目、提供国际教育公共产品供给等方式，培养一批能代表中国质量与技术、具有国际化视野的人才，为“一带一路”倡议的深入实施提供智力支持和咨询服务。

（二）服务国家和地区发展需求，优化学科专业布局

1. 促进区域发展平衡，服务中西部发展需要

中外合作办学发展从区域分布上来看，主要集中在东部地区，这将导

① 王海超：《“一带一路”沿线参与的中外合作办学：现状、问题及对策》，《教育与考试》2017年第3期，第86～91页。

致东西部地区发展差距日益增大，使西部地区原本就存在的教育资源匮乏现象更加严重，从而无法有效应对我国高等教育资源区域发展失衡的问题。

在各类“加快中西部教育发展指导意见”的引领下，相关政府部门应加大调控力度，着重引进教育质量高、学术影响大、教育理念成熟、配套资源完善的外国高校优先在西部地区适当布局的适应当地发展需求的中外合作办学机构和项目，着力在当地薄弱、急需的领域开展教育和科研合作，服务国家大局，促进区域发展平衡，为当地社会发展提供不竭动力。

2. 优化学科布局，服务国家和地区产业发展需要

从教育部中外合作办学监管工作信息平台公开的数据来看，目前中外合作办学活动还偏向于在办学成本相对低廉的工商管理、金融、计算机学科专业，以及在教学原理和法则世界通用的理工科专业上重复办学，专业涵盖范围窄、专业特色不突出、针对性和适用性不强。

未来，中外合作办学应加强学科专业结构调整，一是坚持国内自身的办学特色和优势学科，同时与具有相应领域高质量教育资源的外方院校合作办学；二是推进国家高速发展背景下急需的专业建设与学科布局，如能源、新材料、环境科学、人工智能、信息技术等学科。

此外，在教育对外开放政策的引导下，雄安新区、粤港澳大湾区、海南自贸港、长三角区域等地区，都在着力打造教育对外开放新标杆。在此背景下，各地区也应结合当地发展特色，引入符合区域发展需要的优质教育资源，差异化、精准化、本土化、适应性地开展中外合作办学。例如，粤港澳大湾区应充分发挥港澳地区高等学校的学科优势和地缘优势，在珠三角地区发展国际教育①；海南自贸港针对东南亚地区开展国际化人才培养；海峡西岸经济区支持台湾地区开展职业教育中外合作办学；等等。

通过引进与国家和办学当地经济和科技发展水平相匹配的国外优质教育资源，辐射国家和地区产业发展，增强社会效益。

（三）服务中国国际传播，培养讲好中国故事的国际化人才

综观中外合作办学机构和项目的办学定位与人才培养模式，大多是培

① 薛二勇：《中外合作办学改革和发展的政策分析》，《中国高教研究》2017 年第 2 期，第 24 ~ 28 页。

养“跨文化交流人才”“有责任的世界公民”“国际一流青年”等，培养目标国际通用、同质化严重且未突出中国特色。随着中国综合国力的迅速增强、高等教育发展水平的大幅提升、科技成果产出的快速进步，我国已具备培养国际化人才的实力。中外合作办学应厚植于中国国情和文化环境，培养扎根中国大地、通晓国际规则（具有国际视野）的新时代中国特色国际化人才，服务中国国际传播战略，讲好中国故事。

1. 加强党建和思政教育，为国际传播奠定思想基础

第一，加强思想政治教育和文化教育。2017 年发布的《关于加强和改进新形势下高校思想政治工作的意见》明确提出，“要重视中外合作办学的党建和思想政治条件，探索党组织发挥政治核心作用”①。中外合作办学应注重学生专业学习和人文素养的融合培养，在国际课程中加强爱国主义教育，在国际实践中融入中华优秀传统文化，增强文化自信和家国情怀，培养根植于内心的民族振兴使命感，提高学生在国际社会讲好中国故事的自觉意识，推动中外合作办学的人才培养工作对我国的国际传播事业产生深远的积极意义和正面影响。

第二，打造中外合作办学党建品牌。中外合作办学是在党领导下开展的工作，应强化党建工作与教学科研、大学治理的深度融合，探索学院“党建 + 思政 + 专业 + 实践”的协同育人机制，把党建工作优势转化为治理效能。同时，针对中外合作办学学生学业在国内外分段进行、国外交流频繁、境外学生党员的思想政治教育难度大的实际，应积极探索创新党建工作新模式、新方法、新途径，推进中外合作办学党建工作特色化、项目化、品牌化建设，培养真正的知中国、爱中国的新时代国际化人才，服务国家对外传播的发展大局。

2. 创设多语言文化环境，为国际传播提供能力支撑

一是在现有的全英文授课的基础上，加强第二外语能力的培养，扩大中国故事对国家和地区的辐射范围，为中国国际传播提供语言能力支撑。

---

① 《中共中央 国务院印发〈关于加强和改进新形势下高校思想政治工作的意见〉》，中华人民共和国中央人民政府网站，2017 年 2 月 27 日，http://www.gov.cn/xinwen/2017-02/27/content_5182502.htm。

二是加强国际刑法、外交关系法等国际法的培训，在校园内创设国际社会文化环境，让遵循国际规则地学习和生活成为习惯，为中国国际传播提供适应能力支撑。三是扩大留学生招录比例，并建立中美文化交流中心、中欧文化交流中心等多元文化交流平台，加强中国学生与外国友人的文化交流，切身体验异国文化、增长见识、拓宽国际视野，为国际传播提供跨文化交流能力支撑。中外合作办学机构和项目应通过创设多语言文化环境，培养既根植于中国国情又具有国际视野的新时代中国特色国际化人才，让中外合作办学服务于讲好中国故事的战略目标。

三　融合创新国外优质教育资源

中外合作办学已经从简单的引进和运用迈入了消化和吸收的发展新阶段，并必将随着时代发展而不断丰富其内涵。作为与公办学校、民办学校并列成为推动中国教育改革和发展的“三驾马车”，中外合作办学主体应主动担负起通过学习国外先进经验来改进国内教育实践的使命，结合中国教育环境，对引进的国外优质教育资源进行再融合创造，真正脱离对外方合作院校的依附，加快发展真正符合中国国情、具有国际水准的教育理念和育人体系。

（一）提升办学水准，助力中国高等教育质量提升

1. 引入排名更高的外方合作院校

相关政府部门应在监管职责之上增加服务职能，借助政府官方权威力量，邀请更多位居世界综合排名前列的外方高校与中国一流高校开展中外合作办学，强强联合探索世界一流大学和一流学科发展新模式，全面提升中国高等教育的质量和水平。

同时，有关部门也可联合开展政策和资金扶持，借此吸引若干所世界一流名校在中国建立分校，全面推动中国高校国际化发展和世界一流大学的建设。

2. 引入更高层次的硕博学位中外合作办学项目

目前，在通过教育部批准的项目和机构中，本科的项目和机构占比达

到80%以上，硕士及以上高层次的研究生教育比例较小。中外合作办学主体应大力提高办学层次，形成合理涵盖高等教育各层次的办学结构，与外方院校合作加强硕博学位高端人才的培养，以此为中国高等教育质量提升贡献力量。

（二）掌握自主权，让外国优质教育资源“为我所用”

1. 实现中国高等教育人才培养模式融合创新

目前，部分中外合作办学机构和项目在人才培养、教学科研、师资培养等方面仍不同程度地依附于外方合作院校，在办学特色与办学模式方面仍存在不够独立的问题。未来，中外合作办学的中方主体应脱离对外方治理结构的依附，主动参与治理结构设计，深度参与培养方案制定、教学安排、师资配置与培训、学术研究等内涵性工作，而不仅仅成为外方院校的行政管理“助手”。

同时，要增强中国教育自信，脱离对外方合作院校人才培养的依附。掌握主动权，将引进的国外先进办学理念、教学和科研资源、管理模式等加以吸收、改造，通过创新课程体系、中外跨平台联合培养、中外学程与学分互认等方式实现中外人才培养模式的融合创新。将国外优质教育资源“为我所用”，在中外合作办学实践中创造出兼具中国特色与国际竞争力的中国高等教育人才培养模式，反哺中国高等教育高质量发展。

2. 发展在线教育，让更多中国学生共享国际优质教育资源

新发展阶段下，高等教育形态面临重大变革，新技术给高等教育形态带来了巨大冲击。中外合作办学也应借助技术变革和疫情防控常态化的新契机，大力发展国际慕课等在线教育。倡导利用中外合作办学体制机制灵活的特点，引入国际优质课程资源，让中外合作办学机构和项目成为汇聚国际化教学资源的窗口和平台。

具体而言，应该积极探索互联网时代学习与教学的新模式，依托在线教育平台，借助全息投影、AI、VR等先进技术，打通中外合作办学高等教育与中国普通高等教育资源，实现双向师资资源、课程资源、科研资源的共享，形成基于信息化的资源共享体系，让全中国学生共享国际优质教育资源。同时，大力支持各级各类高校和机构开发具有中国特色和国际竞争

优势的国际课程，建立中国特色国际课程推广平台，加大辐射力度。

3. 依托中外融合科研实践平台，助力中国高等教育科研国际化

中外合作办学机构和项目应与外国高校深入开展科研和实践合作，打造高水平、国际化的中外融合科研实践平台，体系化开展国际联合科研实践，推动中外学术资源和科研模式的互学互鉴，并以我为主地创新联合科研体制机制。从而借助中外合作办学牵线搭桥打造的中外融合科研实践平台，使我国部分大学和学科提前融入世界一流的“学术圈”，全面推动中国高等教育科研实践国际化。

4. 学习外国先进管理模式，提高中国高校治理水平

引入外国优质教育资源，不仅仅应引入课程资源、教材资源、科研资源、教师资源，还应着力引入外国先进的管理理念、制度、模式。中外合作办学机构和项目应在办学实践中吸收外国高校先进的教学管理模式，组建具有独立意识和创新精神的中外联合教学管理团队，为中外合作办学高质量发展提供强有力的人力保障，有序推进中外合作办学工作的标准化、国际化和品牌化。

同时，将所学先进经验“为我所用”，融合转化为适用于中国高等教育的国际化教学管理模式，并提供培训机会、加强能力提升，使我国高校的治理水平和能力得到提升和加强，从而为中国特色世界一流大学的建设贡献力量。

5. 加强师资培育，推动中国高校师资国际化发展

加强对外籍教师的管理，严格加强对外籍教师水平和教学资格的审查，建立外籍教师资质认证系统和从业资格证书认证机制，确保从外方高校引入的外籍教师均为高水平、高素质人才，并确保从全球范围内招聘的师资具备一定的职业资格、学术水平、教学经验，让外国优质师资为中外合作办学提供质量保障。

同时，加大师资国际化培育力度，通过开展全英文授课培训、外籍教师与中国教师联合教研和授课、中外师资联合建设国际课程、中外师资合作开发中英文专业教材等方式，提升中国教师的业务水平和教学水平。鼓励中国教师能力与国际领先水平接轨，借助中外合作办学平台，促进中国高校师资国际化建设。

四　着力提高中外合作办学的国际知名度和能见度

随着中外合作办学逐渐发展成熟、中国教育不断加强对外开放，中外合作办学应更重视“品牌形象”的塑造，打破国内及国际社会对中外合作办学乃至中国教育的“刻板印象”，通过系列举措着力提高国际知名度和能见度。

（一）提高中外合作办学的社会声誉

1. 加强信息公开，接受社会反馈

目前，中外合作办学领域已建立了中外合作办学监管工作信息平台，但仅限于机构和项目审批、学历认证与质量评估方面的信息公示。中外合作办学还应进一步健全信息公开制度，并建立便捷、简明、实用的中外合作办学信息检索系统。一方面，借助信息公开警醒非法办学机构和项目，也监督各办学主体加强优质办学；另一方面，更透明地接受社会公众对其办学质量的监督，消除公众对中外合作办学质量问题的疑虑，提高公众对中外合作办学的信赖程度。

此外，搭建中外合作办学反馈渠道，公开接受社会公众意见并整改，形成双向互动机制。借此调动社会各方参与中外合作办学的积极性，并通过该种形式的社会监管与社会反馈，促进社会对中外合作办学的主动了解，扩大中外合作办学的知名度与影响力。

2. 宣传中外合作办学模范标杆，提高社会声誉

中外合作办学领域也应推动建立成功经验的分享机制，总结中外合作办学机构或项目中具有示范性和参考价值的优秀案例和实践经验，加大宣传力度。一方面，为建设中的中外合作办学机构和项目树立模范标杆，提供成功经验借鉴；另一方面，加大对实质性引进国际优质教育资源的中外合作办学机构的办学模式的推广力度，拓大国际化教育理念和模式的辐射范围，充分发挥创新引领作用；再一方面，通过对示范典型的宣传推广，树立良好的中外合作办学品牌形象，提高中外合作办学的社会声誉。

（二）提高中外合作办学的国际影响力

中外合作办学应从“引进来”的单向思维转变为“‘引进来’和‘走

出去’并重”的双向思维，既要“引进来”国外优质资源，又要“走出去”中国优质人才，提高中国教育的国际知名度和能见度。

1. 引导中国学生登上国际大舞台，提高国际能见度

第一，中外合作办学主体应充分利用与外方院校的合作关系，在国外创设科研基地、学习与实践基地，调动中外资源设立专项奖学金，支持优秀中国学生赴海外交换学习、科研、实践，提高中国学生在国际学术圈的能见度。

第二，引导中国学生积极参加国际公益组织，参与国际志愿服务活动，在国际大舞台上充分展现中国学生勇于担当的责任感和积极参与国际事务的使命感。

第三，支持中国师生积极参加国际学术会议，在国际行业组织任职，担任国际期刊编委、国际赛事评委等，全方位提升中国师生在国际社会中的影响力。

2. 打造中外合作办学智库，提高国际知名度

中外合作办学应在我国高等教育国际化进程中贡献相应力量，协助提升我国教育的国际竞争力和影响力。国家相关部门应在顶层设立具有“中国特色、世界水平”的中外合作办学智库，整合优质资源成立专业化的中外合作办学智库队伍，加强中外合作办学政策理论基础研究及创新融合办学模式研发，并在国际教育圈中形成“吸纳建议、修正提升、融合创新、实践分享”的闭环。在进一步推进中外合作办学健康、可持续发展的同时，也彰显中国高等教育的质量水平，提高国际竞争力与影响力。

3. “走出去”和“引进来”相互支撑，服务高等教育国际交流和高质量发展

近年来，随着中国高等教育快速发展，海外民众对中国高等教育资源的需求快速提升。越来越多的中国高校开始在海外开设分校或举办高等教育项目并取得卓越成绩，如厦门大学马来西亚分校等。但我们也要看到，中国高校在“走出去”过程中，遇到了这样或那样的困难和阻力。在这种背景下，我们有必要创新工作机制，探索中国高校“走出去”与海外高校“引进来”的互动机制，如中国高校在匈牙利建设校区时，也可探索同步引进匈牙利高校在中国办学，努力做到资源对等、条件对等，务实推进各项工作，服务高等教育国际交流和高质量发展。

附　录

Appendices

附录 1 2019～2021年度中外合作办学大事记

一　2019年中外合作办学大事记

（一）2019年4月28日：教育部三项成果纳入第二届“一带一路”国际合作高峰论坛成果清单

2019 年 4 月 25～27 日，第二届“一带一路”国际合作高峰论坛在北京举行。国家主席习近平在开幕式主旨演讲中指出，将持续实施“丝绸之路”中国政府奖学金项目，举办“一带一路”青年创意与遗产论坛、青年学生“汉语桥”夏令营等活动。上述由教育部推动落实的三项成果纳入本届高峰论坛成果清单。

教育部高度重视并积极参与“一带一路”建设，充分发挥教育在“一带一路”建设中的基础性、先导性作用。2016 年印发《推进共建“一带一路”教育行动》。截至 2019 年 4 月，教育部已与 24 个“一带一路”沿线国家签署高等教育学历学位互认协议，在 54 个国家联合建立了 154 所孔子学院和 149 个孔子课堂；支持 60 所高校在 23 个沿线国家开展境外办学，16 所高校与沿线国家高校建立 17 个教育部国际合作联合实验室；推动职业教育与企业协同“走出去”从个别试点走向普遍实践。同时，“一带一路”教育行动部省（区、市）协同不断推进。教育部已与18个省（区、市）签署了共建备忘录，地方和高校参与不断深化，平台建设不断增强，可视性成果不断丰富，“一带一路”教育行动取得积极成效。下一步，教育部将打造“一带一路”教育行动升级版，深化政府间教育交流合作，推动中国与更多“一带一路”沿线国家实现学历学位互认、教育标准互通、经验互鉴。将加快培养“一带一路”急需人才，增加“丝绸之路”中国政府奖学金项目的硕士、博士学位名额，积极推动“一带一路”中外合作办学规模和水平稳步提升。将积极支持高校和职业院校与沿线国家学校建立高校联盟、职教联盟，加强校际合作，开展联合科研和人才培养，为沿线各国经济社会发展以及“一带一路”建设提供人才和智力支撑。①

（二）2019年9月26日：教育部批准筹备设立香港科技大学（广州）

2019 年 9 月 26 日上午，广州南沙粤港澳全面合作示范区重点项目建设动员会举行，香港科技大学（广州）项目、中国科学院明珠科学园首批项目在广州南沙正式启动建设。

在当天的活动上，香港特别行政区行政长官林郑月娥表示，香港科技大学（广州）将为穗港两地高等教育的交流合作开创新局面，培育具有创新能力的国际化高端人才，通过彼此交流，共享科研设施，深化两地在教学、研究、科技成果转化以及学生交流等多方面的合作，为两地提供高水平的教育和科研支撑。她还表示，中国科学院明珠科学园将汇聚研发资源和各领域的杰出人才，推动粤港澳大湾区创新发展。香港特区政府将在“一国两制”框架下，支持推动粤港澳大湾区高等教育合作和科技创新合作，携手共建国际科技创新中心。

广东省省长马兴瑞说，举行广州南沙粤港澳全面合作示范区重点项目

① 《教育部三项成果纳入第二届“一带一路”国际合作高峰论坛成果清单》，中华人民共和国教育部网站，2019 年 4 月 28 日，http://www.moe.gov.cn/jyb_xwfb/gzdt_gzdt/moe_1485/201904/t20190428_379826.html。

建设动员会，是粤港澳大湾区建设取得的又一重要成果。广东愿与港澳一道，扎实抓好重大合作平台建设，进一步深化各领域更紧密合作，共同打造国际一流湾区和世界级城市群。

据介绍，香港科技大学（广州）项目是《粤港澳大湾区发展规划纲要》发布以来获批的首个具有法人资格的内地与香港合作办学机构，将在数据科学、机器人与自动系统、生物医药及生物医学工程、先进材料、智能制造及人工智能等交叉学科领域培育人才，深化粤港澳大湾区教学产研合作，推动大湾区科技创新、产业升级和高质量发展。

中国科学院明珠科学园是中国科学院与广州市人民政府共建的科教融合新城，本次动工项目包括中国科学院力学研究所广东空天科技研究院、广东智能无人系统研究院、中科院南海海洋研究所、中国科学院广州分院、中国科学院大学广州学院等 5 个项目。①

（三）2019年10月18日：第二十届中国国际教育年会全体大会于2019年10月18日在北京举行

2019 年 10 月 18 日，由中国教育国际交流协会主办的第二十届中国国际教育年会（以下简称“年会”）全体大会在北京国家会议中心隆重举行。本届年会紧扣国家教育和外交大政方针，以“教育 2035——对话世界的未来”为主题，由“中国国际教育研讨会”“中外院校项目合作洽谈会”“中国国际教育展”三大部分组成，围绕各级各类国际教育领域的热点话题开展了近 40 场丰富多样的活动。年会邀请了中外政府相关主管部门领导和产学研各界领袖及代表共同探讨面向 2035 年的教育现代化，以推动更高水平的教育对外开放，分享各国的教育发展成就和经验，研讨全球教育面临的共同问题，共同擘画国际教育发展的美好蓝图。

中国国际教育年会迄今已发展为中国最大的国际教育交流平台和中外教育界的年度盛会，是中国教育联通世界的重要窗口和重要桥梁。②

---

① 《广州南沙粤港澳全面合作示范区两重点项目建设启动》，“新华社”百家号，2019 年 9 月 26 日，https://baijiahao.baidu.com/s?id=1645752074003380019&wfr=spider&for=pc。

② 《第二十届中国国际教育年会全体大会 10 月 18 日在北京举行》，中国教育国际交流协会网站，2019 年 10 月 23 日，http://www.ceaie.edu.cn/zongheyuyanfabu/bumendongtai/2350.html。

（四）2019年11月14日：英国诺丁汉特伦特大学与中国传媒大学在海口签署合作办学意向书

2019 年 11 月 14 日上午，英国诺丁汉特伦特大学与中国传媒大学在海口签署了来琼合作办学意向书。

根据意向书，英国诺丁汉特伦特大学将与中国传媒大学在海南陵水黎安国际教育创新试验区合作办学，围绕设计、传媒和信息技术等领域培养国际化、高层次人才，并充分发挥学科优势，推动产学研深度合作，实现科技成果转化、孵化和产业导入，为海南自贸区、自贸港建设，尤其是现代服务业发展提供强有力的人才和智力支撑。海南陵水黎安国际教育创新试验区是海南省教育系统深入贯彻习近平总书记“4·13”重要讲话及中央 12 号文件精神，落实教育部与省政府联合印发的《关于支持海南深化教育改革开放实施方案》要求，建设海南国际教育创新岛，打造新时代中国教育开放发展新标杆的重要平台。该试验区将围绕文化创意、艺术设计、体育休闲、旅游管理等现代服务业发展需求，引进一批国内外一流大学和一流学科，联合开办中外办学机构（项目），并深化办学体制机制、人才培养机制、人事管理制度、招生制度等系列改革，打造新时代中国教育开放发展新标杆的集中展示窗口。①

二　2020年中外合作办学大事记

（一）2020年6月1日：《海南自由贸易港建设总体方案》允许境外理工农医类高水平大学在海南独立办学

2020 年 6 月 1 日，中共中央、国务院印发了《海南自由贸易港建设总体方案》（以下简称《方案》），提出到 2025 年将初步建立以贸易自由便利和投资自由便利为重点的自由贸易港政策制度体系，到 2035 年成为我国开放型经

① 《英国诺丁汉特伦特大学与中国传媒大学签约将在海南陵水合作办学》，海南日报数字报网站，2019 年 11 月 15 日，http://hnrb.hinews.cn/html/2019-11/15/content_5_4.htm。

济新高地，到21世纪中叶全面建成具有较强国际影响力的高水平自由贸易港。

在制度设计方面，《方案》以贸易投资自由化便利化为重点，以各类生产要素跨境自由有序安全便捷流动和现代产业体系为支撑，以特殊的税收制度安排、高效的社会治理体系和完备的法治体系为保障，在明确分工和机制措施、守住不发生系统性风险底线的前提下，构建海南自由贸易港政策制度体系。在人员进出自由便利方面，将根据海南自由贸易港发展需要，针对高端产业人才，实行更加开放的人才和停居留政策，打造人才集聚高地。在构建现代产业体系方面，将大力发展旅游业、现代服务业和高新技术产业，不断夯实实体经济基础，增强产业竞争力。聚焦平台载体，提升产业能级，以物联网、人工智能、区块链、数字贸易等为重点发展信息产业。依托文昌国际航天城、三亚深海科技城，布局建设重大科技基础设施和平台，培育深海深空产业。围绕生态环保、生物医药、新能源汽车、智能汽车等壮大先进制造业。

《方案》将分步骤分阶段安排。2025年前重点任务是，围绕贸易投资自由化便利化，在有效监管基础上，有序推进开放进程，推动各类要素便捷高效流动，形成早期收获，适时启动全岛封关运作。其中，在深化产业对外开放方面，允许境外理工农医类高水平大学、职业院校在海南自由贸易港独立办学，设立国际学校。推动国内重点高校引进国外知名院校在海南自由贸易港举办具有独立法人资格的中外合作办学机构。建设海南国家区块链技术和产业创新发展基地。同时优化税收政策安排。对在海南自由贸易港设立的旅游业、现代服务业、高新技术产业企业，其2025年前新增境外直接投资取得的所得，免征企业所得税。对在海南自由贸易港工作的高端人才和紧缺人才，其个人所得税实际税负超过15%的部分，予以免征。2035年前重点任务是，进一步优化完善开放政策和相关制度安排，全面实现贸易自由便利、投资自由便利、跨境资金流动自由便利、人员进出自由便利、运输来往自由便利和数据安全有序流动，推进建设高水平自由贸易港。①

---

① 《〈海南自由贸易港建设总体方案〉印发允许境外理工农医类高水平大学在海南独立办学》，中华人民共和国教育部网站，2020年6月2日，http://www.moe.gov.cn/jyb_xwfb/s5147/202006/t20200602_461882.html。

（二）2020年6月18日：八部门提出继续通过出国留学渠道培养各类人才的意见

2020 年 6 月 18 日，《教育部等八部门关于加快和扩大新时代教育对外开放的意见》（以下简称《意见》）正式印发。《意见》指出，要着力破除体制机制障碍，加大中外合作办学的改革力度，优化出国留学工作布局，做强“留学中国”品牌，鼓励开展中外学分互认、学位互授联授。《意见》重申，将继续通过出国留学渠道培养我国现代化建设需要的各类人才。

《意见》提出，要提升我国高等教育人才培养的国际竞争力，加快培养具有全球视野的高层次国际化人才。推动职业教育更加开放畅通，加快建设具有国际先进水平的中国特色职业教育体系。提高基础教育对外开放水平，培养德智体美劳全面发展且具有国际视野的新时代青少年。

《意见》指出，将改进高校境外办学，改革学校外事审批政策，持续推进涉及出国留学人员、来华留学生、外国专家和外籍教师的改革。将鼓励开展中外学分互认、学位互授联授，扩大在线教育的国际辐射力。同时，通过“互联网 +”“智能 +”等方式，丰富中西部地区薄弱学校的国外优质教育资源供给。

新冠肺炎疫情给海外留学人员的健康和安全带来挑战。教育部国际司（港澳台办）负责人指出，疫情对出国留学的影响将是暂时的，为克服疫情影响，教育部将积极开拓优质教育资源合作渠道，拓展出国留学空间。

该负责人表示，新冠肺炎疫情发生以来，教育部时刻牵挂、关心海外留学人员的健康和安全，坚决落实党和国家对海外留学人员的关心关爱，持续做好防疫指导、物资保障、患者救治、心理支持、困难帮扶、安全保护等工作，尽最大努力维护广大留学人员的切身利益和合法权益。随着毕业季来临，教育部面向留学人员及时发布招聘信息和优惠政策，采取线上线下相结合的方式为广大留学人员组织招聘活动，第十五届“春晖杯”中国留学人员创新创业大赛已如期在线启动。

针对来华留学生的问题，该负责人指出，《意见》提出做强“留学中国”品牌，归根到底要提高来华留学教育的质量和管理水平。《意见》重申，要实施好《来华留学生高等教育质量规范（试行）》，这是指导高校开展来华留学教育的基本规范。①

（三）2020年6月30日：西南大学西塔学院举行首届学生毕业典礼，线上线下、国内国外同步进行

2020 年 6 月，《教育部等八部门关于加快和扩大新时代教育对外开放的意见》（以下简称《意见》）正式印发。《意见》明确了我国坚持教育对外开放不动摇的坚定决心，进一步明确了加快和扩大教育对外开放的目标。这无疑为疫情背景下的国内外中外合作办学驱走了阴霾，撑起了浓荫，吹来了东风。适逢西南大学西塔学院第一届学生毕业季，学院借东风扬帆，育新机起航，筹划了一场主题为“此时 | 彼时”别具一格的毕业典礼。②

6 月 30 日，2016 级海内外西塔学子、家长代表、三所高校师生代表齐聚西南大学主会场和澳大利亚西澳大学、塔斯马尼亚大学分会场。同时，会议通过 ZOOM 设置云端会场，利用微赞线上直播，西南大学西塔学院公众号等平台线上线下、国内外同步进行。

据悉，西塔学院是教育部认定的澳大利亚与中国合作办学的首家中外合作办学机构，集三校办学理念之精华于一体，融合中外三校的优势学科，依托“学业导师”和“班主任”制度，致力培养具备国际竞争力和全球择业能力的创意精英。在 2016 级首届毕业生中，深造学生的 90% 以上被世界排名前 100 的高校录取，其中近 60% 的学生被北京大学、墨尔本大学等世界排名前 30 的高校录取。近年来，学生在中国“互联网 +”大学生创新创业大赛、全国大学生“挑战杯”学术科技作品大赛等比赛中荣获奖项 80 余次，20 余篇论文被 IEEE Sensors Journal 等 SCI 期刊收录和发表，已获得及正在申请国家专利 10 余项。

---

① 《八部门：继续通过出国留学渠道培养各类人才》，“中国青年报”百家号，2020 年 6 月 19 日，https://baijiahao.baidu.com/s?id=1669877123661671676&wfr=spider&for=pc。

② 《西南大学西塔学院迎来首届毕业生》，光明网，2020 年 7 月 1 日，https://view.inews.qq.com/wxn/20200701A0B0GJ00?tbkt=J&strategy=&openid=o04IBAJiDZkJbSfO0PSQ2ityrpdY&uid=&refer=wx_hot。

（四）2020年9月16日：教育部针对疫情形势，提出发挥合作办学优势，疏解出国留学难题

受新冠肺炎疫情影响及各国（地）入境、签证、航班等政策限制，我国部分学生赴境外国家和地区留学的计划被迫改变、延迟甚至取消，不少学生面临就学困难。9 月 16 日，教育部公布 90 个中外合作办学以及内地（祖国大陆）与港澳台地区合作办学机构和项目名单，提出在保证教育公平的前提下，上述机构和项目考核招录部分符合特定条件的出国留学生，双向选择，择优录取，为学生提供国内求学机会。教育部特别明确，招生不纳入国家统一招生计划，不占用高校原有招生指标，对高校其他各类招生不产生影响。

参与此次招生的有北京、浙江、广东等 19 个省市相关办学机构和项目，清华大学、北京大学、宁波诺丁汉大学、中国政法大学等高校均有参与。

当前形势下，部分出国留学计划遇阻的学生希望在国内寻求就学机会。有关高校也表达了明确意愿，希望通过中外合作办学招录部分出国受阻的优秀学生，缓解学生燃眉之急，承担高校社会责任。

教育部国际司（港澳台办）负责人介绍，教育部充分考虑中外合作办学在教学语言、培养模式等方面与出国留学高度契合、相互贯通的特点，可以此为渠道解决部分出国留学人员的实际就学困难。因此，作为疫情发生后的特殊安排，教育部允许部分中外合作办学机构和项目以及内地（祖国大陆）与港澳台地区合作办学机构和项目招录部分符合特定条件的出国留学生，疏通学生就读出路，提供更多就学选择。

根据该方案，已持有境外大学录取通知书、原计划于 2020 年秋季学期攻读境外高校本科或硕博士研究生的中国内地（大陆）籍学生符合基本报名条件。各招生院校根据相关规定和本校实际情况设置报名条件和录取标准，公开招生简章。

教育部国际司（港澳台办）负责人表示，此次扩大合作办学招生不纳入国家统一招生计划，不占用高校原有招生指标，对高校其他各类招生不产生影响。招生工作遵循双向选择、择优录取、保证质量的原则。学校对报名学生进行综合评价，以适当形式组织招生考试，录取标准不低于外方

合作办学者同类专业在其本国的标准。学生完成学业后，达到学业要求的，仅颁发外方高校学位证书，并可在教育部留学服务中心获得认证。

此外，针对境外高校安排学生上网课的情况，教育部引导学生在国内通过在线方式继续完成学业。同时发布专门通知，明确留学人员受疫情防控影响无法按时返校而选择通过在线方式修读部分课程，以及因此导致的其境外停留时间不符合学制要求的情况，不作为影响其学历学位认证结果的因素。允许高校在确保教育公平的前提下，通过与境外合作高校签订交换生协议等方式，接收出国留学生先行在国内借读学习。教育部将指导驻外使领馆教育部门，积极与驻在国教育部门和高校联系，敦促其妥善解决我留学人员学业受阻问题。①

（五）2020年12月16日：第十一届全国中外合作办学年会召开

2020 年 12 月 16 日，以“‘十四五’时期中外合作办学高质量发展”为主题的第十一届全国中外合作办学年会召开。年会由教育部国际司为会议支持机构，厦门大学中外合作办学研究中心（教育部中外合作办学理论研究基地、政策咨询平台和中心）、贵州省教育厅、中国高等教育学会中外合作办学研究分会共同主办，贵州大学承办。年会同时为中国高等教育学会中外合作办学研究分会第五届学术年会。

教育部国际司办学处处长毛冬敏，教育部中外人文交流中心主任杜柯伟，中国高等教育学会副秘书长郝清杰，教育部留学服务中心副主任杨凌，厦门大学副校长杨斌，贵州省教育厅党组成员、省委教育工委委员、省教育工会主席王慧，中国工程院院士、贵州大学校长宋宝安、副校长陈祥盛，中国高等教育学会中外合作办学研究分会副理事长黄冠华、陈娟等嘉宾出席年会。大会主席、厦门大学中外合作办学研究中心主任、中国高等教育学会中外合作办学研究分会理事长林金辉主持开幕式。

教育部国际司办学处处长毛冬敏在开幕式上讲话，她以“继承、反思、发展”为主线回顾了合作办学取得的成果，提出了现阶段发展的问题和挑

① 《教育部：发挥合作办学优势 疏解出国留学难题》，中华人民共和国教育部网站，2020 年 9 月 17 日，http://www.moe.gov.cn/jyb_xwfb/s5147/202009/t20200917_488449.html。

战，对推动新时代中外合作办学内涵式发展提出了工作建议。杨斌、王慧、郝清杰、宋宝安代表主办、承办方在开幕式上致欢迎词。教育部中外人文交流中心主任杜柯伟、教育部留学服务中心副主任杨凌在大会上做专题报告。大会主席林金辉代表组委会在大会上做了题为《加大改革力度，以中外合作办学高质量建设服务新发展格局》的主旨报告。中国工程院院士、温州医科大学校长李校堃，香港科技大学校长史维，西交利物浦大学执行校长席酉民，上海大学党委副书记、副校长龚思怡，南京审计大学副校长俞安平，温州肯恩大学副校长严晓鹏，中原工学院原副校长杜建慧，中国农业大学国际处处长冯伟哲，西南政法大学国际学院院长秦洁，贵州大学旅游与文化产业学院党委副书记王迪，贵州财经大学西密歇根学院、国际学院副院长梁林红在大会上发表学术演讲。

代表一致认为，中外合作办学是我国教育对外开放的重要载体，处于改革开放前沿，必须加强党的领导和党的建设不动摇，确保始终坚持社会主义办学方向。他们表示，党的十八大以来，中外合作办学相关政策措施适时出台，顶层设计日臻完善；审批程序和准入条件不断优化，评估和学历学位认证持续开展，退出机制初步建立，治理创新取得成效；高校合作办学积极性持续升温，自我约束、自我规范、自我管理意识和能力逐步增强，高质量内涵式发展稳步推进。“十四五”期间，面临国内外环境和条件变化的新形势，面临加快和扩大新时代教育对外开放的新任务，要站在“两个一百年”交汇点上，深刻思考如何遵循中外合作办学基本规律，从破除体制机制障碍入手，加大中外合作办学改革力度；要主动适应和服务新发展格局的构建，主动服务国家和地方经济社会发展，不断满足人民群众对多样化、高质量、国际化教育的需求，回应学生、家长和社会关切；要进一步发挥中外合作办学独特的制度设计和优势，主动服务高质量教育体系建设；进一步主动参与全球教育治理和教育规则制定，增强我国教育国际影响力和竞争力。

大会组委会主任、贵州大学副校长陈祥盛主持上午的专题报告、学术报告，并致闭幕词。中国农业大学国际学院原院长、中国高等教育学会中外合作办学研究分会副理事长黄冠华主持下午的学术报告和闭幕式。

“十四五”时期和更长时期，中外合作办学坚持对外开放的基本政策是稳定的，方向是明确的。2020 年上半年，《教育部等八部门关于加快和扩大新时代教育对外开放的意见》印发，对中外合作办学提出了一系列新要求，吹响了我国新一轮教育对外开放和中外合作办学高质量发展的集结号。作为加快和扩大教育对外开放重要载体的中外合作办学，无疑将在高质量教育体系和教育现代化建设中发挥越来越重要的作用。①

（六）2020年12月20日：教育部召开新闻发布会透露，为缓解留学受阻，已推动94个中外合作办学机构和项目扩招3031人

2020年12月20日上午，教育部召开新闻发布会，介绍“十三五”期间教育对外开放工作有关情况。会上透露，为缓解疫情导致的出国留学受阻问题，已推动94个中外合作举办的大学、机构和项目临时扩招，共录取3031人。

教育部国际合作与交流司司长、港澳台办公室主任刘锦介绍，“十三五”期间，我国教育对外开放在新时代中奋进、在大变局中前行，我国教育的国际影响力迈上了一个大台阶。

统计数字显示，“十三五”期间，教育部共审批和备案中外合作办学机构和项目580个（独立法人机构7个，非独立法人机构84个，项目489个），其中本科以上356个。截至2020年底，现有中外合作办学机构和项目2332个，其中本科以上1230个。

目前，国内本科以上中外合作办学在读学生已超过30万人，我国成为世界一流大学的重要合作方。②

（七）2020年12月22日：教育部回应疫情期间留学生无法返校，全日制学生因疫情上网课不影响获得文凭

2020年12月22日，教育部召开教育2020“收官”系列新闻发布会第六场，介绍“十三五”期间我国教育对外开放的工作情况。据会议内容可

---

① 《聚焦高质量发展！第十一届全国中外合作办学年会12月16日召开》，“中国教育在线”百家号，2020年12月17日，https://baijiahao.baidu.com/s?id=1686291233506879755&wfr=spider&for=pc。

② 《缓解留学受阻，94个中外合作办学机构项目扩招3031人》，中华人民共和国教育部网站，2020年12月22日，http://www.moe.gov.cn/fbh/live/2020/52834/mtbd/202012/t20201222_506973.html。

知，2016 年至 2019 年，我国出国留学人数共 251.8 万人，回国 201.3 万人，学成回国占比达八成。2019 年来，来华留学学历生比例达 54.6%，比 2016 年提高 7 个百分点。

教育部国际合作与交流司司长、港澳台办公室主任刘锦介绍，截至 2020 年底，我国现有中外合作办学机构和项目 2332 个，其中本科以上 1230 个，同时，我国新签了 11 份高等教育学历学位互认协议，已累计覆盖 54 个国家和地区。2019 年，在我国学习的“一带一路”沿线国家留学生占比达 54.1%。

受新冠肺炎疫情冲击，2020 年国际教育交流受到严重影响，特别是大批留学人员无法如期赴国外学习。刘锦介绍，为缓解疫情导致的出国留学受阻问题，教育部推动 94 个中外合作举办的大学、机构和项目临时扩招，共录取 3031 人。

对于很多学生担心疫情防控期间通过网络教学会影响获得文凭，刘锦回应说，教育部此前曾发布通知，明确留学人员受疫情影响无法按时返回海外留学所在地的学校而选择通过在线方式来修读部分课程，以及因此出现在境外停留时间不符合学制要求的情况，不作为影响学历学位认证结果的因素。

“新申请的学生出不去，回来休假的学生也出不去，本来不是网课，应该去进行课堂教学的，因为疫情上了网课，这样的学生，通过网络教学获得的文凭，肯定不受影响。”教育部留学服务中心主任程家财补充强调，这一政策仅限疫情防控期间的全日制学生。

在留学回国方面，教育部也为留学人员提供从人才招聘、创新创业、学位认证、派遣落户、人事档案等一站式服务。

据程家财介绍，5 年来，教育部留学服务中心共为留学回国人员提供 3 万多个就业岗位。同时，为妥善解决留学回国人员工作上的具体问题，鼓励留学人员回国工作，在学位认证、派遣落户和人事档案方面，5 年来我国共为 125.7 万多留学人员提供国（境）外学历学位认证服务，为近 22 万留学人员办理派遣落户、人事档案调转服务。

“十三五”时期，我国密切与联合国教科文组织的教育合作。积极提供国际公共产品，为世界教育发展注入中国力量。

据中国联合国教科文组织全国委员会秘书长秦昌威介绍，“十三五”时期，联合国教科文组织会员国的 15 个扫盲项目获得我国与该组织合作设立的孔子教育奖，10个项目获得女童和妇女教育奖，20个项目获得亚太地区教育创新文晖奖及荣誉奖，产生良好的示范激励效应。上海、深圳市政府以及海南航空、伟东集团、好未来集团等与联合国教科文组织合作设立的信托基金项目顺利实施，合作设立的二类中心主动作为，支持亚太、非洲国家女童和妇女教育、教师培训、高等教育及教育信息化发展，产生了良好的国际反响。①

（八）2020年12月22日：教育部介绍国内本科以上中外合作办学在读学生已超30万人

12月22日，教育部召开第六场教育2020“收官”系列新闻发布会，介绍“十三五”期间教育对外开放工作情况。教育部国际合作与交流司司长、港澳台办公室主任刘锦介绍，“十三五”期间，教育部共审批和备案中外合作办学机构和项目580个（独立法人机构7个、非独立法人机构84个、项目489个），其中本科以上356个。截至2020年底，现有中外合作办学机构和项目2332个，其中本科以上1230个。目前，国内本科以上中外合作办学在读学生已超过30万人，我国成为世界一流大学的重要合作方。②

（九）2020年12月29日：《2020年非独立法人中外合作办学机构生源质量报告》发布

近年来，非独立法人中外合作办学机构作为教育对外开放的重要形式，取得了很大的发展。截至2020年12月，全国共有通过复核和依据《中外合作办学条例》及其实施办法批准设立和举办的本科及以上层次非独立法人中外合作办学机构121家（不含停止招生机构）。在140所“双一流”建设高校中已有41%的院校设立了中外合作办学机构，其中42所世界一流大学建设高校中设立中外合作办学机构的院校比例达到48%。中外合作办学机

① 《教育部回应疫情期间留学生无法返校　全日制学生因疫情上网课不影响获得文凭》，中华人民共和国教育部网站，2020年12月23日，http://www.moe.gov.cn/fbh/live/2020/52834/mtbd/202012/t20201223_507064.html。

② 《教育部：国内本科以上中外合作办学在读学生已超30万人》，“中国教育在线”百家号，2020年12月22日，https://baijiahao.baidu.com/s?id=1686750855955033834&wfr=spider&for=pc。

构办学总规模已超过 11 万人，发展势头良好。

为总结中外合作办学机构在提升人才培养质量方面的成功经验，促进中外合作办学可持续发展，中外合作办学机构联席会秘书处对全国本科层次非独立法人中外合作办学机构 2020 年生源质量情况进行了调查，形成《2020 年非独立法人中外合作办学机构生源质量报告》。[①]

三　2021年中外合作办学大事记

（一）2021年2月3日：海南召开“十四五”规划和二〇三五远景目标重点解读新闻发布会，“十四五”将重点打造国际教育创新岛

2021 年 2 月 3 日，海南召开“十四五”规划和二〇三五远景目标重点解读新闻发布会。会议发布海南省“十四五”时期的核心目标，其中包括全民受教育程度不断提升，劳动年龄人口平均受教育年限为 11.5 年。

海南省把“打造国际教育创新岛”纳入“十四五”时期重点发展任务。“十四五”期间，海南省将引进 3 所以上境外理工农医类高水平大学、职业院校在琼独立办学；引进 40 所以上国内外知名高校在琼设立分支机构或开展中外合作办学；继续实施“一市（县）两校一园”和重点园区优质教育资源引进工程；50% 的县（市、区）义务教育实现优质均衡；公办园在园幼儿占比提升至 55%；新建 4 ~ 5 所高职院校、1 ~ 2 所本科层次高等职业学校。[②]

（二）2021年9月27日：2021年中外合作办学学生注册培训会成功举办

为贯彻落实《教育部等八部门关于加快和扩大新时代教育对外开放的意见》精神，做好教育部国际司委托的中外合作办学学生注册工作，搭建中外合作办学服务体系，教育部留学服务中心于 9 月 27 日通过网络视频直

① 《2020 年非独立法人中外合作办学机构生源质量报告》，“中外合作办学机构联席会”微信公众号，2020 年 12 月 29 日，https://mp.weixin.qq.com/s/NxxUcv2ZLpBzbHqlc5wzfg。

② 《海南：“十四五”重点打造国际教育创新岛》，中华人民共和国教育部网站，2021 年 2 月 4 日，http://www.moe.gov.cn/jyb_xwfb/s5147/202102/t20210204_512517.html。

播方式，成功举办了2021年“中外合作办学学生注册培训会”。

教育部留学服务中心杨凌副主任做会议致辞，教育部国际合作与交流司涉外监管和办学处处长毛冬敏出席并讲话。会议特别邀请了教育部高校学生司原二级巡视员解汉林、昆山杜克大学副校长常晓林和东北财经大学国际商学院院长孟韬，分别就中外合作办学和学生管理工作中的实践经验和相关思考进行了分享。会议最后，教育部留学服务中心工作人员讲解了中外合作办学学生注册工作管理制度和操作流程。

本次培训会面向全国所有中外合作办学高等院校，线上参会人员达800余人。通过此次培训会，提升了各院校对中外合作办学最新政策的了解，强调了抓好党建引领、高质量发展、统筹发展与安全等工作的必要性，增强了各院校对中外合作办学学生注册工作重要性的认识，达到了增进交流、规范管理的目的，得到参会院校的一致好评。①

（三）2021年10月17～19日：中外及内地（大陆）与港澳台合作办学机构联席会第八次会议成功召开

2021年10月17～19日，中外及内地（大陆）与港澳台合作办学机构联席会第八次会议在成都成功召开。本次会议由教育部国际合作与交流司（港澳台办公室）指导、机构联席会主办、西南交通大学—利兹学院承办。教育部国际司副司长闫炳辰出席会议并做指导讲话，涉外办学监管和办学处处长毛冬敏、留学服务中心认证二处副处长高琼、四川省教育厅副厅长陈朝先等莅临指导，沈阳大学校长、机构联席会秘书长赵彦志出席会议并做工作报告。来自全国近130家中外合作办学院校的280余位相关人员参加了会议。代表们围绕“后疫情时代下的中外合作办学：新挑战、新机遇、新作为”这一主题，共同推动中外合作办学高质量发展，以更大力度和创新举措深化教育对外开放。②

---

① 《2021年中外合作办学学生注册培训会成功举办》，中国留学网，2021年9月28日，https://www.cscse.edu.cn/cscse/index/xwdt/20210928161538505138/index.html。

② 《中外及内地（大陆）与港澳台合作办学机构联席会第八次会议成功召开》，“中外合作办学机构联席会”微信公众号，2021年10月20日，https://mp.weixin.qq.com/s/Pna4ZEssM9Sfk-P7MfrvF4A。

（四）2021年10月21日：中英高等教育研讨会举行

2021 年 10 月 21 日，中国教育国际交流协会联合英国使馆文化处举办中英高等教育研讨会。本次研讨会聚焦中国和英国在远程、混合教学领域的实践与经验，讨论疫后新常态下教与学面临的新挑战和解决方案。通过最新政策解读、混合教学的经验与质量评估介绍、在线教学的趋势与技术革新展望和中英高校合作案例分享等环节，中英嘉宾展开了热烈讨论。中国教育国际交流协会副会长、秘书长王永利、英国驻华贸易使节吴侨文（John Edwards）出席研讨会并致辞。

王永利在致辞中表示，在线、远程和混合形式的教育在全球新冠肺炎疫情发生后被广泛使用，对全球教育变革产生了深远影响。需求爆发、技术驱动，危机深刻改变着我们对未来教育供给的思考方式。线上线下教育融合趋势愈显，促进了政府、企业、学校之间的进一步合作。教育界在探索适应未来教育的过程中，需要携手迎接挑战，聚焦合作开放共赢，努力开拓疫情形势下的中英教育合作新局面。

吴侨文向参会代表介绍道，中英两国的许多大学已经开始相互学习并分享国际合作的经验。通过本次会议，相信双方将充分探索混合式教学的进一步合作机会。中国一直都是英国政府的重点教育合作伙伴之一，未来英国将采取更多积极措施支持与中国的教育国际合作。

中国教育部国际合作与交流司副司长、一级巡视员方军从学生流动、合作办学和语言学习三个方面展开，高度肯定了中英两国近年来的教育交流与合作成果，并强调中国政府将继续坚持教育对外开放不动摇，努力形成更全方位、更宽领域、更多层次、更加主动的教育对外开放格局。

英国教育部国际教育策略与合作副主任 Dr. Faye Taylor 在讲话中提到，非常高兴看到本次会议吸引了政府代表、学者和企业代表等来自各行各业的发言人，希望参会代表能够积极投入本次会议的交流与研讨中。

中国教育部科学技术与信息化司教育信息化与网络安全处处长任昌山、北京师范大学学习设计与学习分析重点实验室主任冯晓英教授、英国教育供应商协会会长 Caroline Wright、英国联合信息系统委员会国际部主任 Dr. Esther Wilkinson、科大讯飞高教产品线副总经理刘晓娟分别就混合教学的经验与质量评估、在线教学的趋势与技术革新进行交流和探讨。

研讨会还邀请到宁波诺丁汉大学副校长陈志伟，西安交通大学电气工程学院副院长杨旭、管理学院副院长田高良，英国布里斯托大学全球发展机会部副主任 Edith Li Ross，英国华威大学教育与国际化学术主任 Jo Angouri 等两国高校代表分享混合教学中的师生体验案例，并就中英高校开展线上合作进行深入交流。

本次研讨会共吸引了约 400 名中英高校代表参加。各方聚焦新常态下的国际教育交流新机遇，对疫后推动中英高等教育合作充满信心，努力开创新的交流模式，共谋合作发展新篇章。①

（五）2021年10月21日：中国—希腊高等教育交流合作咨询委员会成立仪式暨中国—希腊高等教育合作研讨会举行

10 月 21 日，中国—希腊高等教育交流合作咨询委员会（以下简称“中希委员会”）成立仪式暨中国—希腊高等教育合作研讨会举行。中希委员会由中国教育国际交流协会与希腊教育与宗教事务部共同倡议成立，并联合发布中国—希腊高等教育交流合作倡议，旨在加强双方在科研合作、人才联合培养、暑期课程、学生交换等方面的合作。

中国教育国际交流协会会长刘利民先生、希腊教育与宗教事务部部长妮基·凯拉梅乌斯女士（Niki Kerameus）、希腊教育与宗教事务部副部长阿盖洛斯·锡里戈斯先生（Angelos Syrigos）、中国驻希腊大使肖军正先生、希腊驻华大使乔治·伊利奥普洛斯先生（Georgios Iliopoulos）以线上或线下方式出席活动并致辞。活动现场还举办了中希高校合作签约仪式，并邀请双方嘉宾就两国高等教育国际化战略、校际合作经验等专题进行研讨。

本次研讨会共吸引来自中、希两国的百余名教育同行线上线下参加。两国高校对合作交流、增进了解均表示出非常积极的意愿。未来两国将进一步推动开展研究生人才双向联合培养、学者互访、学生交换等多项交流合作，携手探索新的发展机遇，为提高双方教育质量、增强高校服务经济

① 《中英高等教育研讨会举行》，神州学人网，2021 年 10 月 25 日，http://www.chisa.edu.cn/v2/rmtnews1/chuguo/202110/t20211025_630612.html。

社会发展、加强中希两国友好关系做出贡献。①

（六）2021年10月21～24日：第二十二届中国国际教育年会在北京召开

经国务院批准，在教育部大力支持下，由中国教育国际交流协会（以下简称“交流协会”）举办的第二十二届中国国际教育年会（以下简称“年会”）于2021年10月21～24日在北京成功召开。年会框架下的中国国际教育研讨会、中外院校项目合作洽谈会及中国国际教育资源展于10月21～23日在北京国际会议中心召开，中国国际教育展北京站于10月23～24日在国家会议中心拉开巡展帷幕。

年会是中国推进高水平教育对外开放的重要举措，是构建人类命运共同体的实际行动，有助于促进我国教育高质量发展，更好满足人民对高质量教育的需要。在世界经历百年未有之大变局、教育国际交流因疫情受阻之际，年会围绕国家战略，回应全球关切，聚焦主题“育新机，开新局，建设开放的高质量教育体系”，围绕各级各类教育国际交流开展80余场活动，广邀全球政界、学界、业界代表分享经验与智慧，探讨教育国际交流与合作面临的新机遇和新挑战，谋划教育高质量发展创新路径，共商国际教育发展之路，描绘全球教育未来蓝图。②

（七）2021年10月23日：由中国教育国际交流协会主办的2021中国国际教育展（北京站）举行

由中国教育国际交流协会主办的2021中国国际教育展于2021年10月23日在北京开幕。来自比利时、加拿大、芬兰、法国、德国、爱尔兰、意大利、日本、美国等20多个国家和地区近300所院校参展。

中国国际教育展已连续举办20多年，始终秉承“国家展团、主宾国机

① 《中国—希腊高等教育交流合作咨询委员会成立仪式暨中国—希腊高等教育合作研讨会成功举办》，中国教育国际交流协会网站，2021年10月29日，http://www.ceaie.edu.cn/guojihezuobu/bumendongtai/2766.html。

② 《第二十二届中国国际教育年会在京成功召开》，中国教育国际交流协会网站，2021年10月26日，http://www.ceaie.edu.cn/newslist/2760.html。

制、接收正规院校参展、倡导现场面试”的展会理念，成为海内外院校在中国市场的主流宣传渠道。2021 年更是新增“中外合作办学院校及项目成果展区”，进一步扩大教育展范围。

英国自 2002 年组织国家展团参展以来，已连续 18 年在教育展中为国际学生提供高质量的留学动态信息。2021 年英国受邀成为教育展主宾国，也是继 2010 年之后第二次成为教育展主宾国。

2021 年教育展不仅满足海外院校在中国境内代表处参展的需求，还通过提供远程解决方案，帮助那些不能前来参展的院校实现共同参与。

多场主题分享活动在教育展期间举行。其中包括“奥运热”“公共卫生热”话题引发的关于体育、健康专业选择案例研究，中外合作办学院校及项目认证案例研究，疫情防控常态化时期留学申请面临的机遇与挑战，如何找一所最适合自己的大学，等等。英国埃塞克斯大学、赫瑞瓦特大学、华威大学、雷丁大学、加拿大约克大学、法国保罗博古斯酒店管理与厨艺学院、西班牙 IE 大学等高校代表，现场与观众互动分享。

作为传统保留节目，院校专场推介会和留学讲座继续成为展会现场的热点。50 多场正规海内外院校及使领馆专场推介会发布权威信息，重点推介其所在国的正规院校、签证要求、教育质量认证制度以及优质国际课程等，为学生提供更多选择和面对面交流机会。

中国国际教育展 24 日在北京结束后，将在广州和上海举行巡回展，预计观众人数达 3 万人。①

① 《2021 中国国际教育展举行 英国二次担任主宾国》，“中国新闻网”百家号，2021 年 10 月 23 日，https://baijiahao.baidu.com/s?id=1714396583125815919&wfr=spider&for=pc。

附录 2
中外合作办学机构院长联席会简介

中外合作办学机构联席会成立于 2014 年 8 月，在教育部国际司指导下设立，秘书处设在东北财经大学跨境教育研究中心。

2014 年 8 月 2 日上午，由东北财经大学萨里国际学院联合中国科学院大学中丹学院、同济大学中德工程学院、华中科技大学中欧清洁与可再生能源学院、中国政法大学中欧法学院等九家非独立法人中外合作办学机构发起设立的中外合作办学机构院长联席会成立大会暨第一次会议在东北财经大学跨境教育研究中心召开。教育部国际合作与交流司岑建君司长、教育部国际合作与交流司涉外办学处闫炳辰处长、辽宁省教育厅李荣希副厅长、辽宁省教育厅国际交流合作处张秀丽处长莅临指导。东北财经大学校长夏春玉教授、副校长阙澄宇教授出席会议，来自国内 30 余所中外合作办学机构负责人参会。自此，全国中外合作办学机构院长联席会正式成立。

联席会成立 7 年来，对全国中外合作办学的规范、健康、有序和可持续发展发挥了重要的主导作用。联席会于 2018 年 7 月完成第二届主席单位换届选举，新一届主席单位分别为中国科学院大学中丹学院、浙江大学爱丁堡大学联合学院、中国人民大学中法学院、华中科技大学中欧清洁与可再生能源学院、大连理工大学—立命馆大学国际信息与软件学院、西北工业大学伦敦玛丽女王大学工程学院、暨南大学伯明翰大学联合学院、上海理工大学中英国际学院、西南交通大学—利兹学院、中国民航大学中欧航空工程师学院。

历届会议

2014 年 11 月 21 日　中外合作办学机构院长联席会工作研讨会

（上海）

2014 年 11 月 21 日，教育部“中外合作办学机构院长联席会”工作研讨会在上海理工大学沪江国际文化园德国文化交流中心召开。此次会议由联席会秘书处主办，上海理工大学中英国际学院承办。中国教育国际交流协会领导和来自东北财经大学萨里国际学院、中国科学院大学中丹学院、同济大学中德工程学院、华中科技大学中欧清洁与可再生能源学院、中国政法大学中欧法学院等 9 家非独立法人中外合作办学机构的负责人参加了此次会议。

会议介绍了中外合作办学机构的认证相关情况，就院长联席会工作职能、信息化建设等问题进行了深入细致的讨论；秘书处介绍了工作简报的编撰情况并提出了在各单位设立信息联络员的工作要求。会议就院长联席会下一步工作的开展方式和内容依次做了探讨和落实，一致达成了关于联合开展学分互认、国际留学生招生、夏令营等工作的共识。

2015 年 5 月 19 日　中外合作办学机构院长联席会第二次会议

（武汉）

2015 年 5 月 19 日，由中国教育国际交流协会、中外合作办学机构院长联席会主办，华中科技大学中欧清洁与可再生能源学院承办的全国中外合作办学机构院长联席会第二次会议在华中科技大学西五楼召开。60 余名国内非独立法人中外合作办学机构的主要负责人赴汉参会。出席本次联席会的参会人员，围绕中外合作办学质量保障与发展等相关问题展开了研讨。

会议指出，近年来教育国际化已经成为各国政府以及各国大学的必然趋势。全国经批准设立的中外合作办学机构、项目已达 2000 多个，在校生规模约为 55 万人，中外合作办学毕业生已经超过 150 万人。中外合作办学作为我国高等教育的重要组成部分，越来越得到政府、学校与社会的认可。如何保障中外合作办学的质量并实现可持续发展，成为教育领域密切关注的问题。

2016 年 5 月 13 日　中外合作办学机构院长联席会第三次会议

（北京）

2016 年 5 月 13 日，全国中外合作办学机构院长联席会第三届会员大会在北京航空航天大学如心楼大报告厅召开。国内29家非独立法人中外合作办学机构的主要负责人围绕中外合作办学促进“双一流”建设、中外合作办学优秀案例、中外合作办学机构吸引国际留学生及优秀海外学子的经验、未来新设立中外合作办学机构的标准等问题展开了研讨。此次会议由中外合作办学机构院长联席会主办，北京航空航天大学中法工程师学院承办。教育部国际合作与交流司、教育部学位与研究生教育发展中心相关领导出席了本次会议，并做重要讲话。

教育部国际合作与交流司许涛司长指出，各中外合作办学机构应坚持办学初衷，并充分认识中外合作办学的作用，明确办学主线和工作思路，积极解决办学过程中出现的问题，国际合作与交流司将继续加大对中外合作办学的监督力度，并进一步完善管理层面相关政策。教育部学位与研究生教育发展中心王立生主任和林梦泉处长介绍了第四次学科评估，并阐述了学科评估对中外合作办学发展的积极作用，强调了学科建设对中外合作办学的示范、引领功能以及资格认证评价体系建设对中外合作办学发展的重要意义。

教育部学位与研究生教育发展中心评估处林梦泉处长表示未来将组织中外合作办学优秀案例的选拔，并在选拔中重点体现学科建设的重要性，以推动全国中外合作办学的学科建设。各参会代表对于优秀案例选拔指标的设计、选拔结果的利用等表示认可，并将积极配合此项工作。

2016年10月27日　中外合作办学机构院长联席会第四次会议（上海）

2016年10月27～28日，中外合作办学机构院长联席会第四届会员大会在上海理工大学中英国际学院召开。中国教育国际交流协会领导和来自全国约20所高校的非独立中外合作办学机构的负责人参会。上海理工大学及中英国际学院相关领导也参加了此次会议。

此次会议围绕中外合作办学机构在推动国家“双一流”建设中的重要作用的主题，对中外合作办学机构近年来的工作做了回顾，并就未来的创新发展及办学水平提升进行了广泛深入的探讨。

中国教育国际交流协会副秘书长宗瓦教授发表了重要讲话。他指出，经过多年的不断探索、尝试和努力，国内的中外合作办学从学习模仿已经走到了融合创新的今天，而非独立设置的中外合作办学机构更是被视为学校国际化发展的前沿阵地。他认为，下一阶段中外合作办学的发展目标，应该是打造国际品牌，助力高校和学科的“双一流”建设。

院长联席会秘书长单位东北财经大学萨里国际学院院长赵彦志教授简要汇报了秘书处的最新工作及课题研究情况，并就中外合作办学机构的生源质量展开讨论。

上海理工大学中英国际学院常务副院长刘芹教授向大会做了中英国际学院十年回顾主题发言，探讨学院下一十年的各项发展目标与规划。此外，Greenleaf 出版社执行总裁 John Peters 作了题为《可持续发展与责任教育如何改变世界》的发言。

会议期间，各与会人员基于各中外合作办学机构的实际情况，专门就学生质量、课程体系、师资引进、内部治理和质量提升等方面，进行了专题讨论与经验分享。

2017 年 6 月 16 日　中外合作办学机构院长联席会第五届会议

（徐州）

2017 年 6 月 16 日，全国中外合作办学机构院长联席会（以下简称院长联席会）第五届会议在江苏徐州成功召开。本次会议为院长联席会成立以来规模最大的一届会议，来自全国 54 家中外合作办学机构的 100 余名代表围绕“立德树人 · 提质增效”这一主题，共商新机遇下中外合作办学发展新要求，共享立德树人在中外合作办学人才培养中的新举措。此次会议由东北财经大学跨境教育研究中心中外合作办学机构院长联席会秘书处主办、江苏师范大学承办。教育部国际合作与交流司副司长王慧、中国教育国际交流协会副秘书长宗瓦、教育部国际合作与交流司涉外办学和监管处处长闫炳辰、江苏省教育厅国际合作与交流处正处级调研员俞晓南莅临指导。东北财经大学副校长赵彦志教授代表院长联席会秘书处出席会议并做工作报告。

会议内容包含专题报告、分组讨论、《中外合作办学条例》及其实施办法修订调研及交流、中外合作办学的教学理念教学创新及成果展示、中外合作办学课题开题与结项评议、2017 年《中外合作办学机构年度报告》进展汇报、首届中外合作办学机构管理委员会主任会议内容讨论等议题。

2018 年 5 月 29 日　首届中外合作办学党建工作研讨会

（上海）

2018 年 5 月 29 日，首届中外合作办学党建工作研讨会在上海大学召开。来自全国 75 家中外合作办学机构的 130 余位代表参加了会议。本次会议由教育部国际合作与交流司指导和支持，由中外合作办学机构院长联席会、中外合作大学联盟和上海大学共同主办，由上海大学悉尼工商学院承办。中国教育国际交流协会副秘书长宗瓦、教育部国际合作与交流司代表王婧瑶、上海市教委国际交流合作处副处长黄培莅临指导，东北财经大学副校长赵彦志教授代表院长联席会秘书处出席会议。

会议以“加强党建·促进合作·提高质量”为主题，深入学习贯彻落实《中组部、教育部党组关于加强高校中外合作办学党的建设工作的通知》，结合实际情况探索中外合作办学党建工作的关键问题、难点问题，探讨方法路径，促使中外合作办学切实坚持党的领导，加强党的建设，充分发挥党组织的政治核心作用，推动中外合作办学健康发展。会议内容丰富，包含专题报告、案例解读和现场互动等形式。同时，会议围绕“中外合作办学机构党委工作模式和党组织自身建设”、“中外合作办学机构党组织政治核心与机构治理（运行机制）”、“中外合作办学机构人才培养和学生党建思政工作”和“中外合作大学如何充分发挥党员先锋模范作用”四个方面内容开展分论坛交流。

2018 年 8 月 27 日　中外合作办学机构院长联席会第二届主席单位会议

（大连）

2018 年 8 月 27 日，中外合作办学机构院长联席会第二届主席单位会议在大连海创科技交流中心召开。此次会议由中外合作办学机构院长联席会主办、主席单位大连理工大学—立命馆大学国际信息与软件学院承办。其他 9 家主席单位即中国科学院大学中丹学院、中国人民大学中法学院、浙江大学爱丁堡大学联合学院、华中科技大学中欧清洁与可再生能源学院、西北工业大学伦敦玛丽女王大学工程学院、上海理工大学中英国际学院、暨南大学伯明翰大学联合学院、西南交通大学—利兹学院、中国民航大学中欧航空工程师学院及大连理工大学中外合作办学相关负责人参加了会议。

赵彦志教授向新一届主席单位参会代表介绍了院长联席会的发展历程并总结了第二届主席单位换届推选工作情况。随后参会代表依次对所在机构的总体情况、取得的成效及办学经验进行了介绍和分享，并就办学过程中遇到的新挑战及创新做法进行了交流。

会议重点就《院长联席会条例》修订事宜进行了深入探讨，明确了主席单位主要职责及会员单位扩增细则，讨论并确定了第六届院长联席会会员大会召开的时间、地点及主要议题，各主席单位参会代表积极发言、深入交流，一致达成了关于联合开展语言教学培训、新增项目会员单位及第六届会员大会筹备等工作的共识。

中外合作办学机构院长联席会自 2014 年 8 月成立以来，在教育部国际合作与交流司指导下，在院长联席会各成员单位的共同努力和支持下，取得了丰硕成果与长足进步，受到了社会的广泛关注和积极响应，树立了中外合作办学良好的办学声誉。此次主席单位会议进一步明确了院长联席会未来的发展方向，促进了中外合作办学机构之间的交流与合作，对推动中外合作办学健康可持续发展具有重要意义。

2018 年 12 月 14 日　中外合作办学机构院长联席会第六次会议

（广州）

2018 年 12 月 14 日，全国中外合作办学机构院长联席会第六次会议在广州召开。此次会议参与院校及参会人数创历史新高，共有来自全国 70 家中外合作办学单位的 120 余名代表参加了会议。代表们围绕“中外合作办学与学科建设”这一主题，共同探讨“双一流”背景下中外合作办学的创新之道。此次会议是在教育部国际合作与交流司的指导下，由中外合作办学机构院长联席会秘书处主办、暨南大学伯明翰大学联合学院承办。教育部国际合作与交流司副司长方军、广东省教育厅副巡视员王自成、广东省交流合作处处长李金俊莅临指导。东北财经大学副校长、院长联席会秘书长赵彦志教授代表秘书处出席会议并做工作报告。

教育部国际司副司长方军对院长联席会在保障中外合作办学机构办学质量方面发挥的示范引领作用给予了充分肯定，希望院长联席会各会员单位能认真学习贯彻全国教育大会精神，把人才培养作为核心工作，牢牢把握引进优质教育资源的出发点，促进中外合作办学的健康发展。

东北财经大学副校长、院长联席会秘书长赵彦志教授汇报了院长联席会秘书处重点工作，并为第二届 10 家主席单位代表颁发奖杯及荣誉证书，同时宣布新增两家中外合作办学项目作为预备会员单位，分别为东北财经大学国际商学院、郑州大学国际学院。他指出院长联系会秘书处将继续发挥带头作用，进一步完善组织机能、突显智库作用，并提出院长联席会未来发展目标和工作计划。

同时，赵彦志教授解读了“2018 年中外合作办学机构生源质量分析”与“中外合作办学机构的办学成效总结”两个报告。他分析指出，从中外合作办学录取情况看，各机构的录取标准普遍提高，且与母体学校录取标准差距逐渐缩小，在提升生源入口质量方面取得了显著成效。此外，他还总结了中外合作办学机构在师资质量、课程体系、内部治理方面取得的具体成效。

在此次会议的人才培养质量论坛上，参会代表就人才培养观念、模式、学生服务、教育质量评价、人才评价制度等方面的创新做法进行了深入交流，并分享了将科研成果融入教学、交叉学科融合、培养学生自主学习能力等优秀人才培养经验，并提出各中外合作办学机构应通力合作，共同进行人才培养课题研究的建议。在内部治理体系分论坛上，代表们分享了协调与普通院系关系、加强学科建设、提高科研水平、调整教师课酬、强化师资质量等举措，并积极对中外合作办学机构被纳入本校发展战略规划后的协调发展、内部治理体系对母体大学治理体系的影响等方面展开讨论。在师资队伍建设论坛上，参会代表深入交流了中外方教师聘任标准、授课形式以及机构师资队伍建设对高校“双一流”建设的促进作用等内容。

2019 年 6 月 12 日　中外合作办学机构院长联席会第二届主席单位第二次会议

（苏州）

2019 年 6 月 12 日，中外合作办学机构院长联席会第二届主席单位第二次会议在中国人民大学苏州校区召开，由中外合作办学机构院长联席会主办，中国人民大学中法学院承办。

东北财经大学副校长、院长联席会秘书长赵彦志教授出席并主持会议，中国人民大学苏州校区党委副书记靳兴初致欢迎辞，来自浙江大学爱丁堡大学联合学院、华中科技大学中欧清洁与可再生能源学院、大连理工大学—立命馆大学国际信息与软件学院、西北工业大学伦敦玛丽女王大学工程学院、西南交通大学—利兹学院、暨南大学伯明翰大学联合学院、上海理工大学中英国际学院、中国民航大学中欧航空工程师学院 8 家主席单位的主要负责人参加了会议。

此次会议确定了院长联席会第七次会员大会将于 2019 年 10 月 21 日在浙江大学爱丁堡大学联合学院召开，明确了教育部国际司课题“中外合作办学促进我国高等教育改革创新发展研究”下一步的调研计划，探讨了院长联席会“品牌单位”建设方案，并就“全国非独立法人中外合作办学机构师生为新中国成立 70 周年献唱”活动策划方案达成了共识。

2019 年 9 月 29 日　中外合作办学机构院长联席会第七次会议

（西安）

2019 年 9 月 29 ~ 30 日，全国中外合作办学机构院长联席会第七次会议暨中外合作办学政策经验交流西北片会在西安召开。此次会议由教育部国际合作与交流司指导、中外合作办学机构联席会与陕西省教育厅主办、西北工业大学伦敦玛丽女王大学工程学院与陕西省高等教育学会中外合作办学分会承办。教育部国际合作与交流司副司长方军出席会议并做主旨发言，教育部学位与研究生教育发展中心副主任林梦泉、中国教育国际交流协会学术交流与研究部副主任唐振福、教育部留学服务中心认证处副处长王怡伟，以及陕西省教育厅副巡视员孙建宁等相关领导莅临指导，东北财经大学副校长、中外合作办学机构联席会秘书长赵彦志教授代表秘书处作工作报告，来自全国92家中外合作办学单位、35家西北地区高校等314位代表参加了会议。代表们围绕“新时代背景下的中外合作办学人才培养”这一主题，共同探讨国际化人才培养模式，以更大力度和创新举措深化教育对外开放。

方军副司长总结了中外合作办学取得的新成绩，指出中外合作办学不仅规模增长，在优质资源引进、师资质量、课程体系、内部治理、人才培养等各方面也逐渐成熟完善。同时他强调新形势下中外合作办学要坚持党的领导，把握政治方向，加快发展步伐，扩大办学规模。此外他充分肯定了联席会在保障中外合作办学机构办学质量方面发挥的示范引领作用。

赵彦志副校长汇报了联席会秘书处的重点工作。他介绍了联席会5年来的发展，明确了未来发展目标和工作计划，指出联席会将继续扩大会员单位规模，探讨会员分类管理办法，进一步发挥智库作用，积极沟通了解机构实际需求，切实提高机构办学质量。

黄维院士在会议上做了《一流大学建设视角下的中英高等教育合作》的主题演讲，华中科技大学中欧清洁与可再生能源学院罗小兵院长作为机构代表分享了中欧能源学院在新时代背景下的人才国际化培养经验。

林梦泉副主任、唐振福副主任对中外合作办学评估、年报及退出机制进行政策解读，王怡伟副处长、崔伊宁组长对中外合作办学注册认证系统进行政策解读。同时教育部国际司涉外办学监管处组织召开了中外合作办学专家培训会。

分别由西北工业大学伦敦玛丽女王大学工程学院院长孔杰主持的“一流课程‘双万计划’”、辽宁大学亚澳商学院院长霍春辉主持的“一流本科专业‘双万计划’”、大连理工大学—立命馆大学国际信息与软件学院院长樊鑫主持的“教学成果奖经验分享”、贵州财经大学副校长赵普主持的“中外合作办学在‘双一流’建设中的作用”四个平行分论坛发言嘉宾做专题发言并同参会代表进行深入交流与讨论。

在分论坛的“一流课程‘双万计划’”研讨会上，参会代表分享了合理构建课程体系、搭建产教融合机制、实施全过程考核体系等举措。在“一流本科专业‘双万计划’”研讨会上，嘉宾们深入交流了优化办学模式、规范专业管理、提升学科优势等方面内容。在“教学成果奖经验分享”论坛上，代表们提出了挖掘办学特色、推进学科建设、搭建教学成果平台等建议。在“中外合作办学在‘双一流’建设中的作用”论坛上，与会嘉宾对优化学科设计、整合产学研资源、重视人才培养等内容进行深入探讨。

此外，会议播放了“全国中外合作办学机构师生为新中国成立70周年献礼”视频，95家中外合作办学机构在全国范围内齐发声，塑造出良好社会形象，构建一个团结有力的集体，各参与机构倾情付出，增强了社会责任感。大会总结暨颁奖典礼环节，赵彦志副校长为参与本次活动的机构颁发特别贡献奖、卓越创意奖、杰出贡献奖三个奖项。

2021年3月2日　中外合作办学机构院长联席会工作研讨

（海口）

2021年3月2日，中外合作办学机构院长联席会工作研讨会在海口召开。会议由教育部国际合作与交流司指导、中外合作办学机构联席会主办、海南大学承办。教育部国际司副司长闫炳辰，涉外办学和监管处处长毛冬敏、副处长王婧瑶，发展规划司高校设置处干部赵丹宁，中国教育国际交流协会学术交流与研究部主任唐振福，以及海南省教育厅党委委员、副厅长（挂职）、教育部国际司一级巡视员陶洪建，国际处处长王毅等相关领导莅临指导，沈阳大学校长、联席会秘书长赵彦志出席会议，20余位中外合作办学机构代表及6位认证、法律专家参加了会议。

赵彦志校长主持中外合作办学专家委员会成立筹备会议，毛冬敏处长出席会议。中外合作办学专家委员会的筹备工作在2014年已启动，其定位是在中外合作办学领域建立专家智库组织，就中外合作办学规划、顶层制度设计、学科专业建设方面开展研究、咨询、指导、评估、服务等工作。此次会议是前期工作的一个延续，鼓励参会代表从办学实践者的角度为专家委员会如何发挥更好的作用积极建言献策。会上，参会代表围绕中外合作办学专家委员会的组织架构、工作职责、遴选原则等议题展开充分讨论，为下一步落实专家委员会成立工作凝聚智慧、集思广益。

同时，赵彦志校长作为联席会秘书长参加教育部海南省部省会商暨海南国际教育创新岛建设工作推进落实会，并做“联席会在海南拓展示范办学的有关考虑和建议”主题发言。他总结了联席会成立7年来所做的工作和所发挥的作用，分享了中外合作办学机构的突出成绩和创新做法，并从平台建设、智库作用、会议组织三个方面介绍了联席会支持海南国际教育创新岛建设的策略。

此外，机构代表还参加了合作办学质量保障工作研讨会、疫情期间合作办学临时扩招政策研讨会、中外合作办学务虚会，就中外合作办学发展面临的问题挑战与应对，分享经验、互动交流。

此次会议进一步推动了中外合作办学的高质量发展，并坚定了中外合作办学机构作为二级学院应当承担起为高质量中外合作办学建设提供示范性、引领性经验的重任。同时，利用联席会现有的网络平台，进一步推动了海南国际教育创新岛建设工作，推动海南打造教育对外开放新高地。

2021年10月17日　中外合作办学机构院长联席会第八次会议

（成都）

2021年10月17～19日，中外及内地（大陆）与港澳台合作办学机构院长联席会第八次会议在成都召开。会议由教育部国际合作与交流司（港澳台办公室）指导、机构联席会主办、西南交通大学—利兹学院承办。教育部国际司副司长闫炳辰出席会议并做指导讲话，涉外办学监管和办学处处长毛冬敏、留学服务中心认证二处副处长高琼、四川省教育厅副厅长陈朝先等莅临指导，沈阳大学校长、机构联席会秘书长赵彦志出席会议并做工作报告。来自全国近130家中外合作办学院校的280余位相关人员参加了会议。代表们围绕“后疫情时代下的中外合作办学：新挑战、新机遇、新作为”这一主题，共同推动中外合作办学高质量发展，以更大力度和创新举措深化教育对外开放。

沈阳大学校长、联席会秘书长赵彦志汇报秘书处工作，他重点强调了联席会未来发展规划，指出联席会将继续扩大影响力，建立联席会专家队伍，弘扬典型，联合开展学术研究，支持海南国际创新岛建设，扩大主席单位规模，完成2022年主席单位换届选举工作。同时，他宣布了此次大会取得的一项重要成果，即达成“成都倡议”——中外及内地（大陆）与港澳台合作办学机构联席会共同倡议，进一步发挥联席会示范引领作用，凝聚共同奋斗目标与理念，促进中外合作办学高质量发展。

教育部国际司副司长闫炳辰做指导讲话。首先，他充分肯定了联席会在凝聚中外合作办学力量、提升行业办学质量中发挥的重要作用。其次，他从“三个阶段”“三个统筹”高屋建瓴地剖析了中外合作办学内涵及发展现状，明确了二级机构在中外合作办学中的主体地位。最后，他对二级机构未来发展提出几个要点：着力把握示范引领高标准；着力融合创新，打造高水平师资队伍；着力破解难题，深入考量疫情防控常态化时期中外合作办学认证标准；着力探索溢出效应创新举措。他强调，二级机构应承担起为高质量中外合作办学建设提供示范性、引领性经验的重任。

四位中外合作办学院校代表在会上做主题发言，分享优秀办学经验。深圳北理莫斯科大学党委书记、副校长朱迪俭立足学校办学实践，提出充分用好中外合作办学平台，在危机中育新机，于变局中开新局的建议；浙江大学爱丁堡大学联合学院副院长（主持工作）鲁林荣分享了合作项目、混合教学、中外沟通等合作办学新模式，坚定了疫情防控常态化时期办好国际化教育的信心；北京邮电大学国际学院院长郭莉介绍了从项目发展到机构的实践办学经验，倡导以高质量中外合作办学应对疫情“大考”；西南交通大学—利兹学院院长靳忠民从做好一流党建工作、探讨教育教学方法、提高人才培养质量等方面分享提升中外合作办学内涵式发展的路径。

教育部国际司办学处处长毛冬敏做总结发言。她强调，面临新形势、新机遇，联席会应在以下几方面更好发挥平台引领作用：一是凝聚新共识，坚守合作办学的初心使命；二是凝练新内涵，明确高质量发展的核心要义；三是探索新路径，践行融合创新的发展理念；四是贡献新智慧，务实推进理论与咨政研究。

在四个专题平行分论坛上，代表们围绕“新发展格局背景下中外合作办学高质量发展”“疫情背景下中外合作办学面临的挑战与机遇”“中外合作办学德育党建与课程思政”“中外合作办学就业与深造暨西南地区第二届中外合作办学就业与深造工作研讨会”四个专题展开充分讨论，探索新时代实现高水平中外合作办学发展的可行路径。

附录 3
教育部审批和复核的中外合作办学机构名单

教育部审批和复核的中外合作办学机构名单①

（截至 2021 年 12 月）

《本科中外合作办学机构（含内地与港台地区合作办学机构）名单》

地区	机构名称（含内地与港澳台）
北京	北京航空航天大学中法工程师学院（Beihang Sino-French Engineer School）▲ ■
	北京工业大学北京—都柏林国际学院（Beijing-Dublin International College at BJUT）▲
	中国传媒大学国际传媒教育学院（Faculty of International Media，Communication University of China）▲
	北京化工大学巴黎居里工程师学院（Beijing University of Chemical Technology Paris Curie Engineer School）▲ ■
上海	同济大学中德工程学院（Sino-German College Applied Sciences of Tongji University）▲
	上海大学中欧工程技术学院（Sino-European School of Technology of Shanghai University）▲ ■
	上海理工大学中英国际学院（Sino-British College，University of Shanghai for Science and Technology）▲
	上海交通大学交大密西根联合学院（Shanghai Jiao Tong University SJTU-UM Joint Institute）●
	上海大学悉尼工商学院（SILC Business School，Shanghai University）● ■
	上海纽约大学（Shanghai New York University）▲
	上海交通大学巴黎卓越工程师学院（SJTU Paris Elite Institute of Technology）▲ ■
	东华大学上海国际时尚创意学院（Shanghai International College of Fashion and Innovation，Donghua University）▲

① 《本科中外合作办学机构与项目（含内地与港台地区合作办学机构与项目）名单》，教育部中外合作办学监管工作信息平台，https://www. crs. jsj. edu. cn//aproval/orglists/2。

续表

地区	机构名称（含内地与港澳台）
上海	上海理工大学中德国际学院（Sino-German College，University of Shanghai for Science and Technology）▲
天津	中国民航大学中欧航空工程师学院（Sino-European Institute of Aviation Engineering，CAUC）▲ ■
重庆	重庆工商大学现代国际设计艺术学院●
	重庆大学美视电影学院（已停办）● ■
	重庆工商大学国际商学院●
	西南大学西塔学院（Westa College，Southwest University）▲
江苏	西交利物浦大学（Xi'an Jiaotong-Liverpool University）▲
	江南大学北美学院（North American College，Jiangnan University）●
	中国人民大学中法学院（Sino-French Institute，Renmin University of China）▲
	昆山杜克大学（Kunshan Duke University）▲
	南京理工大学中法工程师学院（Sino-French Engineer School of NUST）▲ ■
	南京信息工程大学雷丁学院（NUIST Reading Academy）▲ ■
	江苏师范大学圣彼得堡彼得大帝理工大学联合工程学院（JSNU-SPbPU Institute of Engineering，Jiangsu Normal University）▲ ■
	南京工业大学谢菲尔德大学联合学院（Joint Institute of Nanjing Tech University and The University of Sheffield，Nanjing Tech University）▲
	南京邮电大学波特兰学院（Portland Institute，Nanjing University of Posts and Telecommunications）▲
	南京农业大学密西根学院（MSU Institute，Nanjing Agricultural University）▲ ■
浙江	宁波诺丁汉大学（The University of Nottingham – Ningbo）▲
	浙江科技学院中德工程师学院（Chinese-German Institute of Engineering at Zhejiang University of Science and Technology（ZUST））▲
	温州肯恩大学（Wenzhou-Kean University）▲
	浙江大学爱丁堡大学联合学院（ZJU-UoE Institute，Zhejiang University）▲
	浙江大学伊利诺伊大学厄巴纳香槟校区联合学院（ZJU-UIUC Institute，Zhejiang University）▲
	浙大城市学院怀卡托大学联合学院（The University of Waikato Joint Institute at Zhejiang University City College）▲
	宁波大学昂热大学联合学院（Ningbo University-University of Angers Joint Institute at Ningbo University）▲ ■

续表

地区	机构名称（含内地与港澳台）
浙江	杭州电子科技大学圣光机联合学院（英文：Hangzhou Dianzi University ITMO Joint Institute）▲ ■
广东	北京师范大学—香港浸会大学联合国际学院 ▲
	中山大学中法核工程与技术学院（Sino-French Institute of Nuclear Engineering & Technology，Sun Yat-sen University）▲ ■
	中山大学—卡内基梅隆大学联合工程学院（Sun Yat-sen University-Carnegie Mellon University Joint Institute of Engineering at Sun Yat-sen University）（停止招生）▲
	香港中文大学（深圳）▲
	暨南大学伯明翰大学联合学院（Jinan University-University of Birmingham Joint Institute at Jinan University）▲
	深圳北理莫斯科大学 ▲
	广东以色列理工学院（Guangdong Technion-Israel Institute of Technology）▲
	东莞理工学院法国国立工艺学院联合学院（DGUT-CNAM Institute，Dongguan University of Technology）▲
海南	海南大学亚利桑那州立大学联合国际旅游学院（ HNU-ASU Joint International Tourism College，Hainan University）▲ ■
福建	厦门理工学院密苏里学院（Missouri Institute，Xiamen University of Technology）▲
	福州大学梅努斯国际工程学院（Maynooth International Engineering College，Fuzhou University）▲
山东	山东工商学院国际商学院（International Business College of Shandong Technology and Business University）●
	青岛科技大学中德科技学院●
	山东农业大学国际交流学院●
	鲁东大学蔚山船舶与海洋学院（Ulsan Ship and Ocean College at Ludong University）▲
	北京交通大学兰卡斯特大学学院（Lancaster University College at Beijing Jiaotong University）▲ ■
	山东交通学院顿河学院（Don College of Shandong Jiaotong University）▲
	山东大学澳国立联合理学院（SDU-ANU Joint Science College，Shandong University）▲
	齐鲁工业大学基辅学院（Kyiv College at Qilu University of Technology）▲ ■
江西	无
四川	四川大学—匹兹堡学院（Sichuan University-Pittsburgh Institute）▲
	西南交通大学—利兹学院（SWJTU-Leeds Joint School）▲

续表

地区	机构名称（含内地与港澳台）
四川	电子科技大学格拉斯哥学院（Glasgow College，UESTC）▲
	成都理工大学牛津布鲁克斯学院（Chengdu University of Technology Oxford Brookes College）▲
安徽	无
河北	河北大学—中央兰开夏传媒与创意学院（HBU-UCLan School of Media，Communication and Creative Industries）▲ ■
	河北科技大学澳联大信息工程学院（FedUni Information Engineering Institute，Hebei University of Science and Technology）▲
河南	郑州西亚斯学院堪萨斯国际学院（Zhengzhou Sias University Kansas International Institute）●
	河南大学迈阿密学院（Miami college of Henan University）▲
	中原工学院中原彼得堡航空学院（Zhongyuan-Petersburg Aviation College，Zhongyuan University of Technology）▲
	华北水利水电大学乌拉尔学院（Уральский институт Северо-Китайского университета водных ресурсов и гидроэнергетики）▲
湖北	武汉纺织大学伯明翰时尚创意学院（Birmingham Institute of Fashion and Creative Art，Wuhan Textile University）▲
	武汉理工大学艾克斯马赛学院（Institut WUT-AMU，Université de Technologie de Wuhan）▲ ■
	湖北工业大学底特律绿色工业学院（Detroit Green Technology Institute，Hubei University of Technology,）▲
湖南	中南林业科技大学班戈学院（Bangor College，Central South University of Forestry and Tcchnology）▲
陕西	西北工业大学伦敦玛丽女王大学工程学院（Queen Mary University of London Engineering School，Northwestern Polytechnical University）▲ ■
	渭南师范学院莫斯科艺术学院（Moscow Institute of Arts，WNU）▲
	西安建筑科技大学南澳大学安德学院（Xi'an University of Architecture and Technology University of South Australia An De College）▲ ■
	陕西科技大学阿尔斯特学院（Ulster College at Shaanxi University of Science & Technology）▲
山西	山西财经大学中德学院（Sino-Germen School of Shanxi University of Finance and Economics）●
黑龙江	东北林业大学奥林学院（Aulin College，Northeast Forestry University）▲ ■

续表

地区	机构名称（含内地与港澳台）
辽宁	东北大学中荷生物医学与信息工程学院（Sino-Dutch Biomedical and Information Engineering School of Northeastern University）（停止招生）▲ ■
	辽宁大学亚澳商学院（Asia-Australia Business College of Liaoning University）●
	辽宁大学新华国际商学院●
	辽宁师范大学国际商学院（LNU-MSU College of International Business）●
	沈阳师范大学国际商学院●
	东北财经大学萨里国际学院（Surrey International Institute，Dongbei University of Finance and Economics）▲ ■
	大连理工大学—立命馆大学国际信息与软件学院（DUT—RU International School of Information Science & Engineering at DUT）▲
	中国医科大学—贝尔法斯特女王大学联合学院（China Medical University-The Queen's University of Belfast Joint College）▲
	大连理工大学白俄罗斯国立大学联合学院（DUT-BSU Joint Institute，Dalian University of Technology）▲
	大连理工大学莱斯特国际学院（Leicester International Institute，Dalian University of Technology）▲
吉林	吉林大学莱姆顿学院●
	延边大学科学技术学院（停止招生）●
	东北师范大学罗格斯大学纽瓦克学院（RUTGERS UNIVERSITY NEWARK INSTITUTE AT NENU）▲
广西	无
云南	无
贵州	贵州财经大学西密歇根学院（Western Michigan Institute，Guizhou University of Finance and Economics）▲
甘肃	无
内蒙古	无
新疆	无

注："▲"为依据《中外合作办学条例》和《中外合作办学条例实施办法》批准设立的中外合作办学机构；

"●"为根据原《中外合作办学暂行规定》依法批准设立，现经复核通过的中外合作办学机构；

"■"为同属本科和硕士研究生教育的部分合作办学机构。

Abstract

The report on the Development of Chinese-foreign cooperation in running schools starts from the practice of modernization and internationalization of higher education in China and takes the experience, development and trend of Chinese-foreign cooperation in running schools as the research object. It observes the sharing and interaction of teaching advantage resources at home and abroad in the social system of digital information ageand provides a new strategic thinking for the development of higher education and the cultivation of international talents in China.

Practitioners, educational experts and related administrative bodies of Chinese-foreign cooperation in running schools have provided systematic, professional and in-depth exploration for this report. They comprehensively analyzed the development of Chinese-foreign cooperation in running schools in 2020 and the innovative practice of international talent training in China from the aspects of the overall situation, education practice and excellent cases.

In 2020, under the influence of COVID-19, the international exchanges of foreign teachers in cooperative education have been seriously affected. So distance courses have become the main teaching method. However, the newly approved projects continue to show the characteristics of the general trend: the number of Chinese-foreign cooperative educational institutions and projects continues to increase, the multi-dimensional upgrading of talent training mode and the optimization of supervision and evaluation system.

At the same time, this paper puts forward four prospects for Chinese-foreign cooperative education in 2020: Chinese-foreign cooperative education will become a new platform for international cooperation. The world first-class and first-class disciplines will become prominent cooperation between China and foreign countries. The multi-level education of master's degree and doctoral degree will form a joint force. The new science will lead the development of Chinese and foreign education majors.

The general report, sub-report and case sections of this book are written by experts from Chinese-foreign cooperatively-run institutions or programs. In the aspect of history, it reviews the process of internationalization of Chinese education and the systematic adjustment of Chinese-foreign cooperative school-running mode. In terms of policy, it reviews the establishment process of supervision and evaluation system by China's education system since the birth of Chinese-foreign cooperation in running schools; In practice, it focuses on the analysis of the situation of enrollment, employment of graduates, subject development, teaching quality and the establishment of evaluation indicators.

Keywords: Higher education; Chinese-foreign cooperation; Education internationalization; Education certification

Contents

Ⅰ General Report

Abstract: From 2020 -2021, Chinese-foreign cooperation in running schools confront of new challenges due to the global impact of COVID-19 crises. However, as a way of integrating domestic and foreign high-quality education resources, Chinese-foreign cooperation in running schools' programs operate smoothly, and the newly approved programs continue to increase. In this special period, the management of Chinese-foreign cooperation in running schools has completed the construction of supervision system and the overall optimization of evaluation indicators. With the increase of investment in educational resources between China and foreign countries, the development of Chinese-foreign cooperative education shows four trends: High-level personnel training programs are expanding rapidly, cutting-edge disciplines led by digital information technology are being fully developed, the construction of Hainan International Education Island is progressing gradually, the cooperation between first-class universities and academic institutions at home and abroad continues to deepen, and academic research on Chinese-foreign cooperation in running schools has begun to take shape.

Keywords: Chinese-foreign cooperation in running schools; Internationalization of education; First-class discipline; Personnel training; Education certification

Ⅱ Evaluation Reports

B.2 Report on enrollment of Chinese-foreign cooperation in running schools

Shan Yanguang, Tang Yuling, Wang Yu / 015

Abstract: This part investigates the development and trends of Chinese-foreign cooperative universities with independent legal entities and those kinds of educational institutions without independent legal entities. It focuses on the unified enrolment of Chinese-foreign cooperative universities both with independent and non-independent legal entities, and the independent enrolment of some Chinese-foreign cooperative schools without independent legal entities. Based on the enrolment data in the past two years, this study analyzes the current and developing trends of the above subjects in terms of their program designing, academic system and degree, tuition standard, student source quality, enrolment scale and enrolment mode.

Keywords: Chinese-foreign cooperative education; non-independent legal personality; Unified enrollment; Independent enrolment

B.3 Report on teacher's development of Chinese-foreign cooperation in running schools

Li Jun, Xiang Wenji, Qian Lingli, Peng Zeyang / 044

Abstract: In the new era, the development of Chinese-foreign cooperation in running schools presents new characteristics and new trends. Based on questionnaire surveys and field investigations, the research report summarizes the basic situation of teacher development: Attach great importance to the construction of teacher morality. Implement the construction of "personnel development zone" in the cultivation model. Take multiple measures in the plan to improve the evaluation and appointment management mechanism of teaching team. Improve the mechanism and enhance the competitiveness of teaching team. Improve the promotion mechanism and training mechanism. In view of the difficulties in management of teacher ideology, teaching standards needs to be improved and foreign teachers' management in Chinese-foreign cooperation in running schools, the construction of ideological and political education for teachers is strengthened. The training and cultivation is introduced into the management of teaching team. The policies and mechanism of strengthening the teaching team's is applied and developed.

Keywords: Chinese-foreign cooperation in running schools; Construction of chinese and foreign teachers; Faculty evaluation and recruitment policy

Abstract: Chinese-foreign cooperation (Joint Institute) in trans-national education is not only the main format of China's commitment to the sustainable opening of education to the world, but also one of the important proves of China's educational modernization and internationalization. The discipline of Chinese-foreign cooperation in joint institutes or programmes has also developed from the field of social sciences to the comprehensive cooperation of science and engineering, and the programme level of joint institutes has expanded from undergraduate education to postgraduate education. At present, Chinese-foreign cooperation in joint institutes (programmes) urgently needs to face to the "four aspects" principle, improve quality and efficiency, and make better contributions to the construction of disciplinary system of world-class universities. With reference to the discipline evaluation indicators, this report objectively presents the discipline development level of Chinese joint institutes (programmes) by analyzing their quality of faculty, supportive platform, scientific research level and social services, focus on the high-level post-graduate education in these joint institutes and its contribution to the development of the "double first-class" reform process. Moreover, the report points out the necessity of promoting mechanism of international talent education model, research innovation, as well as the novel challenges and opportunities in accordance with joint institute development in China.

Keywords: Chinese-foreign cooperation in running schools; Internationalization of education; Double top

Abstract: This part analyzes the employment quality of graduates of Chinese-foreign cooperative school running institution in 2020, studies the employment situation, employment quality and employment measures of graduates of Chinese-foreign cooperative school. Providing reference and guidance for the graduation work and even teaching work of Chinese-foreign cooperative school in the future, so as to optimize the employment work of graduates, This part of the data comes from the employment quality report of graduates in 2020 published on the official websites of major Chinese-foreign cooperative schools.

Keywords: Chinese-foreign cooperation in running schools; Graduate employment; Job quality

Abstract: The original purpose of introducing Chinese-foreign cooperation in running schools into China's higher education system was to introduce high-quality educational resources from abroad, and to gradually absorb and internalize these resources to improve the quality and increase the supply of higher education in China. The quality of Chinese-foreign cooperation in running schools is reflected in the quality of its enrolment, training and employment. In order to achieve these quality construction goals, it is necessary for education administrative authorities to carry out policy guidance and regulation supervision, for both Chinese and foreign parties to jointly introduce quality systems that can integrate and reflect their respective standards, and for school operators to establish and implement quality control operating procedures that are in line with the laws of education and the requirements of talent training. From the quality reports of various Chinese-foreign cooperation in running schools institutions and projects in recent years, it can be inferred that Chinese-foreign cooperation in running schools has developed from a useful supplementary form of higher education in China to an organic part of higher education, which has put forward higher requirements for the quality of its operation. It is also because of their higher quality standards and post-emergence advantages from the high quality, Chinese-foreign cooperation in running schools has certain exemplary leadership among the various forms of higher education at present.

Keywords: Chinese-foreign cooperation in running schools; Internationalized of education; Education quality construction

Abstract: According to the *Law of the People's Republic of China on Chinese-Foreign Cooperation in Running Schools*, *Regulations of the People's Republic of China on Chinese-Foreign Cooperation in Running Schools* and relative regulations, the administrative department for education under the State Council shall strengthen the daily supervision of Chinese-foreign cooperation in running schools and evaluating their quality by organizing or entrusting social intermediary organizations. The results will also need to be announced.

Keywords: Evaluation system; Schooling level; Education quality

Abstract: Educational certification is an important way to evaluate cultivation system of colleges and universities, and its international standards reflect the basic requirements of professional education. In this research, we explore the current situation of education certification adopted by Chinese-foreign cooperation in running schools. Teaching requirements, course organization and management have been analyzed to make a comparison that attempt to provide experiences for the development of Chinese educational internationalization.

Keywords: Educational certification; International certification; Chinese-foreign cooperation in running schools

Ⅲ Case Reports

Abstract: Sino-Danish College (SDC) was founded in September 2011. It is a Chinese-Foreign cooperative educational institution of the University of Chinese Academy of Sciences (CAS) approved by the Ministry of Education. It aims to develop and strengthen the educational cooperation between China and Denmark, and enhance the exchange and interaction between Chinese and Danish students and researchers. This report explores the history and experience of Sino-Danish University, as well as to provide reference for the practice of Chinese-foreign cooperative education in the future.

Keywords: Sino-Danish University; Information technology; Chinese Academy of Sciences; Chinese-foreign cooperation in running schools

Abstract: Surrey InternationalInstitute of Dongbei University of Finance and Economics is a project of Chinese-foreign cooperation in running schools. The Institute offers undergraduate education in Financial Management, Business Administration and Tourism Management. Aiming at cultivating excellent undergraduate in business administration, the insitute has explored a "six-dimensional" education model. The purpose of this report is to introduce Surrey International Institute's experience in Chinese-foreign cooperation and explore its innovative ideas.

Keywords: Surrey International Institute; Construction of economic and administrative education; "Six-dimensional" education model

Abstract: Faculty of International Media, Communication University of China (CUC) is a Chinese-foreign cooperative educational institution officially approved by the Ministry of Education in September 2014. It is directly affiliated to CUC. Based on the disciplinary advantages of CUC in the field of Journalism and Communication, the faculty has created the "1 + N" school-running mode. The purpose of this report is to trace the history of the faculty and explore more possibilities of Chinese-foreign cooperation practice in the future.

Keywords: Communication University of China; Faculty of International Media; Journalism and communication

B.12 Multiple cooperation and model innovation: Lambton College, Jilin University

He Yao / 194

Abstract: Jilin University-Lambton College (JULC) was established in 1999, which is the earliest "4 +0" and "No Studying Abroad" Chinese-foreign cooperatively-run undergraduate education institution approved by the Ministry of Education. It is also the first domestic undergraduate university with a "one-to-many" model that completely introduces the North American higher education system. As a pioneer, practitioner, innovator, and reformer of Chinese-foreign cooperative education, insisting on rooting in China, integrating China and foreign countries, keeping the world in mind, and keeping up with the times, JULC introduced internationally advanced academic experience, education system, education mode, and education philosophy, followed the law of education and teaching, had foresight high-end international application-oriented positioning, created the "JULC Model" of integrated innovation and development of foreign high-quality educational resources, and embarked on a road of cooperation in running schools with Chinese characteristics, Chinese wisdom and Chinese temperament, has built an unique brand of "No Studying Abroad". This article focuses on introducing JULC from the four aspects of college introduction, school-running characteristics, facing opportunities and challenges, and future prospects, also discussing the characteristics and experience of JULC over the past 20 years, and how to seize strategic opportunities to achieve long-term development.

Keywords: Chinese-foreign cooperation in running schools; Applied talents; No studying abroad; Internationalization of education

Ⅳ Future Development Reports

Abstract: Education is an essential strategy for developing our country and a critical policy for developing the Communist Party of China. Since the 18th National Congress of the Communist Party of China, the CPC Central Committee, with Comrade Xi Jinping as its core, has unswervingly implemented the strategy of developing the country through science and education and the strategy of developing the country with competitive talents. It adhered to the priority of developing education, vigorously promoted comprehensive reform in the field of education, continuously increased investment in education, accelerated the modernization of education, and entered the forefront of the world in the overall level of development of education, and achieved all-round and ground-breaking historical achievements.

As an integral part of China's educational cause and an important form of opening up, Chinese-foreign cooperation in running schools serves the national development strategy and the overall situation of domestic and international development, and plays a huge role in the national diplomatic strategy and people-to-people and cultural exchanges between China and foreign countries. While introducing high-quality educational resources from abroad, we should promote education and teaching reform, promote the construction of disciplines and specialties, expand education consumption, meet the diverse educational needs of the people, and broaden the channels of talent training.

Keywords: Chinese-foreign cooperation in running schools; Modernization of education; Internationalization of education

Abstract: After 40 years of development, Chinese-foreign cooperation in running schools has become a useful supplement and an important part of our country's higher education. It played an important role in promoting the internationalization of China's higher education, enhancing the international competitiveness of our universities, and satisfying the people's needs about international high-quality education. With the rapid development of Chinese-foreign cooperation in running schools, there are still a series of problems. Policies are obviously instrumental. Long-term developing plans are insufficient. Quality supervision and response to problems are both weak. The geographical distribution is unbalanced, and the spatial distribution between the East and West is obviously uneven. The curriculum and the teaching systems present a phenomenon of "combination", lacking mutual applicability. It is recommended to improve the policy, continuously optimize the spatial layout of the scale, introduce high-quality educational resources, better the curriculum system, and promote the ability of Chinese-foreign education to work efficiently and serve the overall situation.

Keywords: Chinese-foreign cooperation in running schools; Spatial distribution; Curriculum construction

Abstract: In recent years, Chinese-foreign cooperation in running schools has moved from introduction and application to the development stage of digestion and absorption, and further integration and innovation will continue in the new era. Facing the dual impact of today's domestic and international situations, Chinese-foreign cooperation in running schools should strengthen top-level design, strengthen policy supervision and system construction; serve the overall situation of the country and enhance social benefits; integrate and innovate high-quality foreign educational resources to feed back China's higher education; focus on improving the international reputation and visibility of Chinese-foreign cooperation in running schools. Re-examine the impact of major changes rarely unseen in a century and the normalization of the epidemic on Chinese-foreign cooperation in running schools, seize the "Belt and Road" initiative and the new opportunities of opening up education to the outside world, continue to deepen the concept and practice of high-level Chinese-foreign cooperation in running schools, and strive to become a leader in China Pioneer of the international development of higher education.

Keywords: Higher education; Chinese-foreign cooperation in running schools; Internationalization

皮 书

智库成果出版与传播平台

皮书定义

皮书是对中国与世界发展状况和热点问题进行年度监测，以专业的角度、专家的视野和实证研究方法，针对某一领域或区域现状与发展态势展开分析和预测，具备前沿性、原创性、实证性、连续性、时效性等特点的公开出版物，由一系列权威研究报告组成。

皮书作者

皮书系列报告作者以国内外一流研究机构、知名高校等重点智库的研究人员为主，多为相关领域一流专家学者，他们的观点代表了当下学界对中国与世界的现实和未来最高水平的解读与分析。截至 2022 年底，皮书研创机构逾千家，报告作者累计超过 10 万人。

皮书荣誉

皮书作为中国社会科学院基础理论研究与应用对策研究融合发展的代表性成果，不仅是哲学社会科学工作者服务中国特色社会主义现代化建设的重要成果，更是助力中国特色新型智库建设、构建中国特色哲学社会科学“三大体系”的重要平台。皮书系列先后被列入“十二五”“十三五”“ 十四五”时期国家重点出版物出版专项规划项目；2013~2023 年，重点皮书列入中国社会科学院国家哲学社会科学创新工程项目。

皮书网

（网址：www.pishu.cn）

发布皮书研创资讯，传播皮书精彩内容
引领皮书出版潮流，打造皮书服务平台

栏目设置

◆ **关于皮书**

何谓皮书、皮书分类、皮书大事记、
皮书荣誉、皮书出版第一人、皮书编辑部

◆ **最新资讯**

通知公告、新闻动态、媒体聚焦、
网站专题、视频直播、下载专区

◆ **皮书研创**

皮书规范、皮书选题、皮书出版、
皮书研究、研创团队

◆ **皮书评奖评价**

指标体系、皮书评价、皮书评奖

◆ **皮书研究院理事会**

理事会章程、理事单位、个人理事、高级
研究员、理事会秘书处、入会指南

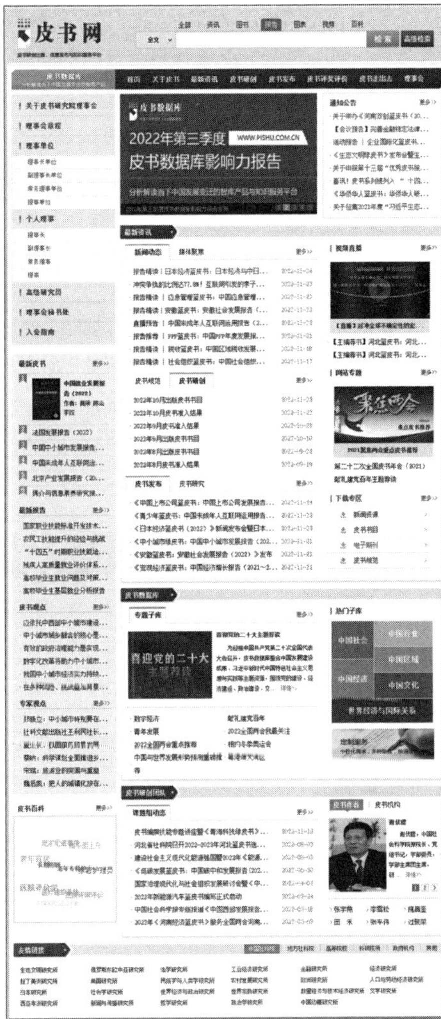

所获荣誉

◆ 2008 年、2011 年、2014 年，皮书网均在全国新闻出版业网站荣誉评选中获得“最具商业价值网站”称号；

◆ 2012 年，获得“出版业网站百强”称号。

网库合一

2014年，皮书网与皮书数据库端口合一，实现资源共享，搭建智库成果融合创新平台。

皮书网　　“皮书说”微信公众号　　皮书微博

S 基本子库
UB DATABASE

中国社会发展数据库（下设 12 个专题子库）

紧扣人口、政治、外交、法律、教育、医疗卫生、资源环境等 12 个社会发展领域的前沿和热点，全面整合专业著作、智库报告、学术资讯、调研数据等类型资源，帮助用户追踪中国社会发展动态、研究社会发展战略与政策、了解社会热点问题、分析社会发展趋势。

中国经济发展数据库（下设 12 专题子库）

内容涵盖宏观经济、产业经济、工业经济、农业经济、财政金融、房地产经济、城市经济、商业贸易等12个重点经济领域，为把握经济运行态势、洞察经济发展规律、研判经济发展趋势、进行经济调控决策提供参考和依据。

中国行业发展数据库（下设 17 个专题子库）

以中国国民经济行业分类为依据，覆盖金融业、旅游业、交通运输业、能源矿产业、制造业等 100 多个行业，跟踪分析国民经济相关行业市场运行状况和政策导向，汇集行业发展前沿资讯，为投资、从业及各种经济决策提供理论支撑和实践指导。

中国区域发展数据库（下设 4 个专题子库）

对中国特定区域内的经济、社会、文化等领域现状与发展情况进行深度分析和预测，涉及省级行政区、城市群、城市、农村等不同维度，研究层级至县及县以下行政区，为学者研究地方经济社会宏观态势、经验模式、发展案例提供支撑，为地方政府决策提供参考。

中国文化传媒数据库（下设 18 个专题子库）

内容覆盖文化产业、新闻传播、电影娱乐、文学艺术、群众文化、图书情报等 18 个重点研究领域，聚焦文化传媒领域发展前沿、热点话题、行业实践，服务用户的教学科研、文化投资、企业规划等需要。

世界经济与国际关系数据库（下设 6 个专题子库）

整合世界经济、国际政治、世界文化与科技、全球性问题、国际组织与国际法、区域研究 6 大领域研究成果，对世界经济形势、国际形势进行连续性深度分析，对年度热点问题进行专题解读，为研判全球发展趋势提供事实和数据支持。

法律声明